Los griegos antiguos

Edith Hall

Los griegos antiguos

Las diez maneras en que modelaron el mundo moderno

Traducción de Daniel Najmías

EDITORIAL ANAGRAMA
BARCELONA

Título de la edición original:
Introducing the Ancient Greeks
The Bodley Head
Londres, 2015

Ilustración: © Album/akg-images

Primera edición: enero 2020

Diseño de la colección: lookatcia.com

© De la traducción, Daniel Najmías, 2020

© Edith Hall, 2015

© EDITORIAL ANAGRAMA, S. A., 2020
Pedró de la Creu, 58
08034 Barcelona

ISBN: 978-84-339-6448-9
Depósito Legal: B. 26949-2019

Printed in Spain

Liberdúplex, S. L. U., ctra. BV 2249, km 7,4 - Polígono Torrentfondo
08791 Sant Llorenç d'Hortons

A mi familia

Joven músico a lomos de un delfín. Detalle de un vaso etrusco de mediados del siglo IV a. C. Museo Arqueológico Nacional, Madrid, España.
(Fotografía: Alberto Rivas Rodríguez. Museo Arqueológico Nacional, España. N. I. 1999/127/3.)

–... Y un mercader tirio divisó desde el mar
una proa que asomaba al alba y, furtiva,
levantaba frescas y rizadas cabrillas,
los flecos de una frente que miraba
al sur entre las islas del Egeo,
y al ver acercarse la alegre nave griega
con sus uvas color ámbar y su vino de Quíos,
sus grandes higos verdes y atunes en salmuera,
reconoció a los intrusos que llegaban a su casa,
los jóvenes, risueños Amos de las Olas...

MATTHEW ARNOLD,
The Scholar Gypsy, 231-240[1]

1. Salvo mención expresa a pie de página, las citas se han traducido expresamente para la presente edición. Vaya nuestro especial agradecimiento a Vicente Fernández González (Málaga) y Miguel Ángel Navarrete Molina (Bruselas) por la ayuda prestada a lo largo de este trabajo. *(N. del T.)*

PREFACIO

Entre los años 800 y 300 a. C., los pueblos que hablaban griego hicieron, en un periodo de tiempo muy breve, una serie de descubrimientos intelectuales que llevaron al mundo mediterráneo a un nuevo nivel de civilización, un proceso autodidacta muy admirado por los griegos y los romanos de los siglos siguientes. No obstante, como se explica en el presente libro, la historia de los griegos antiguos comenzó ochocientos años antes de ese acelerado periodo de progreso y duró al menos siete siglos más. Cuando los textos y las obras de arte de la Grecia clásica se redescubrieron en el Renacimiento europeo, cambiaron el mundo por segunda vez.

Dicho fenómeno se ha llamado el «milagro» griego, o la «gloria» de Grecia. Hay muchos libros titulados, por ejemplo, *El genio griego, El triunfo griego, La Ilustración griega, El experimento griego, La idea griega* e incluso *El ideal griego;* pero a lo largo de las dos últimas décadas se ha cuestionado la idea de que los griegos fueron excepcionales, subrayándose que, al fin y al cabo, solo fueron uno de los muchos grupos étnicos y lingüísticos del mundo mediterráneo antiguo. Mucho antes de que los griegos aparecieran en la historiografía, ya habían surgido varias civilizaciones complejas; entre otras, Mesopotamia y Egipto, los hatianos y los hititas. Fueron otros pueblos los que proporcionaron a los griegos los avances técnicos cruciales: aprendieron el alfabeto fonético de los fenicios, y de los lidios, a acuñar moneda. Es posible que de los luvios aprendieran a componer complicados himnos cúlticos. En la época durante la cual los griegos inventaron la filosofía racional y la ciencia (después de 600 a. C.), sus horizontes se abrieron gracias a la expansión del imperio persa.

A finales de los siglos XIX y XX, nuestra comprensión de las otras culturas del Oriente Próximo antiguo avanzó a pasos agigantados. Ahora sabemos mucho más sobre los predecesores y los vecinos de los griegos que antes de un descubrimiento fundamental, a saber, la *Epopeya de Gilgamesh* en las tablillas de arcilla del valle del Tigris (1853). Asimismo, no ha cesado de aumentar la publicación ininterrumpida de nuevos escritos en las lenguas de los pueblos que dominaron sucesivamente las fértiles llanuras de Mesopotamia (sumerios, acadios, babilonios, asirios); se han descifrado las palabras de los hititas en las tablillas encontradas en Hattusa (Turquía central) y las frases de las tablillas de Ugarit, norte de Siria, y siguen apareciendo nuevos textos y nuevas interpretaciones de los escritos egipcios, lo que requiere, por ejemplo, volver a evaluar la importancia de los nubios en la historia del norte de África.

No son pocos los emocionantes progresos que han revelado lo mucho que los griegos compartieron con sus predecesores y vecinos. Se han publicado exhaustivos estudios comparativos que muestran que el «milagro» griego fue solo un componente de un proceso constante de intercambios culturales. Los griegos fueron innovadores, pero nunca podrían haber progresado como lo hicieron si no hubieran adoptado muchas habilidades, ideas y prácticas de sus vecinos no griegos. Así pues, decir que se parecían mucho a sus vecinos del Oriente Próximo antiguo (Mesopotamia, Egipto, el Levante, Persia y Asia Menor) se ha convertido en una nueva ortodoxia, y algunos estudiosos han llegado al extremo de preguntar si los griegos inventaron realmente algo nuevo o si solo actuaron como vehículo gracias al cual se propagó por los territorios que conquistó Alejandro Magno, antes de llegar a Roma y a la posteridad, la sabiduría combinada de todas las civilizaciones del Mediterráneo oriental. Otros han visto en funcionamiento siniestros motivos racistas y acusan a los clasicistas de crear a su imagen y semejanza a los *más antiguos varones europeos blancos muertos;* algunos han afirmado incluso que esos historiadores han distorsionado y ocultado sistemáticamente las pruebas que confirman todo lo que los griegos antiguos debieron, más que a las tradiciones indoeuropeas, a los pueblos semitas y africanos.

En una palabra, la cuestión se ha visto dolorosamente politizada. Los críticos del colonialismo y el racismo tienden a no exagerar el carácter tan especial de los griegos de la Antigüedad. Por otra parte, los que siguen sosteniendo que tenían algo claramente distinto, e incluso superior, suelen ser conservadores muy interesados en demostrar la excelencia incomparable de los ideales occidentales y los juicios de valor culturales. Mi problema es que no encajo en ninguno de los dos campos. Me opongo, sin duda, al colonialismo y al racismo, y he investigado los abusos reaccionarios de la tradición clásica, pero mi compromiso constante con los griegos antiguos y su cultura me ha convencido aún más de que pusieron de manifiesto un conjunto de cualidades brillantes, difíciles de identificar en una combinación y una concentración semejantes en otras partes del Mediterráneo o en el Oriente Próximo antiguo. Tras esbozar esas cualidades en la introducción, los diez capítulos de este libro son un viaje cronológico por los momentos importantes de la historia griega. También son un viaje geográfico, pues el centro de la actividad y de los logros griegos fue pasando, con el tiempo, de la península y las islas que forman la nación griega actual a importantes comunidades de Italia, Asia, Egipto, Libia y el Mar Negro. Con todo, la mayor parte de los griegos antiguos, por muy dispersos que estuvieran en el tiempo y el espacio, compartieron casi siempre la mayoría de las cualidades que, a mi entender, los definieron y que intentaré explicar aquí.

Tomados individualmente, la mayor parte de los logros griegos pueden considerarse paralelismos de la cultura de al menos uno de sus pueblos vecinos. Los babilonios ya conocían el teorema de Pitágoras siglos antes de que el célebre filósofo y matemático viniera al mundo. Las tribus del Cáucaso ya habían llevado la minería y la metalurgia a niveles sin precedentes. Los hititas habían progresado en la técnica de los carros, pero también eran muy cultivados: pusieron por escrito las pulidas y emotivas oraciones que se decían en la corte real en ocasiones oficiales, así como unos discursos jurídicos cuidadosamente argumentados, y fue un rey hitita quien fundó la historiografía griega cuando escribió una detallada crónica de la frustración que le había causado la incompetencia de algunos de sus oficiales durante el sitio de una ciudad hurriana. Los fenicios fueron unos marinos tan magníficos como los griegos. Los egipcios contaban historias semejantes a la *Odisea* sobre marineros que se extraviaban y regresaban tras muchas aventuras en el mar. Fábulas parecidas a las de Esopo se componían en un dialecto arameo arcaico de Siria y se conservaban en templos judíos. El diseño arquitectónico y los conocimientos y la experiencia técnicos llegaron al mundo griego procedentes de Persia a través de muchos trabajadores jonios griegos, llamados *yauna* en los textos persas, que ayudaron a construir Persépolis, Susa y Pasargada. Sin embargo, ninguno de esos pueblos produjo nada equivalente a la democracia ateniense, a la comedia griega, a la lógica filosófica o la *Ética a Nicómaco* de Aristóteles.

No niego que los griegos vehicularon los logros de otros pueblos de la Antigüedad, pero funcionar, y con buenos resultados, como un vehículo, un canal o un intermediario ya es en sí un papel excepcional, para el que se requiere una amplia gama de talentos y recursos. Para hacer suyos conocimientos técnicos ajenos es necesaria la capacidad, llamémosla oportunista, para identificar un hallazgo o un descubrimiento afortunado, hacen falta excelentes destrezas comunicativas y una imaginación que permita ver que una técnica, un relato o un objeto pueden adaptarse a un entorno lingüístico y cultural diferente. En ese sentido, los romanos absorbieron provechosamente de los griegos logros sustanciales de su civilización, como luego hicieron los humanistas del Renacimiento. Los griegos, por supuesto, no eran por naturaleza potencialmente superiores a otros seres humanos, ni desde el punto de vista físico ni desde el intelectual. De hecho, ellos mismos comentaron a menudo lo difícil que era distinguir entre griegos y no griegos, por no decir entre un hombre libre y un esclavo, si se eliminaban todos los símbolos de la cultura, la vestimenta y la ornamentación. No obstante, eso no significa que no fueran el pueblo adecuado en el momento adecuado para recoger, durante varios siglos, el testigo humano del progreso intelectual.

En este libro intento dar una versión de los griegos antiguos que se extiende a lo largo de dos mil años, desde aproximadamente 1600 a. C. hasta 400 d. C. Cabe señalar, en primer lugar, que vivieron en miles de asentamientos, pueblos y ciudades, desde España hasta la India, desde el gélido río Don en la esquina nororiental del Mar Negro hasta en las orillas de remotos afluentes cercanos a las fuentes del Nilo. Culturalmente eran flexibles, pues a menudo contraían matrimonio con otros pueblos; no concebían la desigualdad étnica determinada biológicamente, pues aún no se había inventado el concepto de «raza»; toleraban e incluso acogían con satisfacción a dioses extranjeros importados, y lo que los unió nunca fue tampoco la geopolítica. Con la discutible excepción del efímero imperio macedonio a finales del siglo IV a. C., nunca existió un Estado independiente apreciablemente distinto dirigido por oradores griegos, centrado en lo que ahora conocemos como Grecia –e incluyéndola–, hasta después de la Guerra de Independencia griega a principios del siglo XIX. Lo que los griegos antiguos compartieron fue su lengua polisílaba y flexible, que ha llegado hasta nosotros, en forma similar, a pesar de siglos de sucesivas ocupaciones de las regiones de habla griega por parte de romanos, otomanos, venecianos y otros pueblos. A mediados del siglo VIII a. C., la resistencia del griego se reafirmó gracias a la familiaridad de todos sus hablantes con algunos poemas escritos en esa lengua, sobre todo los de Homero y Hesíodo. Los griegos llevaban hasta cualquier lugar donde se asentaran a los principales dioses que se celebran en esos textos, y los adoraban en sus santuarios y con sacrificios. Sin embargo, en este libro la

15

propuesta es responder a una sola pregunta: más allá de su capacidad de absorción cultural, de su lengua, sus mitos y el politeísmo del Olimpo, ¿qué tuvieron exactamente en común los griegos antiguos, que vivieron en cientos de comunidades distintas a lo largo y ancho de tantas costas e islas?

AGRADECIMIENTOS

Quiero dar las gracias a Maria Guarnaschelli y a Mitchell Kohles, de Norton, por su entusiasmo y su paciencia infinita, y a Janet Byrne, que tanto contribuyó a mejorar este libro con su brillante trabajo de corrección. Vaya también mi agradecimiento a Katherine Ailes, de Random House, por su concienzudo y meticuloso trabajo editorial. Los comentarios incisivos y rebosantes de humor de Paul Cartledge demostraron ser indispensables, aunque yo me empecinara en no seguir sus consejos. Stuart Hall, mi padre, leyó atentamente el último capítulo y me brindó sugerencias de un valor inestimable para mejorarlo. Brenda Hall, mi madre, me ayudó a reunir los datos necesarios para los mapas –que diseñó Valeria Vitale– y la cronología. R. Ross Holloway y Laura Monros-Gaspar me ayudaron en la búsqueda de las ilustraciones. Yana Sistovari fue una acompañante siempre comprensiva y divertida en las visitas a los yacimientos arqueológicos. Mis puntos de vista sobre los griegos de la Antigüedad se desarrollaron en las animadas conversaciones que he mantenido con estudiantes a lo largo de los últimos veinticinco años en Cambridge, Reading, Oxford, Durham y Royal Holloway, y también en el King's College (Londres). Quiero dar las gracias también a todos ellos. No obstante, no podría haber escrito este libro sin el apoyo y el aliento cotidianos de Richard Poynder, mi marido, y los divertidos comentarios de Sarah y Georgia, nuestras hijas.

Griegos del antiguo
mar Egeo

Propóntide

Misia

Lemnos

•Hisarlik

Mar
geo

Lesbos

•Mitilene

•Focea

•Esmirna

Quíos•

•Clazómenas

•Colofón

Andros

Samos

•Éfeso

•Mícale

•Priene

•Delos

Patmos

Mileto

os• •Naxos

•Halicarnaso

Cos•

Cnido•

Tera

RODAS

nosos

•Gurnia

reta

Griegos del antiguo
mar Mediterráneo
y del Mar Negro

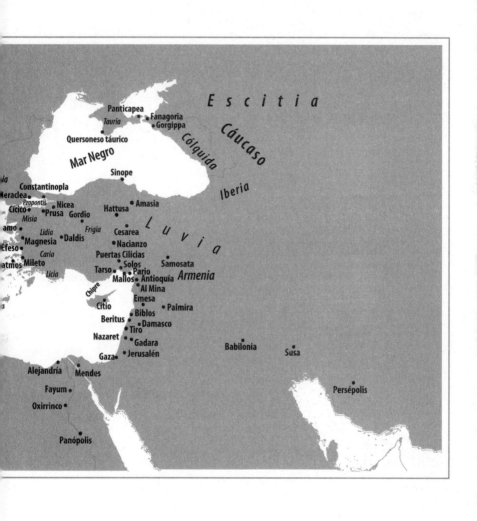

CRONOLOGÍA

a. C.

hacia 1550	Comienzos de la civilización griega micénica
hacia 1450	Destrucción de los palacios minoicos pregriegos; los micénicos, que utilizaban la escritura lineal B, escalan posiciones en la Grecia continental y en Creta
hacia 1200	Colapso de la civilización de los palacios micénicos
hacia 1050	Santuario de Poseidón en Istmia
hacia 950	Construcción del cementerio en la colina de la Toumba (Lefkandi, isla de Eubea)
776	Fundación de los juegos en el santuario de Zeus en Olimpia
hacia 770	Los griegos comienzan a utilizar el alfabeto fonético fenicio
hacia 630	Fundación de Cirene en Libia
hacia 625	Nacimiento de Tales de Mileto
594	Reformas de Solón en Atenas
582	Inauguración de los juegos panhelénicos pitios en Delfos; inauguración de los juegos panhelénicos istmios en Istmia
hacia 575	Fundación de Masalia

23

573	Inauguración de los juegos panhelénicos nemeos en Nemea
hacia 546	Ciro II de Persia, el Grande, derroca a Creso y conquista Lidia
hacia 534	Fundación de Elea en el sur de Italia
528	Muerte de Pisístrato, tirano ateniense
514	Asesinato de Hiparco, hermano del tirano ateniense Hipias, hijo de Pisístrato
510	Cae el tirano Hipias
507	Clístenes reforma la Constitución ateniense
490	Primera invasión persa; batalla de Maratón
480	Segunda invasión persa; batallas de las Termópilas y de Salamina
479	Los griegos derrotan a los persas en la batalla de Platea
472	Se estrena en Atenas *Los persas,* tragedia de Esquilo
464	Un terremoto devasta Esparta; rebelión de los ilotas
461	Asesinato de Efialtes, revolucionario ateniense; reforma democrática del Areópago ateniense
458	Se estrena en Atenas la *Orestiada,* de Esquilo
451	Pericles propone una ley para restringir el acceso a la ciudadanía ateniense
444	Fundación de una colonia panhelénica en Turios, sur de Italia
432	Finaliza la construcción del Partenón
431	Estalla la Guerra del Peloponeso; estreno de *Medea,* tragedia de Eurípides
430	*Discurso fúnebre* de Pericles
429	Se declara la peste en Atenas
425	Los atenienses vencen a los espartanos en la batalla de Esfacteria
413	Final desastroso de la campaña ateniense en Sicilia
411	Golpe oligárquico en Atenas

Los griegos antiguos

Dibujo de la Tumba del Nadador, en Paestum, por Alice Walsh,
tomado de la página 366 de R. Ross Holloway, «The Tomb of the Diver»,
American Journal of Archaeology, 100, n.º 3 (2006), pp. 365-388.
(Cortesía del Archaeological Institute of America y del American Journal
of Archaeology.)

INTRODUCCIÓN
Diez características de los griegos de la Antigüedad

La mayoría de los griegos antiguos compartieron, la mayor parte del tiempo, diez características particulares. De ellas, las primeras cuatro –afición a los viajes por mar, desconfianza hacia la autoridad, individualismo y curiosidad– están estrechamente interconectadas y son las más importantes. Más allá de esas cuatro características iniciales, también fueron un pueblo abierto a ideas nuevas; agudos y competitivos, admiraban la excelencia de las personas de talento; sabían expresarse con detalle y eran adictos al placer. Sin embargo, en estas diez cualidades universales tropezamos con un problema de las actitudes modernas a la hora de escribir sobre el pasado. Algunos estudiosos prefieren minimizar el papel de la excelencia individual en la forja de la historia, poniendo el acento, en cambio, en las tendencias económicas, sociales o políticas que se manifestaron en todo un espectro de poblaciones o estratos sociales. Una versión así supone que la historia es lo bastante sencilla para comprenderla sin reconocer la inteligencia de tal o cual personaje y, también, la existencia de contextos amplios y preguntándose por el modo en que interactúan entre sí. Permítanme en este punto señalar en qué difiere mi versión. Si Aristóteles, por ejemplo, no hubiera nacido en una familia de médicos que gozaba del favor de los monarcas macedonios, cuyo poder se apoyaba en la nueva riqueza procedente de las minas de oro, el filósofo nunca podría haber disfrutado del ocio, los recursos, los

31

viajes y la educación que contribuyeron a su formación intelectual, y sin duda alguna no habría conocido a hombres como Alejandro Magno, poseedor entonces de poder militar más que suficiente para cambiar el mundo. No obstante, eso no significa que los logros intelectuales de Aristóteles no sean, francamente, imponentes.

A lo largo de todo este libro intento poner de manifiesto las conexiones entre el papel que desempeñaron, en la aparición de destacadas personalidades griegas –Pericles y Leónidas, Ptolomeo I y Plutarco–, los contextos sociales e históricos en que nacieron y las diez características del modo de pensar griego, que, en muchos aspectos, los definieron como grupo étnico. Los contextos sociales e históricos en que aquí se analiza el relato de la historia griega antigua también se dividen en diez periodos: el mundo micénico, de 1600 a aproximadamente 1200 a. C. (capítulo 1); la aparición de la identidad griega entre los siglos X y VIII a. C. (capítulo 2); la época de la colonización y los tiranos en los siglos VII y VI a. C. (capítulo 3); los primeros científicos de Jonia e Italia en los siglos VI y V (capítulo 4); la Atenas democrática del siglo V (capítulo 5); Esparta a principios del siglo IV y Macedonia a finales de ese mismo siglo (capítulos 6 y 7); los reinos helenísticos, del siglo III al siglo I (capítulo 8); los griegos bajo el imperio romano (capítulo 9), y la relación entre los griegos paganos y los primeros cristianos, que a finales del siglo IV d. C. desembocó en el triunfo de la nueva fe monoteísta (capítulo 10). En cada capítulo, comenzando por el dedicado a los micénicos y sus habilidades marineras, también presto especial atención al aspecto de grecidad presente en las diez características que he enumerado más arriba y que considero especialmente evidente en ese contexto. Eso no quiere decir que otras civilizaciones mediterráneas antiguas no compartieran algunas de las características que, combinadas, en mi opinión definieron a los griegos. La deuda de la cultura helena con los cultivados comerciantes fenicios, por ejemplo, se trata necesariamente *in extenso* en esta introducción, pero casi todas las diez características «griegas» se verifican, en distinto grado, en la mayoría de los griegos antiguos durante la mayor parte de su historia.

*

Los griegos de la Antigüedad fueron unos marinos apasionados. En 490 a. C., los invasores persas quemaron íntegra la importante ciudad griega de Eretria, hicieron cautiva a la población y nunca regresaron, y el rey persa ordenó que los prisioneros griegos buscaran una nueva colonia en el interior, entre Babilonia y Susa. Un poema atribuido a Platón imagina la inscripción que podría leerse en una lápida colectiva en el exilio asiático:

Dejamos el hondo rugido del Egeo
y nos asentamos aquí, en la llanura central de Ecbatana.
Te saludamos, Eretria, tú fuiste una vez nuestra célebre
[patria.
Te saludamos, Atenas, vecina de Eretria. Te saludamos,
[querido mar.

La patria destruida de los eretrios había sido una ciudad portuaria, y los griegos de entonces casi nunca se instalaban a más de cuarenta kilómetros del mar, a un día de camino. Los primeros griegos vivieron en cientos de pequeñas comunidades costeras autónomas, de mentalidad independiente, donde practicaron un estilo de vida que fue la respuesta inevitable al entorno físico. La mayor parte de la tierra cultivable en la península griega y en las islas está aislada por las montañas, por el mar o ambos. Hoy, en Grecia, esa tierra solo ocupa cuarenta mil doscientos kilómetros cuadrados, es decir, una superficie más pequeña que todos los estados, excepto diez, que forman los Estados Unidos de América, y mucho más pequeña que Portugal y Escocia. Sin embargo, el país actual tiene al menos veintiséis zonas donde la tierra se eleva a más de novecientos metros sobre el nivel del mar, lo que hace que los viajes por tierra sean un desafío constante. Además, el número de cabos, ensenadas e islas hace que la relación entre la línea de costa y el interior sea más alta que la de cualquier otro país del mundo.

Cuando se encontraban en la Grecia profunda, los griegos se sentían atrapados y viajaban cientos y cientos de kilómetros en busca de lugares donde construir ciudades con fácil acceso al mar; de ahí que sus comunidades llegaran a bordear muchas de las costas del Mediterráneo y del Mar Negro y sus islas. Fueron uno de los pueblos más costeros que ha conocido el planeta. Su medio preferido de transporte era el barco; a pesar de ello, preferían no alejarse mucho de tierra firme. En palabras de Platón, preferían vivir como «hormigas o ranas alrededor de un estanque». Eran anfibios culturales. En la mitología griega, la noción de la criatura que se encuentra a gusto en tierra firme y en el mar fue desplazándose imaginativamente hacia los habitantes reales del mar, a quienes los griegos solían concebir mitad humanos y mitad bestias: Glauco, que antes había sido pescador, se transformó, después de ingerir unas hierbas mágicas, en el tritón original, mitad hombre, mitad pez con la piel azul verdosa.

A finales del siglo XIII a. C., el faraón Merneptah (también llamado Merenptah) hizo grabar en el complejo de los templos de Karnak una inscripción que celebraba su victoria sobre un grupo al que llama «Gente del Mar». La marinería estuvo íntimamente vinculada a los griegos antiguos y su sentido de la identidad. En la *Ilíada,* escrita hacia el siglo VIII a. C., Homero introduce el primer relato sobre el pueblo que aquí llamamos «los griegos antiguos», una lista de comunidades que a mediados del siglo VIII a. C. se consideraban a sí mismas unidas por ser capaces de disfrutar de la poesía escrita en griego y porque mucho tiempo antes habían combatido juntas en el sitio de Troya; dicha lista constituyó el verdadero núcleo del sentido de la identidad griega hasta al menos doce siglos después. Sin embargo, no está estructurada como una lista de lugares geográficos, tribus o dinastías familiares, sino que se presenta como un catálogo de *barcos.*

Que los griegos se sintieran amos del mar se expresa también en su actitud respecto de la natación. Los atenienses pensaban que era deber de todo padre enseñar personalmente a sus hijos a leer y a nadar. El proverbio que caracterizaba a la clase más inculta de hombres decía que no sabían «ni leer ni nadar». Tanto los asirios como los hebreos retrataron a sus enemigos ahogándose, pero la convicción griega de que ellos eran los mejores nadadores del mundo fue un componente clave de su identidad colectiva, y pensaban que había quedado demostrado durante las guerras médicas (o persas, siglo V a. C.), cuando muchos de sus enemigos se ahogaron. También celebraban las notables hazañas de dos expertos buceadores –Escilias y su hija Ciana– que habían saboteado la flota enemiga debajo del agua. Los griegos habían llevado la técnica del buceo a un nivel lo bastante alto para permitir a quienes lo practicaban que aguantasen sumergidos periodos de tiempo considerables con la ayuda de unos contenedores de aire invertidos que les hacían llegar desde la superficie.

Hace casi cincuenta años, en junio de 1968, se descubrió en una tumba de principios del siglo V a. C. excavada en Posidonia (Paestum), una zona del sur de Italia que los griegos habían colonizado, una hermosa imagen, conocida como la Tumba del Nadador, pintada en la cara inferior de la lápida de una sepultura rectangular. En sus cuatro paredes pueden verse escenas, todas igualmente bellas, de hombres que disfrutaban tumbados en divanes durante un banquete *(symposium)*. De esa manera, rodeado por sus amigos bebedores, el allí enterrado podría contemplar eternamente la imagen de un buceador que se lanza de un trampolín de piedra a unas tentadoras aguas turquesa en las que está a punto de zambullirse.

Se ha dicho que la zambullida contiene un mensaje erótico; otros creen que la escena de buceo es una metáfora de la muerte, del salto desde un mundo conocido a otro desconocido, un movimiento entre dos elementos naturales distintos, y quizá se puedan ver en esta interpretación resonancias ocultas relacionadas con el orfismo o el pitagorismo. Sin embargo, el pintor se tomó la molestia de añadir, con una pintura especialmente diluida, un ligero brote de pelo en la barbilla del buceador, enternecedoramente joven. ¿Se parecía en algo al difunto? ¿Podía ser famoso sencillamente por sus habilidades debajo del agua? Los héroes de la mitología griega a quienes los jóvenes debían admirar –y a tal fin los formaban– eran buceadores y nadadores de primer orden. Teseo, hijo de Poseidón y fundador mítico de la democracia ateniense, demostró su valía en el viaje a Creta antes incluso de encontrarse con el Minotauro. Aceptó el desafío de sumergirse hasta lo más profundo del mar y recuperar el anillo de Minos, que se encontraba en el palacio de su padre, pero incluso la hazaña de Teseo acabó superada por Ulises y la distancia que, después de que zozobrara su balsa, recorrió a nado valiéndose únicamente de la fuerza de sus músculos para hacer frente a las olas que rompían en las costas de Esqueria y mantenerse lejos de la orilla hasta encontrar un lugar donde pisar tierra firme y libre de rocas y vientos turbulentos.

No es de extrañar, por tanto, que para casi todas las actividades los griegos utilizaran metáforas relacionadas con el mar, los barcos y la navegación. En la *Ilíada*, el ejército griego sale al campo de batalla «como el hinchado oleaje del mar, de anchos caminos, se abate sobre la nave por encima de la borda, cuando arrecia la fuerza del viento [...] así los troyanos descendían».[1] Para la solitaria Penélope, que no ha visto a su marido durante décadas, volver a ver a Ulises se parece al momento en que un marinero náufrago atisba por primera vez tierra firme. Pero la orilla del mar también era un lugar donde a los héroes griegos les gustaba pensar, cosa que tal vez hizo inevitable que la imaginería marítima se convirtiera en un tópico en la descripción de procesos de pensamiento. Al enfrentarse a un problema de estrategia en el campo de batalla, Néstor, el sabio y viejo consejero de la *Ilíada*, sopesó a conciencia las alternati-

1. Esta y las demás citas de la *Ilíada* están tomadas de Homero, *La Ilíada*, Madrid, Gredos, 1996; traducción, prólogo y notas de Emilio Crespo Güemes. *(N. del T.)*

vas, «como cuando el vasto piélago se riza de mudo oleaje y preludia los veloces senderos de los sonoros vientos aún en calma, sin echar a rodar ni hacia acá ni hacia allá, hasta que desciende una decidida brisa procedente de Zeus». En una tragedia de Esquilo, el rey, enfrentado a una crisis internacional, dice que necesita reflexionar profundamente, «como un buceador que desciende a lo más profundo del mar». Leer un tratado de filosofía se parecía a emprender un viaje por mar... Cuando Diógenes el Cínico llegó a la última página de un mamotreto ininteligible, exclamó aliviado, en tono sardónico: «¡Tierra! ¡Tierra!»

Los textos más antiguos de la literatura griega (siglo VIII a. C.) ya introducen cuestiones éticas como la culpa y la responsabilidad exploradas a un nivel sumamente complejo, protofilosófico y, sin duda alguna, politizado. El segundo rasgo destacado del modo de pensar de los griegos antiguos que encontraremos en reiteradas ocasiones es la desconfianza hacia la autoridad, que se expresó en su avanzada sensibilidad política. A dicha característica prestaremos especial atención en el capítulo 2, «La creación de Grecia». En la *Ilíada,* el derecho de todo individuo o grupo de élite a determinar las acciones del conjunto de la comunidad aparece cuestionado más de una vez por parte de miembros del ejército griego en Troya. Cuando el soldado griego Tersites, que no es rey, quiere persuadir a sus compatriotas de que vuelvan a casa, se nos dice que usa su táctica habitual de despotricar contra todos los que estaban en el poder. Tersites intenta que los demás *se rían* de su gobernante, pero Ulises vierte sus burlas de experto sobre el soldado y consigue que las risas de la tropa vayan directamente contra el que protesta y no contra Agamenón, el blanco de Tersites. Aunque el motín fracasa, la inclusión de esa crítica de los privilegios de Agamenón logra que el público de la epopeya tome conciencia política.

Los autores griegos examinan sistemáticamente a los gobernantes, a los que a menudo califican de incompetentes. En la *Odisea,* Ulises se enfrenta a un asomo de motín en la isla de Circe, adonde había enviado un destacamento, veintidós hombres a las órdenes de Euríloco, que al regresar comunica que todos los que formaban la avanzadilla se habían convertido en cerdos. Euríloco, con bastante razón, desanima a los tripulantes que quedan para que no corran el mismo riesgo y reprende severamente a Ulises. Incluso los espartanos, que no eran demócratas, desconfiaban de los gobernantes que se daban aires. Cuando enviaron a dos espartanos, Espertias y Bulis, a ver al rey persa, cuya corte era jerárquica y se gobernaba según un complejo protocolo, los cortesanos intentaron que, como era obligatorio, se postraran ante el soberano *(salaam)*. Los espartanos se negaron enérgicamente, explicando que los griegos se reservaban ese respeto para las imágenes de los dioses y que, además, no habían ido a ver al monarca para eso.

El inequívoco rasgo insolente, «borde» incluso, del carácter griego plantea la cuestión de si las mujeres también lo compartían. En las democracias clásicas, donde la tendencia a la rebeldía llegó a estar refrendada constitucionalmente, hay pruebas que apoyan esa opinión. Tucídides nos habla de la revolución de Córcira (Corfú), donde las mujeres de familias democráticas subidas a las azoteas de sus casas se sumaron al combate y arrojaron tejas sobre la cabeza de sus adversarios oligárquicos. Los discursos que se han conservado de los antiguos tribunales demuestran que, a pesar de que sus derechos jurídicos eran escandalosamente pocos, las mujeres actuaban de manera resuelta y taimada para maximizar su influencia. Puede que los hombres de la antigua Grecia quisieran que sus mujeres fuesen dóciles y retraídas, pero la fuerza y la frecuencia con la que enunciaron ese ideal de feminidad sugieren que ellas no siempre lo abrazaron.

Explicar el modo en que los griegos conciliaron su desconfianza hacia la autoridad con la aceptación casi general de la esclavitud presenta algo parecido a un desafío. Sin embargo, quizá sea ese nexo paradójico entre la veta independiente de los griegos y el hecho de que tuvieran esclavos lo que los llevó a tener en tanta estima la libertad individual. *Eleuteria,* voz griega que significa libertad, y también el antónimo de esclavitud, era la palabra para referirse a la libertad colectiva del dominio ajeno, como el de los persas, pero también para la libertad individual.

Hasta los ciudadanos más pobres de los estados griegos gozaban de unos derechos inestimables en cuanto *eleuteroi,* hombres libres, y los habrían perdido en caso de haber sido esclavizados. Por otra parte, el miedo a la esclavitud era una realidad omnipresente y general en la Antigüedad; el primer ejemplo que se conoce de una carta personal escrita por un griego es la súplica desesperada de un padre a punto de ser vendido como esclavo y despojado de sus propiedades. Escrita en una plancha de plomo por un hombre que vivía al norte del Mar Negro a principios del siglo V a. C., está dirigida a su hijo Protágoras. Debemos preguntarnos si una sociedad que no tenía en su núcleo la propiedad de esclavos pudo dar alguna vez una definición tan rotunda de la libertad individual.

La idea de libertad individual subyace a la tercera característica de los griegos antiguos, fundamental para su progreso intelectual, a saber, un marcado sentido de la independencia individual, de orgullo por su individualidad, por su diferencia, punto que analizo en el capítulo 3 en relación con el periodo de la colonización y la sustitución de las monarquías por regímenes despóticos. En un tratado titulado *Sobre los aires, las aguas y los lugares,* Hipócrates, médico y escritor, sugirió que la variación física entre individuos de Europa (sobre todo de Grecia) en cuanto opuestos a los de Asia estaba relacionada con las condiciones extremas del clima y el paisaje. Según Hipócrates, esos extremos producen individualistas duros, con poderes de resistencia física y psicológica, independencia de opinión, intolerancia para con los reyes y disposición a correr riesgos con tal de obtener una ventaja para sí mismos, pero no en defensa del prójimo.

La *Teogonía* (o el *Nacimiento de los Dioses),* de Hesíodo, quizá el poema griego más antiguo que se ha conservado (siglos VIII-VII a. C.), empieza en primera persona del plural: «*Comencemos nuestro* canto.»[1] Pero el lector pronto conoce a

1. Esta y las demás citas de Hesíodo están tomadas de *Obras y fragmentos,* Madrid, Gredos, 1978; introducción, traducción y notas de Aurelio Pérez Jiménez y Alfonso Martínez Díez. *(N. del T.)*

Hesíodo por su nombre. Las musas le enseñaron «un bello canto mientras apacentaba sus ovejas al pie del divino Helicón». Dos versos más abajo, «Hesíodo» ya aparece en la primera persona del singular: «Este mensaje *a mí* en primer lugar me dirigieron las diosas.» Los cantos de los poetas líricos de los siglos VII y VI se deleitan mencionando los nombres de individuos concretos, *personae,* y explayándose sobre la subjetividad de sus autores. El soldado Arquíloco compone para expresar sus preferencias personales por un líder militar: «No quiero a un jefe altivo ni que ande dando trancos ni ufano con sus rizos ni raso encima del labio; dadme uno que parezca menudo y patizambo, y que hinque el pie, y que sea de corazón sobrado.»[1] Safo nos dice su nombre, cómo se siente físicamente cuando contempla a su amante, y nos cuenta que tiene una hija llamada Cleis, a la que adora. Esas reflexiones sobre la voz individual, sobre el *yo,* aparecen aún más desarrolladas en los discursos de Platón y en toda la filosofía griega, que fue alentando cada vez más a los individuos, en cuanto agentes morales, a impulsar su interioridad. Más tarde, precisamente a ese hecho se debieron los primeros ejemplos que se conservan –las epístolas de San Pablo y las *Meditaciones* del emperador estoico Marco Aurelio (cuyo verdadero título es *A mí mismo)*– de individuos hechos a sí mismos y preservados para la posteridad gracias a sus escritos.

Los imperativos gemelos de someter a los gobernantes a la crítica a la vez que se celebraba a los individuos fuertes eran, a veces, contradictorios. La tensión entre ambos aparece en otra de las muchísimas imágenes marítimas que empleó Sócrates, tal como aparecen en los escritos de Platón, reconocido fundador de la filosofía occidental. Aunque no fue él quien inventó la metáfora, Platón atribuye a Sócrates el ejemplo más famoso de la analogía entre el Estado y un barco. Si no se va a producir un motín, una nave necesita un capitán que lo gobierne (recordemos que la palabra «gobierno» en el sentido en que la usa-

---

1. Cita tomada de *Líricos griegos arcaicos,* Barcelona, Sirmio, 1996; edición de Joan Ferraté. *(N. del T.)*

mos en nuestros días tiene la misma raíz etimológica que la voz griega *kubernan*, «guiar un barco»), pero debe tener una competencia superior en varias ramas del conocimiento. Cuando los griegos imaginaron a Zeus gobernando el mundo, a veces lo concibieron como el «timonel» del Olimpo, y en Homero tiene incluso un epíteto, «el que viaja sentado en lo alto de sus bancos», como si el Monte Olimpo fuera un buque. Tampoco era una mera teoría política lo que hacía atractivas las analogías navales; también surgían de la cosmología y la escatología. Los griegos imaginaron el universo entero como un enorme trirreme. En el momento culminante de *La República*, Sócrates cuenta la historia de Er, que había visitado la tierra a la que van las almas muertas antes de regresar milagrosamente a la vida. La descripción que Er da de la constitución del universo es la siguiente: estaba sostenido por una columna de luz absolutamente recta que se extiende a través de la totalidad del cielo y de la tierra, uniendo los dos planos y sujetando «toda su esfera» como los cinturones que aseguran la quilla de un trirreme.

La mentalidad inquisitiva de los griegos de la Antigüedad –la cuarta característica que los define, analizada en el capítulo 4 en relación con los primeros científicos y filósofos– estaba íntimamente vinculada a su experiencia como navegantes. La vela de un barco representa no solo la comprensión del comportamiento de una fuerza elemental de la naturaleza (ciencia «pura»), sino también su aplicación práctica (ciencia «aplicada»). La vela fue el primer dispositivo humano que aprovechó una fuerza natural no animal para obtener energía, y siguió siéndolo hasta la invención del molino de agua, casi seguramente un invento griego, en el siglo III a. C. La energía con la que un barco podía navegar alentó a los griegos a imaginar que el buque tenía vida, que era un animal de grandes dimensiones en el que montaban y desde el cual tenían una vista privilegiada del litoral y de las ciudades costeras. Todos los barcos griegos antiguos tienen un ojo de buey o más de uno, costumbre que se remonta a finales de la Edad del Bronce. En el siglo VI, los vasos áticos pintados con una figura negra presentan a menudo un buque de guerra con una proa parecida a un jabalí dispuesto a embestir. El ojo del barco es el ojo de un animal salvaje lanzado al ataque y que se abre camino rompiendo las olas como si fueran maleza del bosque, a punto de embestir contra los enemigos con sus temibles colmillos. Sin embargo, en otros vasos, los barcos tienen dos ojos grandes y deslumbrantes, uno a cada lado de la proa, justo encima de la superficie. El barco avistado está vivo, vigilante, atento, recabando, mientras se desliza hacia el horizonte, información sobre el mundo submarino y el que está por encima de las aguas.

No obstante, los griegos no fueron ni los primeros ni los más expertos marinos del Mediterráneo. No cabe duda de que conocieron las grandes cabezas de caballo de las proas de las naves de sus rivales marítimos del este y del sur, los canaanitas, un detalle que los llevó a asociar a Poseidón, su propia deidad marítima, con los caballos. Mucho tiempo antes, los fenicios ya habían abierto las rutas comerciales del Mediterráneo. Desde Levante habían ido fundando asentamientos portuarios para proteger las rutas por las que pasaban grandes cargamentos de metales en buques mercantes lentos, estables, de casco redondo, que les permitían atracar en Chipre, Cartago, Cerdeña y en lugares tan occidentales como la costa atlántica de España. Siempre en busca de nuevos recursos madereros para sus flotas, llegaron a ser unos exploradores intrépidos y marinos que recorrían largas distancias. Según una fuente citada por Heródoto, los fenicios ya habían circunnavegado África hacia 600 a. C.

El misterio de la aceleración del progreso intelectual de los hablantes griegos a partir del siglo VIII a. C. puede esconderse en el fondo del mar, en pecios fenicios aún por descubrir. En los ámbitos de la técnica, los fenicios fueron ingeniosos y hábiles, los únicos de entre los pueblos semíticos antiguos que llegaron a ser marinos expertos. Igual que los griegos, vivían en ciudades-Estado independientes y fundaban ciudades portuarias a lo largo de la Media Luna fértil: Sidón y Tiro, Biblos y Beritus. Igual que los griegos, siempre habían sido hábiles para los préstamos culturales; por ejemplo, los objetos fenicios que se han conservado –marfiles tallados, escudillas de metal, navajas, monumentos de piedra, máscaras de terracota– son reconocibles precisamente porque sus estilos, realmente eclécticos, fusionan elementos griegos, asirios y, sobre todo, egipcios.

Junto con Baal, la divinidad fenicia más prominente fue Melkart, un cazador con poderes especiales sobre el mar y al que los griegos identificaron con Hércules. Heródoto llegó a llamar «templo de Hércules» el dedicado al dios fenicio, que él visitó personalmente en Tiro. Dentro de ese templo, Heródoto vio dos columnas sagradas de oro y esmeraldas, y algunos estudiosos opinan que esa doble columna era un símbolo distintivo de la religión fenicia que Salomón imitó en el templo de Jerusalén. El monarca judío llamó a Hiram de Tiro, arquitecto y mampostero fenicio, para que fundiera «dos columnas de bronce, de dieciocho codos de altura cada una» (Reyes I, 7:15) que habían de colocarse en el pórtico del templo. Esas columnas inconfundibles pueden incluso explicar el origen último de las Columnas de Hércules en Gibraltar. También es posible, aunque no pueda demostrarse, que debajo de las célebres historias griegas sobre los trabajos de Hércules, en especial los que llevó a cabo en Occidente, subyazcan narraciones fenicias desconocidas. Los trabajos de Hércules en la región más occidental de Europa son la búsqueda de las manzanas de las Hespérides y el ganado de Gerión. La lejanía temporal del segundo la pone de manifiesto el medio de transporte que empleó este héroe mitológico –alguna clase de buque–, pero, dado que fue el sol el que se lo prestó, también es posible que viajara por aire más que por tierra. Cuando los griegos empezaron a pensar en los confines del mundo conocido, su imaginación combinó, como de costumbre, la navegación con los viajes por aire basándose en la semejanza visual que percibían entre un barco impulsado por brillantes hileras de remos y el rítmico batir de las alas plumadas de un ave, una de las comparaciones predilectas de la poesía griega.

Es posible también que los griegos tomaran algunos de los trabajos de Hércules de historias que los fenicios contaban sobre sus expediciones o sobre las del dios Melkart. No obstante, hay serios obstáculos a la hora de entender la relación entre la cultura griega y la fenicia. Suele afirmarse, por ejemplo, que los griegos aprendieron de los fenicios todo lo que llegaron a saber de navegación. La prueba para afirmarlo se remite a veces a un elogio de la ingeniosidad fenicia que escribió el griego Jenofonte en el siglo IV, en el que un hombre explica las virtudes de la limpieza doméstica:

> Una vez tuve ocasión de subir a bordo de un barco mercante fenicio, Sócrates, y creo que nunca había visto un aparejo tan perfectamente ordenado. Pude ver, en efecto, una enorme cantidad de material distribuido en un continente pequeñísimo. La nave, en efecto, fondea y zarpa gracias a muchos aparejos de madera y de cuerda, navega por medio de muchos artefactos llamados colgantes, está armada con gran número de ingenios contra buques enemigos, transporta además numerosas armas para sus tripulantes y lleva para cada comensalía todos los utensilios que las personas suelen emplear en su casa.[1]

Con todo, esta admirada descripción del interior del barco no significa que los griegos copiaran en bloque los logros de los arquitectos navales fenicios. Ningún vocablo griego para nombrar las partes de un barco deriva de una raíz semítica. No hace mucho, los historiadores navales desarrollaron un cuadro revisado que permite ver que los dos pueblos tomaron parte en una carrera competitiva que duró siglos, lo cual conllevó inevitablemente una imitación recíproca.

La innovación técnica crucial tuvo lugar en el siglo VIII a. C. En los siglos anteriores, los barcos, tanto griegos como fenicios, se gobernaban con una hilera de remos desde una sola cubierta, situada en el nivel del borde superior de la nave; pero, tras

---

1. Jenofonte, *Económico;* cita tomada de la traducción de Juan Zaragoza; Madrid, Gredos, 2006. *(N. del T.)*

añadir una plataforma para que se situaran los marineros armados, los armadores vieron que podían añadir otra fila de remeros, con remos más largos, y así hacer un birreme. De ese modo, la nave podía ser mucho más rápida sin necesidad de ser más larga y difícil de maniobrar, pero no tenemos manera de saber si fue un fenicio o un griego el primero en hacer ese importante descubrimiento. También hay afirmaciones en conflicto sobre la introducción del trirreme, requisito previo para el rápido desarrollo de la armada griega en el siglo V a. C. y, por tanto, del imperio ateniense. Algunos griegos de la época afirmaban que el trirreme era invención de un corintio llamado Aminocles, pero hay fuentes posteriores, acertadas tal vez, que sugieren que los griegos tomaron la idea de los fenicios de Sidón.

Otro problema es la imposibilidad de oír la voz de los fenicios, como imposible también es oír la de los habitantes del Levante o de la colonia púnica de Cartago, donde habían construido una biblioteca que los romanos destruyeron en 146 a. C. Es frustrante, porque los fenicios y, luego, los cartagineses estaban alfabetizados. En el siglo IV d. C., cuando el fenicio aún podía oírse en las calles del norte de África, San Agustín escribió, en su epístola XVII: «Si pretendes impugnar el idioma púnico, atrévete a negar que en libros púnicos nos han sido transmitidas muchas y sabias doctrinas, como autores doctísimos atestiguan.»[1] Aunque en el segundo milenio antes de la era cristiana los primeros cananitas de Ugarit escribieron leyendas y poesía narrativa, especialmente un ciclo de textos sobre Baal, así como otros sobre asuntos más cotidianos, la relación de esos escritos con los fenicios sigue siendo oscura. El hecho de que los fenicios de Cartago no dejaran a los historiadores de la posteridad textos importantes sobre sí mismos ha dado lugar, entre los estudiosos, a un mito paranoico según el cual ese pueblo habría adoptado el secretismo como política estatal.

---

1. Cita tomada de San Agustín, *Obras completas;* trad. de Lope Cileruelo (http://www.augustinus.it/spagnolo/lettere/index2.htm). *(N. del T.)*

Se ha conservado un puñado de frases en fenicio antiguo. En el siglo IX a. C., un rey llamado Kilamuwa dejó una inscripción cerca de la frontera entre los territorios que hoy son Turquía y Siria, una crónica, tal vez en verso, en la que contaba cómo había protegido a su pueblo. En Pirgi, al norte de Roma, unas hojas doradas con inscripciones en etrusco y en fenicio contienen una dedicatoria a una diosa fenicia (hacia 500 d. C.). Sin embargo, es sencillamente imposible mantener con los fenicios un diálogo tal como sí podemos hacerlo con la mayoría de los pueblos antiguos de Oriente Próximo. El único candidato a ser un texto sustancioso escrito en fenicio está, en realidad, en griego antiguo, y en él se afirma que es la traducción de un tratado relacionado con un viaje que tuvo lugar en el siglo V a. C., titulado *Periplo de Hanón, rey de los cartagineses, a las partes de África más allá de los Estrechos de Gibraltar, que él mismo dedicó en el templo de Baal.* En la primera mitad aparecen topónimos que aún hoy pueden identificarse en Marruecos; la segunda mitad incluye descripciones etnográficas fantásticas, incluida la piel desollada de unas mujeres velludas, y es la fuente a la que debemos el término zoológico «gorila». Se ha discutido con vehemencia sobre la autenticidad y la fecha en que fue escrito, aunque no hay motivo alguno para pensar que no contiene al menos un eco de la crónica original, en lengua púnica, de Hanón el Navegante.

No obstante, el elemento que más oscurece el panorama es la ambivalencia de los griegos –y de los romanos– respecto de la superpotencia marítima septentrional. Ambos pensaban que la lengua fenicia tenía unos sonidos desopilantes, e incluyeron en sus comedias a personajes que soltaban párrafos de una extensión absurda (por ejemplo, Hanón en *El joven cartaginés*, de Plauto, sobre un original griego). También pensaban que la lengua fenicia tenía poderes mágicos y llegaron a escribir conjuros en un *patois* pseudofenicio. Los fenicios aparecen en las primeras obras de la literatura griega de maneras contradictorias. De un modo bastante realista, los de Homero son marinos mercantes, aunque es de suponer que el poeta era injusto cuando daba a entender que eran más inmorales que los griegos. También oímos algunos ecos fenicios en la *Atlántida* de Platón, el país de Poseidón, centro de una confederación de marinos que en tiempos había dominado el Mediterráneo desde más allá de las Columnas de Hércules. De la aprensión que sentían los griegos por la cultura fenicia surgieron los feacios casi sobrenaturales de la *Odisea,* marinos expertos capaces de navegar desde Feacia hasta la Grecia continental y volver en un solo día. En un pasaje fascinante, el rey feacio Alcínoo (cuyo nombre significa «mente poderosa»), hijo de Nausítoo («veloz en los barcos»), dice a Ulises que sus barcos tienen conciencia y que pueden gobernarse solos, guiados por su propia inteligencia: «Los feacios no tienen pilotos ni saben de aquellos gobernalles que suelen llevar los demás; sus bajeles tienen ciencia y sentidos de hombres, por ellos distinguen las ciudades de todos los pueblos, sus pingües campiñas...»[1] Estos versos juegan con la semejanza fonética entre «bajel» y el término traducido aquí como «ciencia y sentidos», dos voces que empiezan con *n* y terminan con *s* y que, en un pasado remoto, pudieron derivar de la misma raíz indoeuropea.

No cabe duda de que los griegos aceptaban que los fenicios les habían enseñado habilidades importantes. Para explicar por qué adoptaron el alfabeto fonético fenicio, decían que lo había introducido Cadmo, el fundador de Tebas, quien, según recordaban, o según decidieron, era de origen fenicio. Era habitual que los griegos, incluido Tales de Mileto, el primero de todos los filósofos, se dijeran a sí mismos que sus sabios tenían conexiones con Fenicia. De Tales también se decía que había escrito sobre el arte de navegar guiándose por las estrellas, y a finales de la Antigüedad fueron muchos y denodados los intentos de usar las destrezas marítimas de los fenicios para justificar la creencia de que los orígenes de lo racional se encontraban entre ese pueblo. Un griego llamado Estrabón insistió, en el Libro XVI de su

---

1. Esta y las demás citas de la *Odisea* están tomadas de Homero, *Odisea,* Madrid, Gredos, 1982; traducción de José Manuel Pabón. *(N. del T.)*

Geografía, en que la pericia marítima de los fenicios y el surgimiento del pensamiento científico y racional estaban relacionados: «Son filósofos en ciencias como la astronomía y la aritmética, y comenzaron a estudiar con cálculos prácticos y navegaciones nocturnas, ya que cada una de esas ramas del conocimiento corresponde al mercader y al armador de un bajel.» No cabe duda tampoco de que los griegos relacionaban estrechamente las estrellas con los barcos. Tenían magnetita y hierro, pero todavía no conocían la brújula, de ahí que los marineros de Ulises viajen casi siempre de noche, guiándose por las estrellas. Sin embargo, no podemos saber a ciencia cierta si realmente Ulises y sus compatriotas aprendieron navegación, astronomía y cálculos matemáticos de los fenicios.

Los griegos tuvieron en Ulises un héroe encantador y un navegante experto que, incluso en una humilde balsa, puede decidir su ruta guiándose por las constelaciones. No obstante, es un héroe que también simboliza de otras maneras las proezas intelectuales de su pueblo. Es curioso por naturaleza en todo lo que concierne al mundo, y se detiene a investigar fenómenos interesantes sencillamente porque tropieza con ellos. Dos de los incidentes más famosos de la *Odisea* tratan sobre las recompensas y los peligros que conlleva buscar el conocimiento por el conocimiento. Solo una vez permite Ulises que la curiosidad descontrolada se quede con lo mejor de él, y la consecuencia final es la muerte de todos y cada uno de sus hombres. No hay motivo alguno que justifique la visita a la isla de los Cíclopes. El héroe y su flota consiguieron capturar un gran número de animales en la adyacente isleta de las cabras monteses, inhabitada y virgen, pues los cíclopes no navegan, están a salvo y tienen acceso a una cantidad ilimitada de provisiones; pero los navegantes han oído las voces que llegan hasta el mar y Ulises simplemente no consigue dominar su deseo de saber más: «Con mi nave y los que me acompañan voy a llegarme a esos hombres para saber quiénes son, si soberbios, salvajes y carentes de justicia o amigos de los forasteros y con sentimientos de piedad para con los dioses.» Así pues, acompañado por unos miembros de la tripulación, se adentra en la isla y no solo allana la caverna de Polifemo, sino que, por curiosidad, también se detiene a ver cómo es el gigante. Para poder escapar con algunos de sus hombres, tiene que cegar al Cíclope; su acto provoca la ira de Poseidón, que maldice a Ulises, lo cual resulta en la pérdida de todos los barcos del héroe y en la muerte de todos los tripulantes.

¡Qué diferencia, pues, cuando Ulises sucumbe a su segundo y serio ataque de curiosidad! Está decidido a oír a las sirenas, que saben «todo cuanto ocurre en esta fértil tierra» y trascienden así todas las limitaciones normales de tiempo y lugar aunque ello pueda conllevar un riesgo mortal. Así pues, Ulises negocia un acuerdo entre curiosidad (no tiene necesidad real alguna de oír el canto omnisciente de las sirenas) e inteligencia *aplicada* (o inventiva científica), se pregunta cómo puede intervenir para que el canto de las sirenas no lo ponga en peligro junto con la tripulación, y encuentra una solución práctica: manda a sus hombres que se pongan tapones de cera en los oídos para no oír el temible canto y les ordena que a él lo aten al mástil para que no pueda arrojarse por la borda. En este episodio, Ulises lleva a cabo un experimento controlado para someter a prueba la hipótesis de que las sirenas pueden aportar algo a sus conocimientos sin que la vida de sus hombres corra riesgo alguno. Se da a entender así que con previsión, preparación y cautela suficientes, la curiosidad desinhibida puede tolerarse incluso tratándose de la más peligrosa de las amenazas. Esa es la razón por la cual, para los griegos, viajar significaba ampliar conocimientos. El tercer verso de la *Odisea* dice que su protagonista «conoció las ciudades y el genio de innúmeras gentes».

Antes de dejar de analizar el carácter inquisitivo de los griegos, hay un grupo de cuatro características del pensamiento analítico que en mi opinión contribuyeron a que comprendieran «las ciudades y el genio» de todos los pueblos que conocieron y propiciaron así su rápido progreso intelectual. En primer lugar, la flexibilidad de la lengua les proporcionó una gama más amplia de posibilidades para expresar la causalidad y la consecuencia, así como los complejos grados de solapamiento entre ambas, de las que posee la mayoría de las lenguas modernas. La segunda característica es el gusto por la analogía, la búsqueda de semejanzas entre distintos campos de actividad o de experiencia que se iluminarían entre sí (como son todas las metáforas que equiparan el movimiento marítimo con el del intelecto). La tercera es el gusto por los contrarios, el amor a la polaridad.

Los griegos aprehendían el mundo partiéndolo en entidades polarizadas y tenían una pareja especial de marcadores sintácticos que insertaban en las cláusulas que ellos deseaban que se entendiesen antitéticamente. Dichos marcadores se usan, por ejemplo, para intensificar el impacto de las dos cláusulas, perfectamente equilibradas, del proverbio que el rey lidio Creso pronunció cuando lamentó haber combatido contra Persia: «En tiempos de paz, los hijos entierran a sus padres, pero en tiempos de guerra los padres entierran a sus hijos.» Pitágoras, uno de los primeros filósofos, llegó a confeccionar una «tabla de opuestos» que ayudaba a sus estudiantes a analizar los fenómenos: impar/par, luz/oscuridad, masculino/femenino, entre otros. El gusto griego por la polaridad era tan fuerte que a menudo simplemente se remitían a las dos partes opuestas de un solo fenómeno en lugar de usar un término colectivo; en vez de decir «toda la especie humana» preferían decir «tanto los griegos como los bárbaros».

El cuarto tipo de argumento, más decisivo para su filosofía que cualquier otro, es el principio de la *unidad* de los contrarios. Dos cosas o dos fuerzas que parecen estar en oposición o contradicción también pueden estar unidas o, de hecho, es posible que sea la contradicción misma lo que determine su constante estado de interacción. La fuerza centrípeta solo puede entenderse en combinación con la centrífuga; lo cóncavo, solo en relación con lo convexo. La mentalidad griega antigua parece realmente haber tenido menos problemas con el concepto de interacción y unidad de los opuestos que la mentalidad occidental moderna, obstinadamente empírica. La unidad de los contrarios es más fácil de entender echando mano de la mitología y la religión griegas que recurriendo a su filosofía. Veamos, por ejemplo, el caso del profeta Tiresias, fisiológicamente ciego *porque* puede «ver» mucha más verdad que las personas que conservan el sentido de la vista. O pensemos en la dicotomía entre crimen y castigo: el cristianismo gira en torno a un dios padre que es un dechado de virtudes y que castiga a quienes no lo son, los malos; pero en la Grecia antigua, los héroes y dioses responsables de vigilar determinadas faltas tienden a haber cometido delitos similares. Edipo, por ejemplo, el incestuoso que mató a su padre, se convirtió en un héroe de culto para *evitar* el incesto y el parricidio. Medea, la madre que funda cerca de Corinto un culto en que las mujeres pueden rezar por la seguridad de sus hijos, ha asesinado a los suyos... Como se puede ver, los conceptos de buena y mala madre se definen recíprocamente y acaban, por tanto, unificados; son las «dos caras de la misma moneda». Los orígenes de esta manera de pensar pueden estar relacionados con el eufemismo en su sentido original, técnico. Dado que nombrar una fuerza temida podía ponerla en movimiento o suscitar su enemistad, los griegos llamaban «las Benévolas» a las Erinias (Furias), odiosas personificaciones femeninas de las maldiciones o la venganza violenta. Es obvio que las maldiciones son bendiciones hasta que no actúan como maldiciones.

La unidad de los contrarios, articulada ya en la mitología y el culto, explica la tendencia a la dualidad en la temprana filosofía griega. Fue Heráclito quien vio que el mar era un medio puro y contaminado a la vez, que incluye cualidades opuestas. Para los peces es puro y, por tanto, benéfico; para los hombres no es inocuo. Fue Empédocles quien sostuvo que el mundo físico, que vive y muere, se encuentra en un estado constante en que la separación y la unión se alternan bajo la influencia de dos fuerzas opuestas, pero dialécticamente unificadas, que él llamó el Amor y la Discordia. Fue Aristóteles quien comprendió que no es necesario actuar para ser culpable de una acción contraria a la ética. *Dejando de hacer* algo se puede causar el mismo daño que *haciendo* otra cosa. La culpabilidad puede ser tanto el resultado del Hacer como del No hacer.

51

Una de las manifestaciones de la profunda curiosidad de los griegos es el quinto de los rasgos aquí enumerados y que definiré como cierta apertura mental. Dado que les encantaba viajar y casi siempre vivían cerca del mar, se colocaban sistemáticamente en posiciones que maximizaban su exposición a otras culturas; no dejaban escapar la oportunidad de aprender capacidades de otros pueblos ni de experimentar con ideas y técnicas completamente nuevas. *Anoixis,* la voz griega antigua para decir «apertura», que se conserva en el término del griego moderno para denominar a la primavera, la estación que «abre» el año, tiene varios significados. Puede referirse al momento en que un barco zarpa y se aleja de tierra y encuentra su camino hacia mar abierto, y también puede designar la llegada o la primera comprensión completa de una idea. Esa actitud progresista y el control del mar eran componentes inseparables de la identidad ateniense, pero cuando los autores judíos y cristianos antiguos escribían en griego, costumbre muy extendida en el mundo mediterráneo, a veces empleaban el término *anoixis* como equivalente del concepto clave de «igualdad en lo tocante al derecho a expresarse», la *parresía,* un elemento nuclear de muchas constituciones griegas, identificado sobre todo con la democracia ateniense —y por ese motivo he elegido centrarme en el carácter abierto de la sociedad ateniense del periodo clásico (capítulo 5)—. Vivir en una sociedad lo bastante abierta para oír expresiones sinceras de distintos puntos de vista es una idea que valoraron muchos griegos. Y tuvo un largo futuro.

La apertura a las influencias foráneas, a lo nuevo, así como el hábito de manifestar abiertamente opiniones encontradas, son características vinculadas a una tendencia hacia la honestidad emocional. Una de las razones por las que el antiguo drama ateniense ha conocido un resurgimiento tan espectacular en los teatros del mundo moderno reside en que su ética precristiana parece a menudo inusualmente sincera en lo que atañe a las emociones. Por lo general, los *baby boomers* y sus hijos han preferido tratar sus impulsos más oscuros —ira, venganza, deseo carnal, envidia— reconociéndolos en lugar de reprimiéndolos o negándolos. En lo relativo a las pasiones humanas, los tempranos pensadores griegos gozaron de un grado de claridad que no volvió a ser posible hasta después de Freud. Los griegos, por ejemplo, sentían un profundo respeto por el sexo, un tema sobre el que hablaban sin tapujos, y sabían exactamente, como ilustran sus comedias obscenas y algunos mitos trágicos, los extremos a los que la sexualidad puede llevar a los seres humanos. Son muchos los mitos griegos que retratan a guerreros –asesinos bien entrenados– que no saben gestionar la cólera. Cuando, antes de salir al campo para enfrentarse a los invasores atenienses, un general llamado Gilipo arenga a los siracusanos, les dice: «Contra esta gente aturdida y desesperada, que parece pelea ya a despecho de la adversa fortuna, nos conviene combatir cuanto podamos, como contra nuestros mortales enemigos, determinando hacer dos cosas de una vez, a saber: asegurando vuestro estado, vengaros de vuestros enemigos [...] hartando nuestra ira y saña contra ellos, y además, lanzarlos de esta tierra, cosas ambas que siempre dan placer y contento a los hombres.» En unos términos horripilantes que provocaron la indignación moral de los eruditos cristianos, el general espartano se explaya sobre los placeres de la venganza: «Por tanto, no debemos tener ninguna compasión de ellos, ni pensar que nos sea provechoso dejarlos partir salvos y seguros...»[1] En *La República* de Platón, Sócrates hace que su interlocutor reconozca el odio asesino que los esclavos –en cualquier caso, los esclavizados en grandes números– sentían inevitablemente por sus amos; pero el término griego del campo semántico de las emociones que más me hace desear que existiera un equivalente en la lengua inglesa es *ptonos,* la envidia mezclada con el placer que llegan a provocar las desgracias de aquellos a los que uno envidia, o sea, envidia más *Schadenfreude,* el regodearse con un percance ajeno. Ningún griego negaría jamás que un mendigo disfruta al

---

1. Estas citas de Tucídides, con excepción de las correspondientes al *Discurso fúnebre* de Pericles, están tomadas de *Historia de la Guerra del Peloponeso*, Barcelona, Orbis, 1986; traducción de Diego Gracián. *(N. del T.)*

ver a un hombre rico en apuros. En palabras de Dionisio de Halicarnaso: «Un hombre desposeído de las necesidades cotidianas de la vida no puede tener pensamientos generosos.» Es posible que esa honestidad emocional de los griegos nos lleve a verlos como un pueblo cruel y mezquino, pero rara vez nos parecerán hipócritas.

En lo relativo a los aspectos oscuros de la existencia humana, es más fácil practicar la honestidad psicológica con el escudo protector de la risa, y el humor es la sexta característica que pongo de relieve, en el contexto espartano (capítulo 6). El pueblo espartano hacía gala de una ingeniosidad mordaz y lacónica que contribuía a mantener alta la moral de su cultura guerrera. Sin embargo, no eran ellos los únicos griegos divertidos. En la Atenas clásica existió un club especial de bebedores cuyos miembros eran todos célebres *raconteurs*. Filipo II de Macedonia, a quien tanto le gustaba reír, una vez les ofreció un talento, la unidad monetaria utilizada entonces, en forma de barra de plata, y les pidió que pusieran por escrito sus chistes y se los enviaran, supuestamente para poder contarlos en algunos de los tumultuosos banquetes que organizaba en su palacio. Fueron los griegos quienes inventaron las colecciones de chistes; un ejemplo del siglo III d. C. es el *Filogelos o el amante de la risa*. En un grupo vemos a los profesionales incompetentes sobre los que se contaban chistes: un maestro de escuela cuya competencia dejaba mucho que desear, cuando le preguntaron cómo se llamaba la madre de Príamo, rey de Troya, contestó: «Sugiero que la llaméis Señora.»

Cuando los griegos imaginaban a los dioses inmortales que vivían dichosos en el Olimpo, se desternillaban de risa y no podían parar. En un himno arcaico a Deméter, atribuido a Homero, la diosa de las tierras cultivables está desconsolada porque Hades ha secuestrado a su hija Perséfone y se la ha llevado al inframundo. Deméter boicotea al monte Olimpo y se marcha a Eleusis, pero nada alivia su dolor. Luego, su anfitriona, la reina del territorio adyacente, solicita la ayuda de la única cómica femenina de la mitología antigua, llamada Yambe por los

54

groseros chistes yámbicos que recitaba, y Deméter acaba soltando sonoras carcajadas. Fue la comediante Yambe quien dio nombre al verso yámbico, metro poético que los griegos usaron siempre para componer poemas insultantes y satíricos de tono subido y que probablemente tuvo su origen en los festivales prehistóricos, en las obscenidades rituales y en los bufones. No obstante, los griegos reconocieron muchas clases distintas de humor. Si los inuit tienen veinte vocablos diferentes para referirse a la nieve, los griegos tenían muchos que pueden traducirse por «mofa, burla» o «reírse de», con delicadas gradaciones de malicia o perversidad, si bien Aristóteles sostenía que, en algunas circunstancias, la risa era realmente un signo de virtud. Un papel fundamental en el método de Sócrates consistía en señalar el lado absurdo de los razonamientos filosóficos ajenos –*eironeia*, «ironía»–. Por su parte, los cínicos, que practicaban un modo de vida austera y despreciaban todos los símbolos de la riqueza y el poder, nos legaron precisamente la voz «cínico», que continuamos empleando para referirnos a una actitud en la que se mezclan la desconfianza y el escarnio. En la Antigüedad se contaban anécdotas desopilantes acerca del cínico más famoso, Diógenes. Cuando Platón dijo que Sócrates había definido a los hombres como «bípedos sin plumas», Diógenes ridiculizó la idea llevando a la Academia un gallo desplumado y anunciando: «¡Mirad! ¡Os traigo un Hombre!»

A veces, el uso que los griegos hacen del ridículo es más bien desagradable, sobre todo cuando el blanco es (como suele ocurrir) la feminidad. Por desgracia, no sabemos exactamente cuáles fueron los chistes que Yambe contó a Deméter, pero sí conocemos invectivas satíricas convencionales contra las mujeres, a las que los griegos antiguos solían despreciar. Uno de los estudios de Teofrasto sobre los tipos de personalidad más comunes, en sus *Caracteres,* es el «hombre falto de tacto», cuya falta consiste no en el gusto por soltar diatribas convencionales contra el sexo femenino, sino en la indiscreción de la que hace gala *en las bodas.* Por otra parte, el ingenio y la mofa se usan contra los poderosos –sean dioses, reyes o comandantes– en asombrosas muestras de irreverencia y coraje moral que explican por qué los griegos fueron los fundadores no solo de la democracia, sino también del teatro cómico.

Las comedias se escribían para representarse en concursos que se celebraban en el marco de festivales, y todos los escritores cómicos aspiraban a batir a sus rivales y ganar premios prestigiosos. La séptima característica de la mentalidad griega, que analizaré en el capítulo 7, muy marcada, sobre todo, entre los macedonios, gente pendenciera donde la haya, era una competitividad casi agresiva. En Olimpia, donde se celebraban los Juegos, se levantaba una estatua de *Agon* («Competición») personificada por un halterófilo. Dicha voz griega llegó a tener el significado de «lucha», y de ella deriva el término «agonía» en la acepción que le damos hoy. Sin embargo, los griegos lo concebían todo, no solo el atletismo, agonísticamente. Ulises dice al principal pretendiente de Penélope que es capaz de derrotarlo arando la tierra. En Esparta, las adolescentes entonaban himnos a Artemisa y disputaban por cuál de ellas era la más encantadora. Platón ambienta sutilmente los diálogos de Sócrates con los sofistas como *competiciones* verbales. El enfoque competitivo daba por sentada una igualdad social fundamental entre los adversarios, que mejoraban sus habilidades imitándose mutuamente. Uno de los pasajes más claramente griegos de la poesía arcaica es la descripción que ofrece Hesíodo, en *Trabajos y días,* de dos clases de discordia, personificadas en la dualidad de la diosa Eris. En una de sus formas, conduce a los hombres a la guerra y es perniciosa, pero la otra Eris «es mucho más útil para los hombres: ella estimula al trabajo incluso al holgazán; pues todo el que ve rico a otro que se desvive en arar o plantar y procurarse una buena casa está ansioso por el trabajo. El vecino envidia al vecino que se apresura a la riqueza –buena es esta Eris para los mortales–, el alfarero tiene inquina del alfarero y el artesano del artesano, el pobre esta celoso del pobre y el aedo del aedo».

Para los griegos existía una conexión lógica entre la forma benévola de la discordia y su pasión por la excelencia *(areté)* en todos los campos, y precisamente es esta la octava de las diez características que procederé a analizar. Fue ese apetito de excelencia lo que llevó a los Ptolomeos, los reyes helenísticos de Egipto, a concebir la biblioteca de Alejandría, que albergaría los mejores libros y a los mejores estudiosos que el mundo había dado jamás (capítulo 8). En Esmirna, en lo que ahora es el noroeste de Turquía, los gobernantes helenísticos llegaron a construir un templo a la diosa Excelencia.

Las mujeres podían cultivar la *areté* en los sectores apropiados para ellas: atractivo físico, tejido, autocontrol y fidelidad. La tierra y los animales también podían tener su propia excelencia, pero en la mitología griega el epítome de la *areté* solía ser Aquiles, «el mejor de todos los aqueos», por ser el guerrero más valeroso, el corredor más veloz y el más apuesto. Un poeta épico griego describió los dibujos del escudo de Aquiles, donde la excelencia, personificada como una mujer subida a una palmera en la cima de una montaña, parece realmente difícil de alcanzar. Sin embargo, el poeta con quien más se asocia la *areté* es Píndaro, autor de exquisitas alabanzas a los vencedores de competiciones atléticas y musicales. El mundo del vencedor quedó plasmado para siempre en su soberbia actuación en los juegos panhelénicos; la excelencia es un don divino y, por tanto, innato, pero, según Píndaro, tiene que cultivarse mediante el entrenamiento. Como dijo Hesíodo, la *areté* solo se conseguía sudando mucho. Por último, el despliegue de excelencia requiere un poeta excelente que lo inmortalice en una oda, y ahí es donde entra en escena Píndaro: «Las virtudes se eternizan con ínclitos poemas; pero a muy pocos conseguirlo es fácil», dice el poeta en su tercera *Oda pítica*.[1]

En consecuencia, el cuerpo hermoso del campeón se celebraba en los hermosos versos del campeón de los poetas. «El lenguaje es a la mente lo que la belleza es al cuerpo», dijo Arístides, y el mejor activo de los griegos era, sin duda alguna, su

---

1. *Odas de Píndaro*, traducidas en verso castellano por Ignacio Montes de Oca, obispo de Linares (México); Madrid, Luis Navarro Editor, 1883. *(N. del T.)*

elocuencia, la novena de las características que los definen, y que se pone de manifiesto sobre todo en el florecimiento extraordinario de la prosa griega –tanto ensayo como ficción– bajo el imperio romano (capítulo 9). Los propios griegos pensaban que, hablando, no tenían parangón. Solían afirmar que era el don de la palabra lo que los hacía superiores a todos los «bárbaros», un término que originalmente significaba «pueblos que no hablan griego, sino una lengua ininteligible». (Paradójicamente, los griegos tomaron ese vocablo de un pueblo «bárbaro», pues en sumerio y babilonio antiguos *barbaru* significaba «extranjero».) Un héroe homérico podía hacer valer su posición recurriendo a su talento para la oratoria. El que mejor hablaba era Ulises, de pie y absolutamente inmóvil, con la mirada fija en el suelo antes de intervenir en la asamblea: «Pero cuando ya dejaba salir del pecho su elevada voz y sus palabras, parecidas a invernales copos de nieve, entonces con Ulises no habría rivalizado ningún mortal.» Los griegos decidieron que una de las primeras capacidades que podía aprenderse metódicamente era el arte de hablar con persuasión, léase, la retórica, sobre la que los abogados Tisias y Córax (Siracusa, siglo V a. C.) escribieron el primero de muchos manuales griegos antiguos. El placer sensual que los griegos experimentaban en sus palabras precede y subyace a los progresos que hicieron también en el campo de la expresividad poética. Junto con la acción narrativa y el estilo directo, incluso la poesía más temprana demuestra que los griegos practicaban la descripción al más alto nivel. El primer *locus amoenus* de la literatura occidental, a saber, la descripción que ofrece el dios Hermes de la gruta de Calipso en la *Odisea,* apela a los cinco sentidos, incluidos el olfato y el gusto, los dos más difíciles de reproducir con palabras:

> Allí estaba ella, un gran fuego
> alumbraba el hogar, el olor del alerce y del cedro
> de buen corte, al arder, aromada dejaban la isla
> a lo lejos. Cantaba ella dentro con voz melodiosa
> y tejía aplicada al telar con un rayo de oro.

A la cueva servía de cercado un frondoso boscaje
de fragantes cipreses, alisos y chopos, en donde
tenían puesto su nido unas aves de rápidas alas [...]
En el mismo recinto y en torno a la cóncava gruta
extendíase una viña lozana, florida de gajos.
Cuatro fuentes en fila, cercanas las cuatro en sus brotes,
despedían a lados distintos la luz de sus chorros;
delicado jardín de violetas y apios brotaba...

En la retórica y la poesía, dos artes verbales gemelas, los griegos pusieron las palabras en el centro de su cultura. Y, como dijo el sofista Gorgias, las palabras eran una forma de encantamiento que podía cautivar el alma humana.

La décima y última de las características de los griegos –si bien no puede considerarse en absoluto la menos importante– era su actitud, o mejor dicho, actitudes, respecto de la alegría. Su capacidad de disfrutar está debajo de su compromiso, que no conocía reparo alguno, con la búsqueda de la felicidad o, al menos, con lo que los llevaba a preguntarse por lo que hace feliz a la gente. La reiterada experiencia de fundación de nuevas colonias les hacía reflexionar más que a las comunidades instaladas en tal o cual lugar de manera permanente acerca de las circunstancias que conducen al florecimiento humano. A los filósofos griegos les gustaba debatir sobre cuál sería el Estado ideal, y a los escritores creativos, imaginar utopías y distopías, precisamente porque estaban creando constantemente nuevos sistemas de gobierno y redactando leyes, a menudo como reacción a una situación de infelicidad en las ciudades que habían abandonado. Incluso los reyes helenísticos más descaradamente ricos y autocráticos gustaban de rodearse de filósofos para discutir sobre esos temas. Además, la mayoría de las voces griegas que aún hoy podemos oír insisten elogiosamente en que el dinero no puede comprar cierta felicidad *(eudemonia)*. Solón de Atenas le dijo a Creso, el hombre más rico del mundo, que el hombre más feliz que había conocido en la vida era un ateniense de aspecto común y corriente llamado Tellus, que vivió una larga vida, vio a todos sus nietos llegar a ser hombres adultos y murió combatiendo por su patria. En el siglo V a. C., Demócrito sostenía de manera sistemática que no hay que buscar la felicidad en las propiedades, en el ganado o el oro, pues el estado de ánimo es propiedad del alma.

Los griegos sabían que una forma intensa de alegría era atributo de ciertas clases de experiencia sensorial o sensual. En los primeros tiempos de la Antigüedad, los ciudadanos de Antioquía amantes del lujo encargaban para sus cuartos de baño un mosaico con una reproducción de una personificación femenina de *Gethosune* –el Placer o el Júbilo– que les sonreía. Con apenas el tono más leve de censura, los griegos coleccionaban historias acerca de los extremos a los que podía llegar la búsqueda del placer, y las asociaron a la ciudad de Síbaris, una colonia de corta vida y fabulosas riquezas en el sur de Italia, donde sus habitantes amaban tanto la comida que concedían premios a los chefs locales. A los griegos les encantaba el entretenimiento organizado, y por ese motivo inventaron el teatro. Debatían, por ejemplo, sobre si el objetivo de la literatura y el arte debía ser edificante o sencillamente transmitir la máxima gratificación *(hedoné)*. Ese gusto griego por el placer lo analizaré en el capítulo 10, «Los griegos paganos y los cristianos», pues donde está mejor ejemplificado es en los textos escritos que registraron el enfrentamiento entre cristianismo y paganismo. A los griegos paganos les encantaba el teatro, la música desenfrenada, la danza, cosas todas que los cristianos prohibieron calificándolas de inmorales. La religión pagana incluía sacrificios públicos espectaculares que los austeros cristianos condenaron por considerarlos diabólicos. Los paganos adoraban las pinturas y estatuas de unos dioses a los que la nueva religión condenó por considerarlos ídolos sacrílegos. Lo peor de todo era que los paganos no atribuían vergüenza intrínseca alguna al disfrute puramente hedonista del vino y la sexualidad no reproductiva.

*

Los diez periodos de la historia griega que forman este libro, cada uno de ellos emparejado con una característica fundamental de los griegos, se localizan en diez zonas geográficas distintas, puesto que el centro de gravedad de su cultura griega fue cambiante, situándose alternativamente en el Mediterráneo antiguo, Asia y el Mar Negro. No obstante, es necesario que subraye desde el principio que la personalidad distintiva de los griegos parece haber estado madura mucho antes de que comience esta historia, y eso es algo que salta a la vista desde el momento en que sus primeras palabras, fijadas en la escritura fonética fenicia (de la que se derivó directamente el mismo alfabeto que utilizo aquí), irrumpen en nuestros registros históricos.

Los dos ejemplos más tempranos de fraseología griega datan ambos de mediados del siglo VIII a. C. El primero aparece inscrito en un recipiente para vino del estilo conocido como «geométrico», llamado ánfora de Dípilon por haberse descubierto en la ateniense puerta de Dípilon. Al parecer, fue el premio que se concedió a los vencedores de un concurso de danza. En un hexámetro como los de los poemas de Homero y Hesíodo, la inscripción dice: «Quien de los bailarines baila ahora más ligero...» La interpretación exacta del resto, fragmentado e ilegible, no es clara, pero la frase pide que se la complete más o menos así: «se llevará este premio». En apenas un escaso puñado de palabras tenemos un atisbo emocionante de los griegos que bailaban por placer, bebían de ánforas para vino ricamente ornamentadas y, por encima de todo, competían entre sí.

El otro ejemplo procede de un concurso de ingeniosos comentarios jocosos de una sola frase, inscritos en la llamada copa de Néstor, un recipiente con decoración geométrica manufacturado probablemente en Rodas y encontrado en una tumba en Pitecusas, la actual isla de Isquia en la bahía de Nápoles. La inscripción de tres versos, cada uno en una letra diferente, se añadió en algún momento posterior a la fabricación de la copa, pero siempre en el siglo VIII a. C. Al parecer, los escritores se dedicaron a jugar una partida en que la copa pasaba de mano en mano mientras cada uno de ellos iba añadiendo un verso al poema:

Soy la copa de Néstor, agradable para beber.
Pero quien beba de esta copa, deseará
al instante a Afrodita, la de la bella corona.

Es una broma intencionada. La humilde copa de arcilla habla en una imitación burlesca del verso homérico, y afirma alegremente ser la magnífica copa de metal de Néstor, famosa por la *Odisea*. Según los dos versos siguientes, el que beba de ella se excitará (y a Néstor, el más anciano –*gerenio* lo llama Homero en la *Ilíada*– de todos los jefes griegos de Troya, no se lo solía ver a una luz erótica). Los bebedores competían para hacer reír a sus amigos.

La copa de Néstor transmite la mayoría de los elementos que distinguieron a los griegos de la Antigüedad. La inscripción procede de un pueblo competitivo que había aprendido rápidamente el alfabeto de un pueblo extranjero. Los bebedores usaban el ingenio y la irreverencia para ridiculizar a alguien de posición social elevada y un género solemne. Hablaban de sexo sin tapujos, les gustaban los placeres, sobre todo el vino, inseparable de su identidad, y hasta tal punto que a veces definían a los extranjeros por lo que bebían en lugar de vino: cerveza, los egipcios; leche, los nómadas del norte. Los bebedores eran marinos mercantes de Eubea, en la Grecia continental, que se divertían en una pequeña isla donde habían establecido una plaza comercial. Puesto que la copa procede de Rodas, es por sí sola un signo de las conexiones culturales entre islas separadas entre sí por largos trayectos por mar, y muestra que el conocimiento compartido de determinados mitos y poemas actuaba como aglutinante social. Los griegos que escribieron los versos de la copa de Néstor durante esa celebración etílica en una isla remota ya eran, en todos los sentidos, típicamente griegos.

Detalle de un fresco de Akrotiri: expedición naval y una ciudad.
Dibujo de Asa Taulbut en el Museo Arqueológico de Tera, Cícladas.
(Reproducido con permiso de la artista.)

1. LOS MARINOS DE MICENAS

La historia griega empieza con los misteriosos micénicos, marinos expertos y bien organizados. Cuando se pusieron por escrito los primeros textos que han llegado hasta nuestros días, a saber, los largos poemas del siglo VIII a. C., firmados por Homero y Hesíodo, los micénicos ya habían desaparecido. Así y todo, siguieron estando siempre presentes, apenas por debajo de la superficie. En general, habían adorado a los mismos dioses que sus descendientes del siglo VIII, y los poemas –las epopeyas homéricas– en los que desempeñaban el papel protagonista como héroes y heroínas fueron, sin excepción, la pieza más importante de la educación durante toda la Antigüedad. Todos los griegos de las épocas arcaica, clásica, helenística y romana vivieron conversando con sus antepasados micénicos, pero sentían que un abismo los separaba de esos ancestros. La vieja civilización había desaparecido dejando vestigios materiales fragmentarios pero fascinantes.

Nuestra relación con los griegos antiguos es, en algunos aspectos, similar a la de esos griegos con los micénicos. Por abundantes y diversas que sean, solo han llegado hasta nosotros muestras de objetos que nos recuerdan la intensidad psíquica de la sociedad de navegantes que los produjo. Dado que la antigua cultura pagana griega se entendió poco durante todos los siglos que precedieron al Renacimiento, al menos al oeste de Bizancio, cuando nos acercamos a los griegos siempre es con la sensación de que, en lugar de sentir la historia como un proceso de acumulación o un *continuum* homogéneo, se ha producido una ruptura con el pasado, una brecha que debemos salvar si queremos redescubrirlos. Volverse para mirar a los micénicos debió de ser un ejercicio bastante similar para los griegos del siglo VIII.

Dado que los micénicos tuvieron cierta forma de escritura y construyeron estructuras imponentes, dejaron pruebas, si bien incompletas. En el presente capítulo visitaremos los restos de algunos de los palacios de Creta y el Peloponeso y descifraremos algunas de las listas que emplearon para facilitar la administración doméstica y oficial. Podemos reconstruir una parte de la economía, su dieta, su sistema de jerarquías sociales, sus ocupaciones, su religión y su intensa relación con el mar. Podemos también aproximarnos a la cuestión sobre si hay realmente algo que demuestre la continuidad cultural entre el final de la civilización micénica de los palacios en el siglo XII a. C. y la introducción de un nuevo alfabeto en el VIII. Y lo que es más importante, podemos preguntarnos cómo fueron en cuanto pueblo y lo mucho que se parecieron a sus descendientes grecohablantes en algo que no sea su innegable competencia como marinos.

Hacia el principio de la *Odisea,* escrita por primera vez alrededor del siglo VIII a. C., pero ambientada en el pasado micénico imaginado, puede leerse una descripción del primero de los muchos viajes que salpican la epopeya. Ulises, el protagonista, lleva casi veinte años lejos de Ítaca, su isla natal, y Telémaco, el hijo pequeño que dejó al partir, ya es casi un adulto. Telémaco zarpa en busca de noticias de su padre, desde Ítaca hacia la Grecia continental, la costa sudoccidental del Peloponeso. Parte al caer la noche y llega por la mañana, bastante rápido para una distancia de unas ciento veinte millas náuticas, pero posible teniendo en cuenta que la diosa Atenea lo ha favorecido con buenos vientos. Al amanecer atraca en la bahía de Pilos, que, para su sorpresa, está a rebosar de gente: «Arribaron a Pilos, la sólida villa de Neles, donde a orillas del mar inmolando se hallaban los pilios negros toros al dios peliazul que sacude la tierra. Nueve grupos había, quinientos varones por grupo, y delante de sí cada grupo tenía nueve toros; las entrañas estaban comidas, quemaban los muslos para el dios cuando aquellos llegaron Había nueve asientos y en cada uno estaban sentados quinientos hombres y de cada uno hacían ofrenda de nueve toros. Plegada la vela, atracaron la nave y saltaron a tierra los hombres.» Hasta para las espaciosas playas de Pilos habría sido un desafío dar cabida a cuatro mil quinientos hombres y ochenta y un toros. Está claro que el pueblo de la bahía tenía en muy alta estima a Poseidón, dios del mar y los terremotos, el de la cabellera azul oscura.

Telémaco ha elegido Pilos porque espera que Néstor, el rey anciano, tenga información sobre Ulises. Néstor es uno de los pocos guerreros griegos que ha sobrevivido a la Guerra de Troya, y ya era viejo cuando se unió a la expedición. Al visitarlo, el adolescente Telémaco puede acceder a recuerdos de testigos oculares de un estadio muy anterior a la guerra, en la prehistoria griega mítica. Una de las funciones de Néstor en la *Ilíada* había sido recordar constantemente a la generación de héroes famosos que vivían su momento de gloria –Aquiles y Agamenón, Menelao, Áyax y Ulises– y andaban sobre hombros de gigantes. Néstor es también un lobo de mar; de hecho, el único guerrero griego en Troya que había sido argonauta y navegado con los superhéroes Jasón y Hércules hacia el remoto Mar Negro en busca del Vellocino de Oro. Así pues, personifica a la primera generación de héroes mortales de la mitología griega. Néstor encarna la sabiduría acumulada, y es gracias a sus experiencias como adquiere su célebre sagacidad. En Homero es un personaje equilibrado: demasiado viejo y sabio para tomar partido en luchas partidistas o en combates, lleva a sus guerreros a la batalla desde su carro y da consejos amables a los jóvenes. También es un jinete y orador excelente. Podemos imaginar cómo los griegos lo visualizaron a partir de una antigua descripción de un famoso cuadro (perdido) de Poligonoto, un artista sin parangón, que más tarde se expuso en Delfos: Néstor, la cabeza cubierta con un gorro y una lanza en la mano, en un caballo a punto de rodar por el polvo en una playa de guijarros.

En la *Odisea*, el reino de Néstor en Pilos no solo tiene un gran número de habitantes, sino que ofrece también importantes ejemplos de civilización. Pilos se describe como «arenosa» o «sagrada», y de la ciudadela se dice que está «bien construida». Más al este, su palacio, aunque ni de lejos tan espléndido como el de Esparta –siguiente destino de Telémaco–, contiene hileras y más hileras de sillas altas en la mesa del banquete, el vino que allí se sirve a los invitados especiales es de una cosecha preciosa y las copas sacrificiales son de oro. Cuando se sacrifica una vaca en honor de Atenea, Laerces, experto orfebre, baña en oro los cuernos para complacer a la diosa. Como veremos en el siguiente capítulo, el relato poético de la civilización de Pilos es, en esencia, el modo en que los griegos del siglo VIII a. C. recrearon imaginativamente su propio pasado, casi tanto como nosotros podemos recrear el mundo que habitaron el rey Arturo o Robin Hood. Algunas de las frases de la epopeya se transmitieron sin duda a lo largo de varios siglos antes de que Homero las pusiera por escrito. Los eruditos discuten siempre sobre las partes de la *Ilíada* y la *Odisea* heredadas de las canciones que los aedos grecohablantes habían cantado en los palacios micénicos entre los siglos XV y XIII a. C.

No obstante, el debate está cambiando de manera irrevocable de resultas de la recuperación arqueológica de la civilización micénica, en curso desde mediados del siglo XIX. Se han excavado yacimientos micénicos en varios sitios muy importantes de la mitología griega: Tebas, Tirinto y Terapne (a pocos kilómetros de Esparta), y también en Pilos, Micenas y Creta. Se ha descubierto que las inscripciones micénicas, en la escritura conocida como lineal B, fueron importantes predecesoras de la lengua griega clásica. El Néstor homérico representa claramente un tipo de monarca micénico histórico, pues ejemplifica exactamente la clase de líder que vivió de verdad en un palacio en la arenosa Pilos a finales de la Edad del Bronce, es decir, en el periodo comprendido entre mediados del siglo XVI y mediados del XI a. C., que los arqueólogos llaman «Heládico Tardío».

Por tanto, parece adecuado que la primera voz griega antigua «real» que podemos oír no nos hable desde Atenas o Esparta, y ni siquiera desde Micenas, sino desde algún lugar cercano al palacio del venerable Néstor. Y esa voz quedó registrada en una tablilla de arcilla que data de entre 1450 y 1400 a. C. Todas las tablillas en lineal B están inscritas de derecha a izquierda en una arcilla gris maleable, y no fueron cocidas ni quemadas. Las que han sobrevivido para que las descifremos hoy se endurecieron porque se quemaron accidentalmente. Ahora se ven marrones o rojas, según la temperatura del fuego que de manera fortuita las coció y las preservó. Casi todas las tablillas tienen el tamaño y la forma de una hoja de palma pequeña. La primera voz que nos llega desde las cercanías de Pilos resuena desde el vertedero de basura a la que alguien la arrojó, hace tantos siglos, cerca de otro palacio micénico situado ligeramente hacia el interior, en un emplazamiento llamado Iklaina. El palacio de Iklaina, donde se está excavando actualmente, fue una residencia importante, con murallas aterrazadas, murales y un sistema avanzado de alcantarillado. Las palabras reales del escriba de la tablilla no son, en sí mismas, especialmente emocionantes. En un lado se lee la última parte de un nombre de varón, seguido del signo numérico correspondiente a «uno» –al parecer, encabeza una lista de personal–. En la otra cara, parte de una palabra relacionada con el sector manufacturero. Este mundano objeto de arcilla, descubierto en 2011, es significante porque hace retroceder al siglo XV a. C. el uso de la escritura para registrar la lengua griega, pero tiene otra implicación importante.

Antes se pensaba que la escritura se había empleado únicamente en grandes centros del poder micénico, como la propia Micenas. El ejemplo anterior más antiguo de la lengua griega era una tablilla de Micenas, fechable cien años antes. El nuevo hallazgo cambia nuestra comprensión de la vida micénica porque demuestra que se empleaban sistemas burocráticos avanzados, incluidos los inventarios, no solo en los principales centros del poder micénico, sino también en comunidades mucho más pequeñas. Puede significar que la escritura se usaba habitualmente de lo que antes se pensaba, incluso en escalones más bajos de la jerarquía social. Por otra parte, puede ser la prueba de una red compleja y asombrosamente extensa de comunidades con una administración regional común.

Comprender a los primeros hablantes griegos en Creta, la principal plaza fuerte de la cultura micénica, lejos de la península griega, es algo más complicado. Mucho antes de que los micénicos empezaran a construir sus complejos palaciegos en la Grecia continental, un pueblo cuyo nombre desconocemos –pero al que por convención llamamos minoicos, por el mitológico rey Minos de Creta– había establecido una civilización similar. La isla de Creta desempeñó un papel dominante en el Egeo y ejerció en los micénicos una no desdeñable influencia cultural y posiblemente también política. Tucídides pudo no haberse equivocado mucho cuando afirmó, en la *Historia de la Guerra del Peloponeso*, que «Minos, el más antiguo de todos aquellos que hemos oído, construyó una armada con la que se apoderó de la mayor parte del mar de Grecia [...] señoreó las islas llamadas Cícladas y fue el que primero las hizo habitar, fundando en ellas muchas poblaciones». Esta frase subyace a la teoría erudita según la cual los minoicos eran en realidad una talasocracia, un sistema político dependiente del dominio de los mares *(talassa)*. La civilización minoica conoció su apogeo en los dos siglos y medio que van de 1700 a 1450 a. C. La etnia sigue siendo motivo de disputa. Hablaban una lengua completamente distinta que, sin duda alguna, no era indoeuropea. También conocían la escritura –silábica, conocida como lineal A–, pero no se ha conseguido descifrarla ni traducirla satisfactoriamente. Aunque los palacios de Cnosos que excavó Sir Arthur Evans en los primeros años del siglo XX son, con mucho, los más famosos, en Creta hay varios otros palacios y complejos minoicos importantes, la mayor parte de ellos alrededor de la costa de la mitad oriental. Entre ellos, Festo (el segundo más grande) y Gurnia, donde trabajaron los arqueólogos norteamericanos Harriet Boyd Hawes y Edith H. Hall entre 1901 y 1904. Los minoicos también se asentaron en islas más pequeñas, la mayor parte de ellas cerca de Creta, incluida Tera (la actual Santorini).

Los palacios minoicos desaparecieron destruidos por el fuego a mediados del siglo XV. La cronología es muy discutida. Las complicaciones surgen porque en Tera hay pruebas de más de una erupción volcánica catastrófica que posiblemente provocó maremotos que se tragaron la costa de la masa territorial cretense. Los incendios pudieron estar relacionados con las erupciones, aunque también pudieron haberlos provocado, agravado o aprovechado unos invasores agresivos. La mayoría de los palacios se reconstruyeron, pero hay un hecho innegable: poco después de los incendios, la letra en la que se registraban los inventarios de palacio pasaron de la lineal A a la lineal B. Hablantes griegos, muy probablemente de los palacios micénicos de la península, se hicieron cargo de la administración de la Creta minoica. Tucídides sugiere que el imperio micénico fue eminentemente marítimo, sobre todo a finales de la Edad del Bronce, un momento en que, según este historiador, lo gobernaba el Agamenón que se dirigió a Troya.

Cuando los griegos micénicos pusieron rumbo al sur para hacer su entrada en la historia cretense, ya absorbían, por tanto, si no expropiaban con rapidez, los logros de una civilización anterior. La razón por la que ya podemos llamarlos griegos es porque empleaban su propia lengua distintiva, pero nunca sabremos cuánto habían tomado prestado de los minoicos los micénicos de la península ni el proceso exacto por el que el griego llegó a ser la lengua del poder en Creta. Los arqueólogos polemizan mucho sobre ese punto en el contexto de los magníficos frescos de Akrotiri. En 1967, el arqueólogo Spyridon Marinatos, que quería descubrir el motivo de la destrucción de la civilización minoica, comenzó a excavar cerca de la moderna comunidad agrícola griega de Akrotiri, en la costa meridional de la isla de Santorini (la antigua Tera). Los resultados fueron increíbles. Marinatos descubrió, enterrada bajo varios metros de ceniza volcánica, toda una ciudad, «la Pompeya de la Edad del Bronce». El visitante puede caminar a lo largo de la antigua calle asfaltada que llevaba al centro. Los residentes vivían en unas villas espectaculares, algunas de tres pisos, con cuartos de baño y cañerías conectadas al sistema de alcantarillado público. Talleres y despensas con abundante cerámica se levantaban a ambos lados de las calles, que eran comerciales y tenían una función utilitaria; que esos talleres los llevaban hombres lo sugiere la falta de frescos en la mayoría de ellos, pero los pisos altos, las salas donde vivía la familia, tal vez el territorio de las mujeres, contaban con muebles elegantes y paredes de yeso con algunas de las imágenes más reproducidas de toda la Antigüedad, los frescos de Akrotiri. Los que se encuentran en una casa particular conocida como la Casa Oeste ilustran un tema marcadamente marítimo, por lo que solía suponerse que había sido la casa de un marino rico; para referirse a ella se acuñó la expresión la Casa del Almirante. Contiene varios frescos, incluido uno en que se ve a una joven fascinante con pendientes, ojos grandes y la cabeza afeitada, salvo una coleta. A menudo se la identifica, aunque no hay pruebas en que apoyarse, con una sacerdotisa. Los paneles lujosamente pintados de la sala 5 convierten esa zona de la casa en una de las habitaciones más famosas del mundo.

En la Sala 5 se ven dos grandes paneles con representaciones de jóvenes desnudos que llevan peces azules y amarillos. Alrededor de las partes superiores de las tres paredes que se han conservado discurre una cenefa con frescos pintados a una escala más pequeña. En uno vemos actividades militares; el de en medio es un paisaje al que, en cierto modo de manera equívoca, se ha llamado libio o nilótico porque representa un río con muchos meandros y palmeras; el tercero, el mural del sur, muestra un paisaje marino con ciudades y barcos que navegan entre ellas. Cuando era estudiante me quedé boquiabierta cuando vi por primera vez el fresco de la pared sur, con sus delfines en el agua y siete naves propulsadas por ordenadas hileras de remeros. El ritmo de los remeros lo transmiten de manera casi audible los gritos imaginarios de las figuras que van de pie en la popa. A la izquierda, la pequeña ciudad retrata una escena isleña casi exactamente como las imágenes que mi mente ha producido siempre que he leído algo sobre Ítaca, la patria de Ulises. Montañas escarpadas forman el fondo de un paisaje donde animales salvajes se dan caza unos a otros, y un pastor conversa con un hombre de la ciudad a través de un arroyo. Su ropa parece tosca y funcional. Hay más gente en el puerto, contemplando los barcos que zarpan hacia la ciudad más grande que se atisba en la distancia. La escena rezuma movimiento y energía, y su tema es precisamente el límite entre la vida en tierra y en el mar, o, más bien, la *falta* de un límite real entre ambas en la mente de los isleños del Mediterráneo antiguo. Pero ¿fue un minoico el pintor del fresco o la persona que lo encargó? ¿O fueron griegos micénicos? Los historiadores del arte no acaban de ponerse de acuerdo a la hora de responder a esas preguntas, aunque recientemente el péndulo ha oscilado hacia la posibilidad de verlos como micénicos que llegaban a la isla, en parte porque el relato recuerda el estilo narrativo de las epopeyas homéricas. Los frescos de Pilos no se encuentran tan bien conservados, pero sugieren que sus escenas desbordaban tanta acción como los de Akrotiri, y también evocan la narración homérica.

Con cada año que pasa se revela lo trascendental que fue, para nuestra comprensión tanto de los micénicos como de los griegos posteriores, el desciframiento de la escritura lineal B. Completado a principios de la década de 1950 por los filólogos británicos Michael Ventris y John Chadwick, que perfeccionaron (bastante más de lo que estuvieron dispuestos a reconocer) los trabajos anteriores de los norteamericanos Alice Kober y Emmett L. Bennett Jr., los desvelos de Ventris y Chadwick nos han permitido oír directamente a los propios micénicos. Si antes solo teníamos excavaciones y objetos, ahora hay registros, por limitados que sean, de pensamientos originales de los griegos micénicos, e incluso sabemos algunos de sus nombres. No está de más mencionar que cincuenta y ocho de ellos son los mismos que los de los guerreros homéricos o que, como mínimo, se les parecen. Puede parecer increíble, pero algunos nombres masculinos de griegos micénicos coinciden con los de los principales héroes de las fuerzas griegas, también de las troyanas, como Aquiles y Héctor. Otros nombres con paralelismos en los textos homéricos son Antenor, Glauco, Tros, Janto, Deucalión, Teseo, Tántalo y Orestes. Lamentablemente, el nombre propio Néstor aún no ha aparecido, si bien es cierto que todavía quedan por descubrir muchas más tablillas en lineal B. Además, hay un nombre, *ke-re-no,* encontrado tanto en Pilos como en Micenas, que parece asemejarse al epíteto recurrente empleado para referirse a Néstor en los poemas homéricos, donde es el jinete «gerenio». El único nombre propio que puede asociarse a una figura histórica conocida por otras fuentes es el último rey de Pilos, que, según la escritura lineal B, parece haberse llamado algo así como Equelao. Resulta de lo más sugestivo –aunque ya no puede serlo en el estado actual de nuestros conocimientos– que casualmente ese sea también el nombre de un colonizador tradicional de la isla de Lesbos, al otro lado del mar Egeo, que también era hijo de Orestes, mítico héroe micénico.

Un rasgo sorprendente de los nombres propios conservados en lineal B es que sean tantos los que contienen elementos relacionados con el mar o la navegación. Uno de los primeros griegos nombrados en esa escritura es Buen Viaje (Euplo o Euplio); otros se llamaban Buen Barco (Euneo), Gigante del Mar (Pontes o Ponteo), Famoso por los Barcos (Nausicles) y, tal vez, Barco Veloz (Okunaos). La escritura lineal B confirma también en otros aspectos el retrato homérico de esos griegos para quienes navegar y remar eran su segunda piel. Entre los títulos que designan ocupaciones, tanto los guardias costeros como los artesanos que se especializaban en construir barcos reciben nombres diferentes. En Cnosos, los remeros aparecen incluidos en una lista de funcionarios que abastecen de ganado o lo reciben, pero es posible que en Pilos a algunos remeros se los reclutase obligatoriamente, por ser hijos, tal vez, de esclavas. Una tablilla de Pilos menciona específicamente una expedición naval. Treinta nombres masculinos aparecen designados como «remeros que van a Pleurón», posiblemente la ciudad homónima en la costa septentrional del golfo de Corinto que aparece mencionada en la *Ilíada*. Una probable razón de esas expediciones marítimas, además del comercio, fue la adquisición de mano de obra esclava. Algunas tablillas de Pilos indican que la fuerza de trabajo se conseguía en incursiones en que a las mujeres y los niños cautivos los llevaban a una casa donde les enseñaban oficios. Algunos de los lugares de los que se dice que procedían las mujeres son las islas orientales y Asia Menor: Lemnos, Cnido, Mileto y, tal vez, Quíos.

¿Qué clase de religión practicaba ese pueblo de navegantes, con sus nombres homéricos y cuadrillas de mujeres esclavas traídas del extranjero? En general, los dioses que aparecen mencionados en lineal B son exactamente los mismos cuya aparición habríamos predicho. Al Poseidón a quien Néstor dedica el gran sacrificio en la *Odisea* se lo adoraba en realidad en Pilos y Cnosos, y puede incluso haber sido el dios principal de los micénicos. No solo era la deidad marina por excelencia, sino también el cónyuge de la Madre Tierra; su nombre significa el Marido de Tierra o el Señor de Tierra. Entre las ofrendas a Poseidón hay una jarra de miel encontrada en las excavaciones de Cnosos y dedicada al que «sacude la Tierra». Además de Poseidón y Tierra, los dioses de las ofrendas de las tablillas micénicas son los que esperaríamos que venerase cualquier griego pagano –Zeus, Hera, Atenea y Artemisa–. Se armó un gran revuelo cuando se descubrió en Pilos el culto de Dioniso, pues los propios griegos, en la historia dramatizada de *Las bacantes* de Eurípides, pensaban que era una importación relativamente tardía del panteón griego de Asia. Era la decepción lo que hasta entonces esperaba a quienes querían encontrar pruebas de la existencia de Apolo o Afrodita, aunque eso no significa que no puedan aparecer en el futuro. Otras deidades muy admiradas por los micénicos fueron Ilitía, la diosa de los nacimientos; los Vientos (que tienen sus propias sacerdotisas) y, quizá, una diosa-paloma.

Es de lamentar que la naturaleza de esos hallazgos que solo son inventarios conlleve que a los dioses solo se los mencione cuando van a recibir ofrendas, pero los regalos que reciben son variados y ricos; no solo el ganado que los sacrificios de Néstor nos habrían llevado a esperar, sino también cerdos y ovejas, trigo y cebada, aceite y vino, miel y especias. Entre las ofrendas no comestibles figuran pieles de oveja, lana y una copa de oro, así como también al menos una mujer. Aparte de ser ofrendas votivas vivas, las mujeres parecen haber desempeñado un papel importante en la religión. Eran sacerdotisas, «portadoras de la llave» y, probablemente, esclavas cúlticas. A otras se las designaba portadoras de copas, tal vez para cumplir con determinadas funciones en las comidas sacrificiales.

*

Los griegos micénicos empiezan a distinguirse de sus descendientes solamente cuando observamos sus monolíticas estructuras políticas. Hacia el siglo VIII, cuando la Grecia antigua emergió en islas y a lo largo de algunas costas mediterráneas como una constelación de ciudades-Estado independientes, esos griegos ya cuestionaban lo deseable de vivir en un estricto sistema jerárquico sometido a un monarca hereditario y todopoderoso. No obstante, los micénicos seguían viviendo bajo un gobierno monárquico, como podemos ver en el término para llamar al «rey» *(wanax,* el *anax* homérico). El *wanax* tiene una especie de lugarteniente o número dos, que puede o no haber sido un militar y cuyo título era *lawagetas,* «líder del pueblo». Por desgracia, en Cnosos no se ha encontrado mucha información sobre asuntos militares, pero en Pilos la situación parece haberse acercado a una emergencia: cuando se derrumbó, estaba preparándose para un ataque, y los hombres se agrupaban en torno a líderes locales. Todo lo anterior da a entender que cada dirigente estaba preparando un pequeño ejército para defender su territorio.

El *wanax* pudo haber tenido un grupo especial de cortesanos o miembros de su séquito *(hepetas),* y algunos mercaderes parecen haber trabajado para él o ser de su propiedad: un lavador de lana, un alfarero y, posiblemente, un constructor de armaduras. En Pilos funcionaba un consejo real llamado algo así como *gerusía,* lo cual permite suponer que estaba formado por ancianos. Ahí también podemos atisbar una categoría de funcionarios que poseían una porción no desdeñable de tierras y otros terratenientes de estatus inferior, lo cual sugiere tal vez un sistema no muy distinto del campesinado feudal. Es posible también que el *wanax* gobernase ciudades satélite más distantes por medio de hombres que se designaban con un término similar a *basileus,* el «rey» homérico en Troya. Aunque no puede afirmarse con certeza absoluta, hay otros nombres que indican una posición social, relacionados con regiones concretas y que pueden significar «alcalde» o «accionista».

Los griegos paganos tuvieron esclavos en todos los periodos posteriores, y a menudo muchos. Aunque podemos saber que existía una clarísima división de los tipos de fuerza de trabajo entre las clases bajas micénicas, lamentablemente es imposible estar seguros de si la mayor parte de los trabajadores de sexo masculino eran técnicamente libres o no. Es bastante sorprendente que no se descifrara término alguno para designar a los encargados de cosechar, aunque sí tenemos pastores y lavadores de lana. Se ha sugerido que los hombres que trabajaban con animales de cría sabían hacer también otros trabajos agrícolas. Hay palabras en Pilos que significan «esclavo» y «esclava», pero la mayoría son «esclavos del dios», designación que podría referirse a una posición honorífica o a una categoría de funcionarios religiosos o asistentes del culto al servicio público. No obstante, fuera cual fuese su condición, está claro que la mayoría de los micénicos hacían trabajos agotadores y que había muchas ocupaciones distintas. Entre los funcionarios públicos estaban los mensajeros y heraldos (aunque por desgracia no se ha encontrado todavía término alguno para «escriba» o «contable», el funcionario responsable de grabar las tablillas). En el extremo superior del espectro de oficios están los orfebres y los que preparaban ungüentos y perfumes, y también el médico. Otros griegos de los primeros tiempos que han aparecido en las inscripciones en lineal B son herreros que trabajaban el bronce, cuchilleros y fabricantes de arcos. Junto a los pastores y cabreros hay cazadores, taladores, albañiles y carpinteros. No es sorprendente que la construcción naval sea un oficio por derecho propio *(na-u-do-mo)*. En los palacios, las mujeres cardaban lana, hilaban y tejían, mientras que tanto las mujeres como los hombres parecen haber trabajado en la confección y preparando el lino, algo también fundamental a la hora de equipar los barcos con velas y redes para los pescadores y cazadores. Las mujeres molían y pesaban el grano, pero los panaderos eran hombres. También se menciona a fogoneros y boyeros y a las mujeres que trabajaban de criadas o ayudantes en los baños.

La escritura lineal B nos ha contado muchas cosas acerca de las plantas con las que los micénicos condimentaban sus comidas: apio, remolacha, comino, sésamo, hinojo, menta, poleo y alazor. Es interesante que algunas de ellas tengan nombre de origen semítico, pues ese hecho sugiere que comenzaron importándolas de Siria, concretamente de ciudades como Ugarit, Biblos y Tiro. Esos gustos exóticos habrán añadido variedad a la dieta básica certificada por los hallazgos materiales: trigo, cebada, legumbres, almendras, pescado, mariscos, pulpo y uvas. Entre las maderas mencionadas figuran las de olmo, sauce y ciprés; los muebles los decoraban con cianita, asta y marfil. Aunque no a menudo, también se mencionan los caballos, usados para carros más que para los arados y carretillas. De vez en cuando aparecen también asnos y ciervos, y posiblemente un perro, *kun-agetai,* en boca de un cazador.

Un fascinante contexto material en el que leer esas primeras palabras antiguas griegas lo proporciona la arqueología de los yacimientos micénicos. Pilos es menos atractivo para los turistas que Micenas y Cnosos, pero su palacio se encuentra en perfecto estado de conservación y permite hacerse una clara idea de la vida de los griegos que habitaban allí. Sus tablillas en lineal B han confirmado que el lugar se llamaba realmente Pilos, que la construcción comenzó en el siglo XIV a. C. y se terminó en el XIII, y que nunca volvió a resurgir. Poco después lo destruyó el incendio que de manera fortuita coció y preservó las tablillas. El complejo se construyó en una acrópolis con laderas lo bastante empinadas para impedir los ataques y una larga muralla a un lado. En la construcción se emplearon ladrillos de barro y escombros presionados en un armazón de madera, con pilares también de madera plantados en montículos fijos de estuco, para aguantar los techos. El palacio tenía más de cien habitaciones individuales en cuatro edificios o bloques principales que, juntos, formaban un gran rectángulo. El más pequeño parece haber sido una bodega. El segundo más pequeño, el equivalente a un garaje de nuestros días; era, al menos, el lugar donde reparaban los carros. El segundo edificio más grande pudo utilizarse para comer, pues tiene una sala importante y en él se encontró una gran cantidad de piezas de alfarería. Sin embargo, es el edificio principal, el de en medio, el que constituía claramente el centro social y psicológico del complejo.

El visitante que llegaba al palacio de dos pisos de Néstor, como hizo Telémaco una década después de la Guerra de Troya, debía pasar por una serie de aposentos cada vez más majestuosos antes de llegar a ver al rey. Primero habría tenido que pasar por las puertas del ala este y entrar en un vestíbulo imponente *(propilón)*. Una gran parte de las tablillas de Pilos se encontraron en las habitaciones situadas a la izquierda, lo cual sugiere que ese era el centro administrativo y contable, donde se registraba sistemáticamente a las personas y los productos que entraban o salían del palacio. Seguidamente, el visitante entraba en un patio, pero no le habría importado que lo hicieran esperar, porque daba a dos salas contiguas con un banco para sentarse, jarras de vino en soportes especiales y una gran selección de copas. Cuando se lo convocaba a la audiencia real propiamente dicha, el visitante pasaba primero por un porche que llevaba a un vestíbulo y solo después a la espaciosa sala cuadrada del trono, en la que las paredes enlucidas estaban decoradas con frescos deslumbrantes. El trono estaba situado a un lado; en el centro, una enorme chimenea circular, de casi cuatro metros de diámetro. Aunque en invierno sin duda sirvió para que el monarca no pasara frío, estaba diseñada ante todo para expresar algo, un ritual quizá. También debió de iluminar las hermosas paredes decoradas con la luz parpadeante de su lumbre. Puede afirmarse que el estilo de vida de la familia real era lujoso. En ese palacio, como en el de Néstor en la *Odisea*, el vino corría en abundancia. Los excavadores se quedaron pasmados cuando descubrieron varios miles de copas guardadas en habitaciones del ala oeste. En el palacio también se almacenaban abundantes cantidades de aceite de oliva, y los perfumistas tenían su propia sala. En el piso superior había muchas más habitaciones. En la planta baja había al menos dos series independientes de apartamentos, uno de ellos con un importante baño de terracota y otro con excusado y desagüe.

Cuando Telémaco se marchó de Pilos, siguió viaje por tierra en un carro de caballos, hacia Esparta, donde lo esperaba el ornamentado palacio de Menelao y Helena, su esposa, perdonados después de la Guerra de Troya. Homero dice de la patria espartana de Lacedemonia que es «hueca», pero también «repleta de gargantas», descripción más que acertada del valle del Eurotas, que se extiende a los pies de altas cadenas montañosas. En los siglos XV y XIV a. C., respectivamente, se construyeron dos mansiones micénicas junto al emplazamiento del posterior *Meneleon,* o altar del héroe, para Helena y Menelao, en Terapne, población situada en una cordillera cercana a Esparta. Las primeras dedicatorias inscritas en el altar son del siglo VIII, si bien entonces, destruidas por el fuego en los siglos XIII o XII, ya no se usaban. A una escala menor, la arquitectura recuerda a la del palacio de Pilos. Podría haber sido la residencia del Menelao «real» (es decir, homérico).

No hay palacio micénico mejor conservado que el de Pilos. Sin embargo, las enormes murallas de Tirinto, cerca de la ciudad portuaria de Nauplia, aún transmiten una impresión de superioridad. No es de extrañar, pues, que el epíteto homérico para Tirinto fuera «amurallada». Cuando el viajero Pausanias visitó Tirinto en el siglo II d. C., quedó asombrado por las murallas. Los antiguos las llamaban «ciclópeas», pues creían que solo podían haberlas construido unos gigantes. Tirinto, cuenta Pausanias, en su *Descripción de Grecia,* «está hecha de piedras toscas, cada una de ellas es tan grande que ni una yunta de mulas puede mover siquiera la más pequeña». En efecto, las piedras son enormes: 1,8 metros de largo y casi un metro de ancho, formando una muralla de 45 metros de alto. Durante las guerras médicas, un grupo de esclavos rebeldes que habían escapado de Argos resistieron varios meses detrás de esos muros antes de que volvieran a capturarlos. Es posible que vivir dentro de ese edificio claustrofóbico y fortificado hiciera que Antea, reina de Tirinto, se enamorase tan locamente, según la *Ilíada,* de Belerofonte, el apuesto huésped de la cercana Corinto, y hasta tal punto que lo acusó de violarla cuando él la rechazó.

La historia de Belerofonte que se cuenta en la *Ilíada* contiene la única referencia de Homero a lo que parece ser un texto escrito. El castigo del pobre Belerofonte por su castidad fue que el indignado rey Preto lo despachó a Licia, en Asia Menor, con una misiva dirigida al rey local. Era una «tablilla doble», en la que Preto había grabado «luctuosos signos, mortíferos la mayoría». El rey de Licia interpretó que ello significaba que tenía que hacer matar a Belerofonte y lo envió a enfrentarse con enemigos mortales, incluida la monstruosa Quimera. Pero ¿cómo eran esos signos mortíferos? En este caso, la palabra empleada para «escribir» no nos sirve, pues en griego clásico *grafein* significa tanto «escribir» en el alfabeto fonético como «practicar una incisión», una línea o un dibujo. Es posible que el poeta de la *Ilíada* intentara comprender ejemplos de lineal B que pudieron haber llegado a sus oídos o que incluso él mismo pudo haber encontrado. Dado que sus contemporáneos no podían entender lo que decía el texto, los símbolos raros, puntiagudos y casi geométricos, que en realidad corresponden a sílabas, debieron de parecer realmente siniestros.

El palacio micénico más famoso se encuentra en la propia Micenas, a menos de una jornada antigua de viaje desde Nauplia. Solo se puede acceder desde el oeste, y la gente que vivía ahí disfrutaba de unas vistas espectaculares del rocoso reino, en la Argólida. Como Tirinto, Micenas estaba construida en una acrópolis, con la ciudadela rodeada por unas enormes «murallas ciclópeas», y uno de sus epítetos homéricos, o adjetivos descriptivos, es «bien construida». Sin embargo, los fabulosos tesoros que el arqueólogo prusiano Heinrich Schliemann encontró en las tumbas, ahora expuestos en el Museo Arqueológico de Atenas, explican el otro epíteto homérico para Micenas, la «rica en oro». Schliemann dirigió las primeras excavaciones metódicas de Micenas en la década de 1870, con la mirada del mundo puesta en él tras los sensacionales hallazgos de Troya. Algunas de las imágenes visuales de Micenas han servido para definir la Edad del Bronce griega en la imaginación popular, como la Puerta del León, la escultura micénica más grande que se ha conservado. Visible para los turistas antes incluso de las excavaciones de Schliemann, fue, no obstante, gracias al genio del prusiano que suscitó la atención internacional. Aún más célebres son las máscaras funerarias de oro que también descubrió Schliemann, a quien le gustaba pensar de una de ellas que retrataba los contornos del «rostro de Agamenón».

Lamentablemente, no hemos encontrado aún el «rostro de Edipo» en Tebas, escenario de algunas de las más famosas tragedias griegas, aun cuando allí se descubriera también un palacio micénico. En 1906, el descubrimiento de un edificio palaciego, ricamente decorado con frescos y objetos de oro, ágata y cuarzo, transformó nuestra imagen moderna de Tebas. Más asombroso aún es que también se encontrasen vasijas diseñadas para transportar el contenido en carros o barcos, inscritas con anotaciones administrativas en lineal B. La literatura griega clásica siempre ha ofrecido una imagen de Tebas en la edad heroica del mito, la Tebas de Tiresias y Antígona, que la retrata como una cultura compleja y poderosa, pero esa imagen poética se materializó súbitamente en realidad histórica. El arqueólogo Antonios Keramopoulos identificó de modo insinuante el majestuoso edificio como la Casa de Cadmo, residencia del legendario fundador de Tebas, abuelo de Penteo en *Las bacantes* de Eurípides y tatarabuelo del propio Edipo.

En la introducción al presente libro ya esbocé las cualidades que más tarde definieron la mentalidad griega y que pueden ayudarnos a comprender por qué los griegos avanzaron intelectualmente tan rápido entre 800 y 300 a. C. Algunas de dichas características las compartieron claramente los primeros griegos que inscribieron listas en tablillas de arcilla en los complejos palaciales micénicos. Y son las voces de los propios micénicos las que nos dicen que eran marinos; su curiosidad por el mundo fue un factor fundamental en las largas distancias que recorrieron por mar rumbo a tierras griegas y no griegas (comercio, compra de esclavos). En Pilos, el consumo de vino y perfume sugiere que eran amantes de la alegría. Es imposible demostrar si fueron tan sinceros, elocuentes e ingeniosos como los griegos que les sucedieron, aunque los nombres que dan a su ganado sugieren que amaban las palabras y tenían sentido del humor; por ejemplo, en Cnosos, las dos bestias de una yunta se llamaban Eolo y Kelaino –Celaeno– (Lustroso o Ágil y Negro Azulado); otras, con una ligera ironía micénica, Xouthos (Juto), el Veloz, Stomargos (Bocazas) y Oinops (Vinoso, como el ponto homérico).

La jerárquica cultura de los palacios no sugiere que la desconfianza que los griegos sentían respecto de la autoridad estuviera ya entonces bien desarrollada, aunque incluso ahí se ven de vez en cuando personajes sugerentes, como los remeros que «se ausentaron [de Pilos] sin permiso» y el peón agrícola de Cnosos al que se le ordenó que confiscara un buey a otro peón. Nunca podremos conocer el trauma emocional que sufrieron todas esas esclavas importadas, cuyos hijos (algunos de ellos engendrados probablemente por sus amos micénicos) acabaron reclutados para la armada. No obstante, la admiración por la excelencia y la competitividad está bien ilustrada en el fresco de Tera con los dos boxeadores en acción; apenas pueden tener más de doce años.

Así y todo, los griegos de Micenas, de los que han llegado

hasta nosotros muy pocos textos, siguen siendo un pueblo enigmático. La falta de fortificaciones no implica forzosamente vulnerabilidad o fragilidad –de hecho, crea un clima de paz y orden–. Los palacios amurallados y las jarras de arcilla consolidan la sensación de una organización meticulosa, de que los objetos se colocaban en el espacio que se les asignaba. Los frescos y las pruebas de la existencia de una industria de aceites perfumados, sobre todo en Pilos, sugieren sensualidad y gusto por la belleza física, colores brillantes y una diferencia exagerada entre los sexos en lo tocante al arreglo personal. Sin embargo, las voces moduladas que nos hablan desde las tablillas pueden inducir a error, pues sugieren un ritmo de vida lento y deliberado y falta de vitalidad y emoción. Es posible que esos griegos no hablaran rápido ni en voz alta, que no discutieran mucho y que no emplearan el sarcasmo ni hicieran gala de apasionamiento; pero, en ese caso, eran distintos de todas las demás comunidades de hablantes griegos que los sucedieron en la historia registrada por escrito.

Los descubrimientos recientes empiezan a desafiar la idea de que a la época micénica de la historia griega le siguió una Edad Oscura, una etiqueta que se ha aplicado de manera convencional desde las primeras excavaciones victorianas de las civilizaciones de los palacios micénicos en Micenas y Cnosos hasta los varios siglos que median entre su caída y el siglo VIII a. C., cuando empezó el «milagro» griego. No obstante, en los siglos IX y X siguieron floreciendo algunas comunidades griegas, por ejemplo, en Eubea, si bien no dejaron textos escritos. Esta isla larga y estrecha se encuentra tan cerca del borde oriental de la Grecia continental que no da la impresión de ser una isla. En la Antigüedad, así como entre los especialistas, Eubea tenía fama de ser un lugar atrasado poblado por campesinos. Incluso el nombre es insulso, ya que se refiere a la excelente calidad de sus vacas. Con todo, a los eubeos de la llamada Edad Oscura se los ve desde hace poco a una luz más glamourosa. Las excavaciones de la British School de Atenas en Xerópolis, que podría ser el emplazamiento original de la ciudad de Eretria, han demostrado que estuvo habitada ininterrumpidamente desde el periodo micénico hasta el siglo VIII, incluido el periodo «oscuro» (desde 1100 hasta aproximadamente 750 a. C.). Muchas otras comunidades micénicas desaparecieron por completo y sus emplazamientos nunca se reconstruyeron. Por tanto, Xerópolis plantea cuestiones de vital importancia acerca de la transmisión de la cultura –en especial, los poemas heroicos y los dioses que sus habitantes adoraban– desde los días del palacio de Néstor y la ocupación de Creta por los micénicos hasta la introducción del alfabeto fenicio.

No lejos de Xerópolis, en una colina con vistas a una aldea de pescadores (Lefkandi), el extraordinario cementerio de la Toumba ha permitido acceder al mundo del siglo X a. C. y contemplarlo con una claridad sin precedentes. Hay una tumba dividida en tres salas, con el techo de paja apoyado en pilares de madera, que se construyó en memoria de dos personas. A una la enterraron, a la otra la incineraron. En las fosas de la sala central se encontraron artículos lujosos, urnas de cerámica y de bronce de origen fenicio. Los restos incinerados, los bronces y los caballos inmolados recuerdan la cultura que se describe en la *Ilíada*.

El edificio se ocultó bajo un túmulo. Otros funerales, tal vez para miembros de la misma familia, se oficiaban en el cementerio adyacente. El objeto más fascinante que nos legaron esas personas tan refinadas es la estatuilla de arcilla de un centauro, de más de treinta centímetros de altura, decorada exquisitamente con un diseño geométrico (pata de gallo). La cabeza y el cuerpo del centauro se encontraron en dos tumbas separadas, lo cual sugiere que dos miembros de la misma familia las consideraban lo bastante valiosas para que sus deudos enterrasen las dos partes rotas con sus respectivos cuerpos. Por lo visto, los difuntos se profesaban un cariño mutuo. El centauro, que data del siglo X a. C., es hueco y se hizo empleando una rueda de alfarero. Aunque también en Chipre se han encontrado imágenes de centauros de dicho siglo, ninguna comparte la misma calidad en lo que atañe a la manufactura y el diseño. En el centauro de la Toumba contemplamos algo muy querido por una familia eubea del siglo X, que no tenía la sensación de estar viviendo en una Edad Oscura. Personalmente, sospecho que ya sabían, por sus poemas, que el primer médico había sido un hombre-caballo, Quirón, «el más civilizado de los Centauros», de quien aprendió Aquiles, como se lo define en la *Ilíada*. Los llamados griegos de la Edad Oscura siguieron rindiendo culto a Poseidón, dios micénico de los mares. Su santuario en Istmia, fácilmente accesible por mar y también el punto en que los griegos podían entrar por tierra en el Peloponeso, se fundó ya en 1050 a. C. Los habitantes de las aldeas que finalmente se unieron para formar la ciudad portuaria de Corinto podían reunirse en Istmia para celebrar sacrificios en honor a Poseidón, y, a partir de 582 a. C., para competir en los juegos panhelénicos. El antiguo templo tenía un altar de unos treinta metros de altura, lo cual nos recuerda el grandioso sacrificio que, en la *Odisea*, Néstor ofició en Pilos. Sin embargo, no contamos con textos del siglo X que nos enseñen las palabras que decían quienes adoraban a Poseidón en el istmo ni los refinados habitantes de Eubea. ¿Cuántos de ellos habían visto las ruinas de los palacios que apenas nueve o diez generaciones antes aún habían estado habitados en Grecia? No podemos preguntarles si alguna vez vieron un fresco o una muestra de escritura micénicos, pero es imposible que no contaran historias sobre sus ancestros, sus viajes y sus guerras, narraciones que combinaran con imaginación y creatividad unos recuerdos transmitidos de generación en generación.

El descubrimiento de los eubeos de los siglos IX y X recuerda la asociación entre Eubea y Hesíodo, el autor de los tempranos poemas en el mismo metro épico de la *Ilíada* y la *Odisea*. En *Trabajos y días,* Hesíodo nos cuenta que una vez llegó por mar a Eubea y visitó Calcis (llamada también Calcidia, la otra ciudad importante de la isla, junto a Eretria), donde se celebraban juegos en honor del difunto Anfidamas (o Anfidamante). Según Hesíodo, él ganó el concurso de vates y se llevó, como premio, una vasija de tres pies con asas. ¿Desde cuándo celebraban los eubeos esas competiciones? Es posible que los poetas llevaran siglos compitiendo en Eubea, desde los micénicos, y que al menos algunas partes de los poemas de Homero y Hesíodo daten de la prehistoria. Las personas enterradas en las tumbas encontradas en el cementerio de Lefkandi pudieron haber escuchado, embelesadas, a un poeta que entonaba cantos sobre las aventuras de Ulises, de Aquiles y del centauro Quirón.

Fue también en esos siglos supuestamente oscuros (XI, X y IX a. C.) cuando se fundaron varias ciudades en Asia Menor, en lo que ahora es el oeste de Turquía. Una oleada de colonos llegó por mar desde regiones de la Grecia continental, incluidas Eubea, la Fócida, Tebas, Atenas y el Peloponeso. A ese movimiento hacia el este se lo llama convencionalmente el periodo de las «migraciones» griegas, no de la «colonización», para diferenciarlo de la expansión a mayor escala por el Mediterráneo y el Mar Negro que tuvo lugar a finales del siglo VIII. La mayoría de los primeros migrantes eran griegos jonios, que se distinguían de otras tribus griegas, los dorios y los eolios, por el dialecto y, hasta cierto punto, también por su estilo de vida. Entre los nuevos asentamientos jonios cabe mencionar Focea, Priene, Mileto, Éfeso, Colofón y Clazómenas, que mantenían vínculos recíprocos y también con las islas griegas más orientales, Quíos y Samos. Doce de esas ciudades se unieron para formar la Liga Jónica o Liga Panjónica. El dios que simbolizaba su herencia y su identidad compartida era Poseidón, señor del elemento que les permitía desplazarse en sus barcos para levantar nuevas ciudades y congregarse en su santuario, el Panjonio, construido en la rocosa península de Micale, que se extiende al noroeste de Priene trazando un arco en dirección a Samos. Los hallazgos arqueológicos pueden datar del siglo VI a. C., pero el culto debió de iniciarse varios siglos antes.

Si supiéramos más sobre la vida en las ciudades jonias de Asia en los siglos X y IX a. C., comprenderíamos mejor por qué fue entre los griegos que poco después, durante el periodo «arcaico» (siglos VIII-VI), tuvo lugar el mencionado «milagro» intelectual. La interacción cultural con los pueblos antiguos que encontraron en el este debió de desempeñar un papel fundamental. Dado que no se conservan documentos escritos de sus experiencias, solo podemos hacer conjeturas; pero las relaciones con los carios, los habitantes de los alrededores de Mileto, hablantes de una lengua indoeuropea, fueron de cooperación, e incluía el matrimonio mixto. Heródoto cuenta que los residentes de Mileto hablaban griego con un marcado acento cario. A juzgar por la resistencia que más tarde opusieron cuando los persas atacaron Janto (hacia 540 a. C.), los licios debieron de ser un pueblo extraordinario; Sarpedón, uno de los jefes griegos de la *Ilíada,* es increíblemente inteligente. Es probable que los griegos aprendieran de los licios a adorar a Apolo, tal como sugiere el epíteto que Homero atribuye al dios («licio»); los únicos dos personajes que en la *Ilíada* rezan a Apolo apoyan a los troyanos –el sacerdote Crises y el héroe licio Glauco, que dice que la «patria» del dios es la fértil tierra de Licia–. De la diosa madre Matar (frigia), que tenía conexiones con una diosa hitita aún más antigua, los griegos adquirieron algunos de los atributos de la diosa a la que llamaron Madre o Cibeles, concretamente los leones y los *tympana* (timbales). De los luvios tomaron prestado el culto a las piedras sagradas con forma de dioses (betilos), a menudo fragmentos de asteroides.

No obstante, cabe insistir en que los siglos X y IX a. C. no dejaron documentos escritos que cuenten las interacciones con sus vecinos, un silencio que hace peligrar nuestra comprensión de sus antepasados del periodo micénico. A menos que la situación cambie radicalmente en lo tocante a las pruebas de que disponemos, nunca podremos entrar en la mente micénica ni conocer realmente a personalidades micénicas. Su importancia para llegar a conocer a los griegos antiguos reside en lo que significaron para aquellos a los que sí empezamos a oír desde la época de los poetas del siglo VIII. Para los griegos antiguos, desde Homero y Hesíodo en adelante, los micénicos eran un recuerdo lejano.

Los griegos siempre supieron que sus ancestros del Peloponeso, Tebas y Creta habían sido navegantes y que presagiaron su propio estilo de vida, pero también que en muchos e importantes aspectos eran radicalmente distintos. Asimismo pudieron conocer ejemplos de la escritura lineal B, pues sabían que esos antepasados habían empleado signos extraños para poner por escrito informaciones valiosas; sin embargo, ningún griego arcaico sabía leer la escritura micénica. Sabían también que los micénicos habían vivido en palacios imponentes, a menudo con muchas habitaciones, y que administraban generosas despensas. Sabían que esos pueblos de antaño habían tenido reinos y riquezas que los campesinos de los siglos VIII y VII, afectados por hambrunas frecuentes, solo podían envidiar. En el capítulo siguiente nos preguntaremos cómo usaron ese pasado casi olvidado para definirse a sí mismos en una época en que los griegos de espíritu independiente, si bien con recursos mucho más modestos, toleraban cada vez menos a las monarquías heredadas.

El cíclope Polifemo arroja una roca contra el barco de Ulises.
Grabado de un cuadro de Louis-Frédéric Schützenberger (1887).
(Colección particular de la autora.)

2. LA CREACIÓN DE GRECIA

La vida estaba cambiando rápidamente para los griegos del siglo VIII a. C., la época en que empezaron a explorar lugares más lejanos y a comerciar con pueblos remotos, abriendo así horizontes cada vez más distantes. En su país natal, los asentamientos costeros, pocos y dispersos, que existieron durante siglos hasta la caída de Micenas, se hacían la guerra unos a otros. Al mismo tiempo, al convertirse en ciudades-Estado comenzaron a ser más centralizados y a celebrar asambleas periódicas en santuarios compartidos, como el de Zeus, su dios supremo, en Olimpia. De todos modos, cabe señalar que también se registró otro cambio de importancia crucial relacionado con la desconfianza inherente que los griegos sentían por la autoridad. En algunas ciudades-Estado surgió una idea nueva y radical del hombre libre, de condición fundamentalmente igual a sus pares aunque no poseyera riquezas heredadas o identidad aristocrática de ninguna clase. Además, el hombre griego libre podía invitar a otros de la misma condición para demostrarles que se solidarizaba con sus derechos y privilegios. Hacia finales del siglo VI a. C., y tras cruentas luchas, esa concepción del ciudadano ideal de la *polis* (ciudad-Estado) acabó conduciendo a la democracia.

Tales tendencias –expansión en el extranjero, centralización local, conflictos entre clases sociales y económicas– eran, en algunos aspectos, contradictorias. Con todo, en conjunto desem-

91

bocaron en la creación de una identidad étnica basada en los aspectos fundamentales de la vida que todo hablante griego sentía compartir intuitivamente con cualquier otro a pesar de la distancia o la disparidad de riqueza y posición. Entre esos aspectos destaca el preciado ideal de la autosuficiencia individual, a menudo ganándose la vida con una pequeña explotación agrícola, un hecho que a su vez iba de la mano con los valores competitivos y el orgullo característico por la independencia del individuo libre. Los hombres que pensaban así no se confundían en lo tocante al carácter inevitable del conflicto entre ricos y pobres, entre los privilegiados por la herencia y los que tenían que ganarse la riqueza y el respeto sobresaliendo en lo que hacían. A su vez, ese sistema de valores se vinculaba con el ideal de autonomía política para individuos y comunidades, que, no obstante, suscribían una serie común de prácticas acordadas por los griegos de todo el territorio. En el siglo V, los atenienses de Heródoto definen esas prácticas como compartir una genealogía, una lengua, sacrificios rituales y los *nomoi:* leyes o costumbres, normas de conducta convenidas, tabús e imperativos, como la protección de las personas vulnerables a cargo de embajadas y los derechos de los muertos a ser enterrados.

La óptica de los griegos de esa época cristaliza en cuatro extensos poemas de la literatura griega más temprana: la *Ilíada* y la *Odisea,* epopeyas que han llegado hasta nosotros firmadas por Homero, y las dos obras de Hesíodo: *Trabajos y días* y la *Teogonía.* El elemento rebelde e independiente del carácter griego es un componente esencial de todos ellos; por ejemplo, la rabia de Aquiles es el motor de la *Ilíada,* cuyo núcleo es la contradicción entre los valores tradiciones, encarnados en Agamenón, que insiste en que merece las mejores recompensas de la Guerra de Troya porque era, por sangre, el rey supremo, y los valores rebeldes y meritocráticos encarnados en Aquiles, un rey menor por nacimiento, pero de mucha más altura como guerrero. La tendencia meritocrática e igualitaria pudo ser un resultado inevitable de la economía casi de subsistencia de gran parte de la Grecia arcaica, que no podía permitirse los lujos de sus vecinos de Oriente Próximo, sobre todo los lidios y los egipcios, y que ellos envidiaban. Por ejemplo, en la *Odisea*, el patrimonio de incluso un personaje como el rey de Ítaca era de solo cincuenta y nueve rebaños y una cámara del tesoro.

En el presente capítulo emplearé esos cuatro poemas tempranos para explorar tanto las tensiones políticas internas como la emergente conciencia étnica colectiva de esos orgullosos griegos partidarios de la autodeterminación que se llamaban a sí mismos helenos. Los poemas ofrecen una historia imaginada de sus orígenes (en la que se intercalan algunos momentos de historia real), que podría explicar la situación en el siglo VIII, cuando se escribieron. Las epopeyas homéricas cuentan la historia de la Guerra de Troya y plantean la cuestión de la ubicación geográfica de Troya y la realidad histórica de la guerra. La *Teogonía* de Hesíodo sitúa el origen de la historia muchos siglos antes y narra los orígenes de la humanidad tras la creación del universo físico y moral. Sin embargo, los cuatro poemas ofrecen escenas inolvidables de combates, viajes por mar y trabajos agrícolas, las tres actividades principales de la economía arcaica y de la experiencia de vida que caracterizó a los *hombres* griegos. Los poemas se recitaban en festivales donde gente que procedía de comunidades diversas con un gobierno propio se reunía en pie de igualdad en espacios sagrados compartidos construidos para adorar a sus dioses comunes; en el proceso, inventaron las competiciones atléticas de las que hemos heredado las Olimpiadas. Los poemas que se recitaban en esos encuentros eran propiedad cultural colectiva de los campesinos guerreros griegos de mentalidad independiente allí donde llegaran con sus barcos, una literatura que desempeñó un papel fundamental en la transmisión de sus valores y siguió desempeñándolo hasta el final de la Antigüedad pagana.

Los elementos centrales de los poemas –relatos heroicos y literatura sapiencial– tuvieron su origen en la tradición oral y se desarrollaron en el proceso de memorización, repetidos, ampliados y adaptados a lo largo de varias décadas y (al menos, partes de ellos) de varios siglos. Sin embargo, entre 800 y 750 a. C. la cultura griega cambió para siempre. Algunos buenos hablantes de griego, probablemente mercaderes, tomaron prestados los signos de los ingeniosos fenicios para representar los sonidos consonánticos, adoptaron algunos otros para las vocales y los emplearon para poner por escrito, en griego, las obras de sus autores, ya entonces canónicos. No hay duda de que, al hacerlo, los poetas-escribas (tal vez dos individuos que se llamaron realmente Homero y Hesíodo) introdujeron cambios que embellecieron el lenguaje y mejoraron la estructura básica. Los griegos clásicos sabían que la *Ilíada* era estéticamente superior a otros poemas épicos porque no se compone de episodios unidos entre sí de cualquier manera; antes bien, es un incidente de la Guerra de Troya, el momento en que Aquiles se enfurece con Agamenón y Héctor, lo que da unidad a la epopeya, que se mueve hacia delante y hacia atrás en el tiempo para familiarizar al oyente con los antecedentes y las consecuencias de la guerra. También retocaron antiguos materiales heredados –baladas sobre héroes, fábulas, proverbios, máximas y datos astronómicos transmitidos por la tradición– para expresar las preocupaciones del hombre griego independiente del siglo VIII, y, en el caso de Hesíodo, información sobre su propia persona. Al escribir esos poemas, los griegos amantes de la libertad, empoderados poco antes gracias a la incorporación de las técnicas fenicias, se inventaron a sí mismos e inventaron su pasado colectivo, y de ese modo también lo consolidaron.

Hesíodo y Homero compusieron sus poemas en un metro característico, el hexámetro dactílico, versos de seis pies (o *emphases*). Los largos versos crean un ritmo insistente y ondulante que los victorianos disfrutaron imitando en inglés (como puede verse en esta traducción del verso octavo de la *Ilíada*: «*Who of the great gods caused these heroes to wrangle and combat?*»).[1] Todos los versos respetan el mismo metro y no hay subdivisiones en grupos de versos o estrofas. Con todo, el ritmo es flexible,

1. En español: «¿Quién de los dioses lanzó a ambos a entablar disputa?» *(N. del T.)*

pues la mitad de cada verso puede estar formada por vocales cortas o largas. Los dáctilos homéricos y hesiódicos pueden danzar con un ritmo ligero de diecisiete sílabas, breves en su mayor parte, o quejarse y llorar en apenas trece sílabas, la mayoría de ellas largas. La poesía compuesta originalmente sin la ayuda de la escritura es cualitativamente distinta de la obra de los poetas que sí escribieron, y los rasgos distintivos del verso de Homero y de Hesíodo derivan de su naturaleza oral: listas, repeticiones, escenas especulares y el empleo de *formulae*. Una *«formula»* puede ser fría y desagradable, pero solo es el nombre empleado para denominar la unión de dos o más palabras en un grupo rítmico recurrente; por ejemplo, «así habló el veloz Aquiles», o «la de dedos rosados», como llamaba Homero a Eos, la diosa del alba.

La *Ilíada*, el «Poema sobre Ilión», otro nombre para Troya, pintó para todos los griegos del Egeo un cuadro de sus rebeldes antepasados guerreros y les proporcionó un relato detallado de los viajes de unos hombres que hablaban griego y que durante la edad heroica atravesaron el Egeo y llegaron hasta Asia indignados por el insulto que recibieron cuando una de sus esposas –Helena– huyó con el troyano Paris. El poema comienza en el campamento griego diez años después de iniciarse la guerra, que en ese momento está en punto muerto. Helena vive con Paris dentro de Troya, y ni los griegos ni los troyanos llevan ventaja en el campo de batalla. Sin embargo, Agamenón, el comandante en jefe de los griegos, pelea con Aquiles, su mejor guerrero, que le retira su buena voluntad y se niega a combatir. Ese incidente permite a Héctor, hijo del rey troyano Príamo, apuntarse algunos importantes tantos militares. Aquiles solo regresa al campo de batalla cuando se desespera por la muerte de Patroclo, su mejor amigo, que cae en el duelo con Héctor. En el momento culminante del poema, Aquiles mata a Héctor y profana el cadáver atándolo a su carro y arrastrándolo alrededor de los muros de Troya. Aunque al final devuelve el cuerpo a los troyanos para que lo entierren, la muerte de Héctor marca el momento decisivo de la guerra y la victoria griega se vuelve inevitable.

El autor de la *Ilíada* no llama «helenos» a los griegos, pero consigue que la historia suene arcaica empleando los nombres de antiguos clanes: aqueos, argivos y dánaos; en ese momento de la historia, con el término Hellas solo se designaba un distrito pequeño de Tesalia. La voz panhelenos, «todos griegos», que solo aparece una vez en el poema, puede, no obstante, referirse a la población del noroeste de Grecia, no del Peloponeso. Así y todo, la *Ilíada* representa el mito fundacional de la etnicidad griega durante al menos doce siglos. El catálogo de las naves aqueas incluido en el poema es una lista, concebida para que encaje en el siglo VIII a. C., de los veintiocho contingentes de griegos que, en más de mil naves, habían combatido en la Guerra de Troya siglos antes de que se escribiera el poema. Esos griegos procedían de plazas fuertes de la península, incluidas Pilos, Lacedemonia, Micenas, Argos, Atenas y Beocia (no de distritos septentrionales) y de varias islas, como Ítaca, Rodas y Creta.

El catálogo de las naves lo estudiaron a fondo los historiadores que buscaban una versión sencilla de las poblaciones micénicas griegas, pero esa lectura no puede arrojar buenos resultados. La lista puede contener material mucho más antiguo, heredado de Micenas, pero su forma actual la adquirió después de las migraciones griegas a Asia, un hecho que puede interferir en la manera en que describe el pasado remoto. Imaginemos, por ejemplo, a un guionista y un director de cine que planean una película sobre, pongamos por caso, el reinado de Alfredo el Grande en la Inglaterra del siglo IX d. C. Los cineastas quieren rodar una escena espectacular en la corte del rey, en Wessex, donde la cámara va enfocando a legaciones llegadas de Mercia, Anglia, Gales, Kent, entre otros lugares, convocadas para organizar operaciones de defensa contra los vikingos. Los profesionales del cine pueden, sin duda alguna, echar mano de algunos documentos históricos, incluida la *Crónica anglosajona*, pero hasta cierto punto los interpretarían a la luz de los conocimientos que los espectadores del siglo XXI tienen de su país, de los nombres de sus condados y de los límites regionales. La invención de Gran Bretaña en 1707 en virtud del Acta de Unión también interferiría en la reconstrucción del mundo artúrico. Del mismo modo, ya en el siglo VIII a. C. muchos griegos vivían en nuevos asentamientos en el litoral asiático, y es allí donde la relación entre la geografía social de la *Ilíada* y la de los poetas épicos del siglo VIII se vuelve opaca. La lista de fuerzas enumeradas en la *Ilíada* para defender Troya incluye a los habitantes de la Edad del Bronce de las zonas de Asia Menor en las que más tarde los griegos construyeron ciudades, pero los describe tal como los visualizaban retrospectivamente en el siglo VIII. No cabe duda de que el contingente más numeroso es el de los troyanos y los dárdanos, sus vecinos más cercanos; ambos pueblos compartían con los griegos lengua, cultura, religión y protocolos. Los frigios, los lidios y los tracios, que vivían mucho más lejos, pero también en la zona septentrional de Asia Menor, y al otro lado del Helesponto, combaten del lado troyano. Sin embargo, el autor de la *Ilíada* se toma la molestia de incluir aliados que hablan otras lenguas, procedentes de regiones situadas a lo largo de la costa, al sur de Troya –Misia, Caria y Licia–, zonas que en aquella época ya poblaban en grandes números los griegos, cosa que el público de Homero sabía. Escuchar las lecturas de la *Ilíada* requería involucrarse en el acto de recordar o, más probablemente, de imaginar cómo era Asia antes de que llegaran los griegos. Es posible que, para los oyentes, la conquista de Troya por los griegos, al margen de su historicidad, representara *simbólicamente* la llegada, desde la Grecia continental y también desde las islas, de los antepasados jonios al litoral asiático durante esos siglos presuntamente oscuros. Del mismo modo, la etnicidad ambigua de los troyanos de la *Ilíada* pudo servir para representar la *fusión* de dos culturas, la griega y la asiática, resultado necesario de ese proceso.

Ese hecho plantea dos problemas: la ubicación geográfica de Troya y saber si la Guerra de Troya realmente tuvo lugar. No existe documentación histórica contemporánea sobre los troyanos de Homero, salvo un puñado de referencias controvertidas en tablillas hititas, un pueblo que, desde el siglo XVIII al siglo XII a. C., gobernó un imperio enorme, aproximadamente el territorio que ocupa la actual Turquía. Las tablillas hititas remiten a lugares llamados Wilusa y Taruisa, que podrían ser Ilión y Troya. Un valioso texto hitita, conocido como la carta de Tawagalawa, puede incluso mencionar la guerra. Escrito por un rey hitita probablemente en el siglo XIII, está dirigida al rey de los Ahhiyawa (quizá los aqueos, uno de los nombres de los griegos en la *Ilíada)* y narra un incidente del pasado, ya resuelto entonces, cuando los Ahhiyawa participaron en operaciones militares hostiles. En la tradición poética, uno de los aliados de Troya fue Eurípilo, que, según la *Odisea,* fue el jefe de los *keteioi,* que muy bien podrían ser los hititas.

Las pruebas arqueológicas son tentadoras. El rey persa Jerjes, el griego Alejandro Magno y el romano Julio César visitaron más tarde Troya y la identificaron con las ruinas del asentamiento abandonado que pudieron ver en el lugar llamado hoy Hisarlik, cerca de los Dardanelos; pero los arqueólogos actuales distinguen entre muchos niveles de ocupación de ese yacimiento. Los dos niveles que más a menudo se han identificado con la *Ilíada* se conocen técnicamente como Troya VIh (siglos XV-XIII a. C.) y Troya VIIa (siglos XIII-XII a. C.). Troya VIh, con sus bastiones e imponentes murallas inclinadas, fue destruida a mediados del siglo XIII, lo cual puede hacerse corresponder con la supuesta fecha de la Guerra de Troya. Sin embargo, intentar encajar ahí la historia que se nos cuenta en la *Ilíada* no es la mejor manera de comprender cómo les gustaba imaginar su pasado a los griegos de cinco siglos después. Es posible que vieran las ruinas de Troya y, sin duda alguna, objetos antiguos bien conservados, como armaduras o fragmentos de cerámicas, que pudieron ayudarles a elaborar el relato. Sin embargo, las preocupaciones tratadas en las epopeyas homéricas son las mismas que ocupaban la mente de los griegos del siglo VIII, extrapoladas a su prehistoria ficcionalizada.

¿Cómo deberíamos imaginar nosotros al público de esos poemas en la época en que se pusieron por escrito por primera vez? Las epopeyas por sí solas brindan varias imágenes de los vates en acción. En la *Odisea,* Femio, el aedo de Ulises en Ítaca, ya entona versos sobre la Guerra de Troya y actúa en banquetes para entretener a los aristócratas, y Demódoco de Feacia (Esqueria) canta en el momento culminante de un día dedicado a competiciones de atletismo. En la *Ilíada,* el propio Aquiles mata el tiempo en el exilio que él mismo se impuso al abandonar el campo de batalla de Troya rasgando una lira y cantando «las glorias de los héroes». Con todo, el cuadro épico que se corresponde con la experiencia de la mayor parte de los griegos de los siglos VIII a VI a. C. aparece en otro texto atribuido a Homero, un himno a Apolo de Delos, la diminuta isla central del Egeo donde se adoraba a ese dios y también a Leto, su madre, y su hermana gemela, Artemisa, y en que se le rendía uno de sus cultos más importantes. La isla, situada cerca del «círculo» de las Cícladas, era el lugar donde por tradición se situaba el nacimiento del dios. Ya desde el siglo IX, los griegos jonios se congregaban en el famoso santuario para llevar ofrendas a Apolo y a su hermana. En el himno homérico «A Apolo», la voz del autor describe al público que asiste a un festival en honor al dios en Delos, donde los griegos jonios se reunieron después de llegar en sus veloces naves:

Mas tú, Febo, regocijas tu corazón especialmente con Delos, donde en honor tuyo se congregan los jonios de arrastradizas túnicas con sus hijos y sus castas esposas. Y ellos, con el pugilato, la danza y el canto, te complacen, al acordarse de ti cuando organizan la competición. Quien se halle presente cuando los jonios están reunidos, podría decir que son inmortales y están exentos por siempre de la vejez. Pues podría ver la gracia de todos, deleitaría su ánimo al contemplar los varones y las mujeres de hermosa cintura y los raudos bajeles y sus múltiples riquezas.[1]

---

1. Esta y las demás citas del himno «A Apolo» están tomadas de *Himnos homéricos. La «Batracomiomaquia»,* Madrid, Gredos, 1978; traducción, introducciones y notas de Alberto Bernabé Pajares. *(N. del T.)*

Seguidamente, el poeta describe a las famosas doncellas de Delos, mujeres misteriosas que entonan cantos corales para Apolo: «Y más aún, una gran maravilla, cuya gloria jamás perecerá: las muchachas de Delos [...] acordándose de los varones y las mujeres de antaño, entonan un himno y fascinan a las estirpes de los hombres.» Sin embargo, al final, tal vez intentando ganar el concurso de aedos que se celebraba en el mismo festival, el poeta nos cuenta más cosas acerca de los himnos que los solistas masculinos interpretaban en la isla. Primero dice a las doncellas que, si les pregunta por la identidad del cantante más dulce que frecuenta la isla, y con el que más se deleitan, han de responder «elogiosamente»: «Un ciego. Habita en la abrupta Quíos. Todos sus cantos son por siempre los mejores.» Dado que, según la tradición, Quíos es el lugar de nacimiento de Homero y una de las principales islas jónicas, el texto demuestra que los participantes en los festivales que se organizaban en Delos creían que Homero había cantado allí para ellos o para sus ancestros. La voz que entona el himno añade que dedicará la vida a divulgar la fama de Delos y del «Certero Flechador Apolo, el del arco de plata, al que parió Leto, la de hermosa cabellera» y que viajará de santuario en santuario elogiando a los dioses panhelénicos.

El santuario de Delos llegó a ser uno de los más ricos del mundo antiguo; a él asistían no solo jonios, sino todos los griegos. Más tarde se convirtió en una importante plaza comercial que atraía a gente de todas las etnias del Mediterráneo. No obstante, este himno homérico demuestra que durante el periodo arcaico la identidad griega se consolidó en los santuarios comunes a los que los griegos peregrinaban para conocerse. Del siglo VIII data gran parte de las primeras pruebas del culto a dioses griegos en otros santuarios, siempre lugares al aire libre, considerados sagrados, con murallas bajas o hileras de piedras y un altar en el que se quemaban las ofrendas. Muchos santuarios pronto añadieron un templo y un comedor. Podían estar dentro de las ciudades y proporcionar un centro de reunión a la comunidad (Atenea y Apolo eran populares como dioses «protectores de la ciudad»); si se encontraban extramuros, la ciudad los utilizaba para negociar los límites de su territorio o como lugares para celebrar reuniones oficiales con miembros de otros Estados. Pocos santuarios eran realmente panhelénicos en el sentido de pertenecer a todos los helenos y encontrarse en un lugar neutral. Zeus, el dios supremo del panteón griego, presidía varios santuarios claves de «todos los griegos». En Dodona, por ejemplo, las profecías del dios se descifraban basándose en el susurro de las hojas de sus robles sagrados. De los cuatro principales centros panhelénicos de Grecia en los que, desde época muy tempranas, se celebraban los grandes festivales de atletismo, dos, Olimpia y Nemea, eran santuarios de Zeus.

Los últimos juegos que se crearon fueron los nemeos, en el norte del Peloponeso, a principios del siglo VI, pero en el siglo IX o incluso antes, en el X, Olimpia ya hacía las veces de santuario de Zeus. Según la tradición antigua, fue en 776 a. C. cuando se celebraron los primeros Juegos Olímpicos. Las pruebas arqueológicas muestran que, ya en 800 a. C., los líderes de las comunidades peloponesias se reunían para consultar el oráculo de Zeus y competir en festivales de atletismo. Se conservan maravillosas ofrendas votivas de diverso origen, sobre todo trípodes de bronce, que demuestran que Olimpia y sus juegos comenzaron a atraer a griegos de lugares cada vez más remotos. Lo mismo puede afirmarse de Delfos, donde las primeras competiciones en honor de Apolo eran festivales musicales, más que deportivos. Cuando los griegos de distintas tribus lograban algo juntos, empezaron a llamar «helénicas» a sus conquistas. En el siglo VII a. C., griegos del este y hombres de Egina llegaron al que entonces era el principal puerto del delta del Nilo, al que llamaron Náucratis («la que gobierna barcos»); allí ofrecían al faraón sus servicios de mercenarios, intercambiaban plata, aceite y vino por cereales, hilo y papiros egipcios y establecieron un emplazamiento de crucial importancia para la fecundación cruzada entre las culturas egipcia y griega. Algunos griegos construyeron allí un altar común, al que, naturalmente, llamaron el Helenio, definiendo así su

101

identidad común griega a pesar de proceder de nueve ciudades distintas. Los altares panhelénicos surgieron para cumplir dos funciones. A través de los oráculos que pronunciaban, mediaban en las relaciones entre los Estados griegos emergentes, tan interesados como los individuos griegos en mantener su independencia de los demás; la máxima aspiración de los territorios y los individuos era ser autosuficientes, autónomos y no deber nada a nadie. Sin embargo, también ofrecían a los aristócratas y los tiranos advenedizos un lugar de reunión para que compitieran en las competiciones atléticas desplegando su riqueza y llevando ofrendas fabulosas a los dioses. En sus comunidades de origen, las familias poderosas pudieron vivir presionadas para no presentarse públicamente con excesiva ostentación; en cambio, podían competir con sus iguales de otras ciudades-Estado, declarando así su pertenencia común a una élite panhelénica. Los juegos de Olimpia, que se celebraban cada cuatro años, no satisfacían el deseo de disfrutar de esas oportunidades; de ahí que se creasen más juegos en Delfos a principios del siglo VI (los juegos pitios) y también en Nemea y el Istmo. Los juegos se programaban de manera consecutiva, de modo tal que todos los años se celebraba una congregación panhelénica.

Los mitos fundacionales de los cuatro festivales con juegos importantes vinculaban dichas celebraciones a funerales, y en la antigua Grecia las competiciones de atletismo surgieron a partir de ejercicios de instrucción militares. En el canto XXIII de la *Ilíada,* Aquiles celebra unos juegos en honor del funeral de Patroclo. Para el público de la época arcaica, esos juegos épicos debieron de evocar el mundo panhelénico porque los rivales que aparecen en el poema procedían, como ellos, de muchas regiones e islas griegas. Los juegos, el panhelenismo, los funerales militares y la guerra formaban en la mente griega arcaica un conjunto de asociaciones, y los poemas brindaron a los griegos una manera de pensar los aspectos emocionantes de la guerra, de la formación de ejércitos y el ruido de las armaduras, pero nunca le permiten al público olvidar que el precio de esa emoción es terrible. Episodio tras episodio, personajes fuertes y comprensivos declaran su dolor emocional. En la *Ilíada,* hombres jóvenes mueren en el campo de batalla, y los lamentos de sus padres y viudas no cesan. Asistimos a la última separación de Héctor y Andrómaca, su esposa, y su hijo de corta edad. Vemos también al anciano Príamo y a su presunto enemigo Aquiles llorar juntos por sus respectivas pérdidas. En el dilema de Aquiles, que tuvo que elegir entre morir joven pero con gloria, o viejo y en la oscuridad, la epopeya anuncia anticipadamente las situaciones extremas y las crisis morales de la tragedia ateniense a la vez que presagia las duras condiciones metafísicas en las que los mortales viven en medio de la tragedia, totalmente vulnerables a los caprichos de unos dioses veleidosos, vengativos e infantiloides.

*

Si la *Ilíada* proporcionó a los griegos la sensación de un pasado colectivo como guerreros, la *Odisea* les brindó las descripciones arquetípicas de la navegación y ofreció a su protagonista los desafíos más diversos. Para los hombres griegos libres de mediados del siglo VIII al siglo VI, la identificación con el ingenioso Ulises y sus aventuras lejos de Grecia debió de ser profunda. Ulises puede ser rey, pero también es el mejor agricultor, autosuficiente, en cuya pequeña isla produce todo lo que su hogar necesita; de ese modo, afirma su derecho a la autonomía. Ulises es también una compañía fascinante, pero en absoluto perfecta. Entre sus errores pueden mencionarse el alardear ante los cíclopes, quedarse dormido cuando está a cargo de la bolsa de los vientos y, posiblemente, el haber perdido la cabeza durante la sangrienta matanza de los potenciales pretendientes de su esposa. Sin embargo, como señaló Aristóteles, nos identificamos mejor con un héroe que no es ni demasiado virtuoso ni demasiado malvado, es decir, con un héroe más parecido a nosotros.

La lista de personajes de la *Odisea* es una expresión de la veta igualitaria del carácter griego, pues no están limitados a una élite, a un grupo aristocrático. Además de los importantes personajes de esclavos (Euriclea, Eurímone, Melanto y Eumeo), en el poema intervienen un remero normal y corriente (Elpénor) y el mendigo Iro. A hombres y mujeres, ricos y pobres, viejos y jóvenes, la epopeya ofrece personajes benévolos y tolerantes con los que podían identificarse. El poema también incluye historias sobre mercaderes y piratas de baja estofa y muchas escenas de duro trabajo campesino, en los huertos y en los campos y telares.

Con la figura del práctico e ingenioso Ulises los hombres griegos arcaicos podían disfrutar de un héroe que era una versión glorificada de su propia imagen. Un tipo competente que todo lo hacía bien, con cerebro y músculos, capacitado para sobrevivir a cualquier tropiezo que la vida le depare, tanto en tierra como en el mar. Es un orador excelente y un guerrero de primera, y así lo vemos en acción en los libros XXII y XXIV de la *Odisea,* y como experto saqueador de ciudades en el libro IX. Ulises es un navegante y un nadador excelente, el pionero ideal, explorador y colono. Además de sus cualidades morales (tacto, valor, autocontrol, paciencia, independencia, entre otras), Ulises posee habilidades asombrosas que se nutren de la experiencia de vida de los navegantes griegos arcaicos; por ejemplo, se las arregla para construir en solo cuatro días, de la tala de los árboles a la preparación de las velas, una balsa de tamaño considerable. De sus conocimientos de carpintería es un ejemplo el dormitorio, con su cama encastrada, que fabricó para él y su novia, Penélope. Tampoco se queda atrás como agricultor; maneja el arado a la perfección, y el padre le prometió árboles y viñedos cuando era niño (trece perales, diez manzanos, cuarenta higueras y cincuenta hileras de vides). Con todo, la *Odisea* también lo celebra como premiado atleta. Ulises no solo gana la competición de lanzamiento de disco en los juegos feacios; también es un luchador consumado, lanzador de jabalinas y, por supuesto, arquero. Su increíble hazaña con el arco en la competición que organiza Penélope, aparentemente para encontrar un nuevo marido, anuncia el regreso de Ulises al trono de Ítaca.

El éxito de Ulises con las mujeres también debió de granjearle la simpatía de muchos hombres griegos de la época. Su gran baza era tener una mujer fiel, Penélope, con habilidades a la altura de las suyas. Con todo, sus aventuras con dos hermosas mujeres sobrenaturales, Calipso y Circe, atraen a la princesa feacia Nausicaa, mucho más joven, e incluso la diosa Atenea coquetea con él cuando el marino despierta en una playa de Ítaca. En la relación entre Aquiles y Patroclo, la *Ilíada* ofrecía a los griegos de la Antigüedad un modelo de amor idealizado entre hombres, pero Ulises es uno de los pocos héroes únicamente heterosexuales de la Antigüedad, un rasgo que forma parte de la dimensión antropológica del poema, que define, entre otras cosas, la estructura social patriarcal de las comunidades griegas arcaicas: Ulises ha de ir al encuentro de un poder femenino, y siempre sale bien librado. La *Odisea* define la psicología propia del patriarcado presentando diversas versiones de lo femenino: deseable y núbil (Nausicaa); predadora sexual y matriarcal (Calipso, Circe); políticamente poderosa (Areté, reina de los feacios); dominante (Antífate, rey de Lestrigonia, tiene una hija enorme y una mujer «que en su talla era monte rocoso»); monstruosa y devoradora (Escila, Caribdis); seductoras y letales (las Sirenas), pero también fiel, casera y maternal (Penélope). En el mundo «real» de las islas griegas pobladas por agricultores, una buena esposa, como Penélope, protege los intereses del marido y, en ausencia de este, aguanta veinte años cruzada de piernas.

La distinción entre el mundo sobrenatural por el que deambula Ulises y la realidad de Ítaca permite ver de cerca otros aspectos de la vida griega arcaica. En Ítaca, los hombres trabajan duro para comer; en cambio, a los feacios la naturaleza les da lo que necesitan como por arte de magia. Los cíclopes beben leche, pero los griegos, vino. A diferencia de los cíclopes y los lestrigones, los griegos aborrecían la idea de comer carne humana; pero tal vez el contraste más marcado con los griegos ha de buscarse en ese misterioso pueblo del que Tiresias dice a Ulises que debe visitar en otro viaje, gente que vive en la Grecia continental profunda y que nunca ha oído hablar del mar, no usa sal y no sabe nada de barcos y remos. Allí Ulises debe clavar su remo en la tierra y hacer un sacrificio a Poseidón antes de regresar para encontrar una muerte dulce que le llegará misteriosamente desde el mar. Sería difícil imaginar una historia más intensamente griega en su simbolismo.

*

El otro retrato del campesino orgullosamente independiente en la poesía griega más temprana es el autorretrato de Hesíodo en su poema de tema agrícola, *Trabajos y días*. Hesíodo es el primer autor de la literatura universal al que podemos considerar un individuo –al menos esa es la impresión que él mismo da–, y un ejemplo de varias de las diez características que en conjunto constituyeron la singular mentalidad griega antigua, sobre todo su potente voz autoral, su «yo», y la inmediatez emocional y el humor mordaz de sus consejos: «Que no te haga perder la cabeza una mujer de trasero emperifollado que susurre requiebros mientras busca tu granero. Quien se fía de una mujer, se fía de ladrones.» Hesíodo desprecia a su hermano Perses, hombre ocioso y pendenciero, amante de los pleitos, y sugiere, en tono mordaz, que deje de preocuparse por las querellas jurídicas y trabaje un poco: «¡Oh Perses!, grábate tú esto en el corazón [...] que la Eris gustosa del mal no aparte tu voluntad del trabajo, preocupado por acechar los pleitos del ágora; pues poco le dura el interés por los litigios y las reuniones públicas a aquel en cuya casa se encuentra en abundancia el sazonado sustento, el grano de Deméter.»

Nuestro poeta era campesino en Ascra, una aldea de Beocia que él mismo describe como «mala en invierno, irresistible en verano y nunca buena». Ascra se encontraba a los pies del monte Helicón, un nombre que llegó a asociarse para siempre con la inspiración poética y la visita idílica de las Musas, pues fue allí donde Hesíodo pudo llevar a la práctica su vocación de poeta. El padre era oriundo de Cumas, una ciudad comercial de Asia Menor, pero la pobreza lo forzó a emigrar. Así pues, de Hesíodo puede decirse que fue un griego antiguo arquetípico: su familia había viajado por mar, había conocido el desarraigo y él era campesino. El leitmotiv de *Trabajos y días,* poema que nos permite conocer la situación personal del autor y que proporcionó a los griegos información sobre aspectos claves de su identidad colectiva, es la amenaza omnipresente del hambre.

Más de tres cuartas partes de los ciudadanos de casi todos los Estados griegos, al menos en los periodos arcaico y clásico, se ganaban el sustento trabajando la tierra (Esparta, donde la clase gobernante forzaba a los esclavos a hacer el trabajo agrícola, fue, en ese y otros aspectos, una excepción). Los tres cultivos principales eran los cereales, la vid y el olivo –las plantas sagradas de Deméter, Dioniso y Atenea, respectivamente–; de las tres se conservan textos en lineal B. Hesíodo dio al campesino griego esta memorable indicación: «Siembra desnudo, ara desnudo y siega desnudo cuando a cada cosa le llegue su momento.» Lo más importante para el campesino: «En primer lugar procúrate casa, mujer y buey de labor [la mujer comprada, no desposada, para que también vaya detrás de los bueyes].» La imagen del poeta beocio, viejo y cascarrabias, afirmando su independencia y desnudándose hasta la cintura y sudando detrás del arado, dice muchísimo sobre la realidad de la vida del griego menos pudiente de todas partes –y de su esposa esclava–. Si los griegos pobres querían evitar la inanición o la esclavitud, debían seguir todos los consejos de Hesíodo y añadir trabajo al trabajo. Los primeros griegos no contaban con aparatos mecánicos ni con ninguna energía aparte de la que podían obtener por tracción humana o animal. Hasta la época helenística en Egipto no se desarrollaron mecanismos para extraer agua de riego del subsuelo; en ese contexto fue clave la influencia del tratado *Neumática,* de Filón de Bizancio. Así pues, el molino de agua data de ese periodo tardío.

El calendario del campesino empezaba a finales del otoño, cuando se araba un campo en barbecho. Hesíodo aconseja arar la tierra tres veces, y había que hacerlo porque el antiguo arado, más que abrir y remover la tierra, se limitaba a trazar una línea con una reja de bronce o de hierro. El trigo, la cebada, el maíz y otros cereales se cosechaban con la azada y a mano, y había que deshierbar el campo en primavera e invierno. En mayo o junio empezaba la faena que no daba tregua. El cosechador, de espaldas al viento, arrancaba con una hoz todos los terrones y los tallos que crecían cerca de las raíces; después formaba con ellos haces que podía sacar del campo. Seguidamente los llevaba a la era, donde los bueyes los pisaban hasta que soltaban las preciosas semillas, y en ese momento había que aventar con fuerza, ya con una cesta, un bieldo o una pala, para separar el grano de la paja.

En el Mediterráneo oriental, la mezcla de paja y heno se había cultivado desde 3000 a. C. En la Grecia continental, el olivo era el cultivo principal, porque se da bien en un clima caracterizado por largas sequías de verano. El cultivo de olivares da mucho trabajo y requiere planificación e inteligencia. Los árboles tardan años en dar fruto, y el que los plantaba solo podía esperar que beneficiaran a sus hijos o nietos, no a él mismo. El olivo hay que podarlo, y necesita riego y fertilización; además, la aceituna solo puede cosecharse año por medio. Por su parte, la fabricación de aceite de oliva requiere no poca mano de obra. Para recoger la oliva hacían falta varios hombres que trabajasen juntos para sacudir y golpear el árbol; uno de ellos tenía que trepar para recoger las aceitunas más altas antes de que cayeran al suelo. Posteriormente se procesaban cerca de los olivares. Una casa rica podía tener entre doscientos y trescientos olivos. La aceituna no era solamente un elemento fijo de la dieta; el aceite de oliva era también un lujo, como condimento y también para la cosmética. Asimismo, se utilizaba para limpiar las estatuas de madera y las baldosas de mármol. Hasta la época helenística solía producirse a pequeña escala en casa de familias campesinas y con prensas sencillas.

El otro cultivo central de la identidad griega era la vid. Como el cultivo del olivo, la viticultura requiere, aparte de trabajo intensivo, mucha inteligencia. Los griegos cultivaban la vid allí donde se asentaban, salvo cuando el clima del lugar no lo permitía. Se plantaba en primavera, esquejes en hoyos cavados con mucho cuidado. La cebada o las legumbres se cultivaban en la misma viña para maximizar la producción en relación con la tierra disponible, sobre todo mientras se esperaba que la uva madurase. Una vez que el viñedo estaba bien desarrollado –un proceso que podía durar tres años–, había que podar las vides a conciencia cada otoño y guiarlas. Las hojas y brotes nuevos se entresacaban a mano. Las uvas que iban madurando se cubrían con polvo para retrasar la maduración y aumentar así el contenido de azúcar. También era necesario pasar regularmente la azada y quitar las hierbas parasitarias. Una vez madura la uva, el vendimiador la recogía y la colocaba en cestas. El zumo se extraía pisando las uvas en un lagar de mimbre colocado encima de una mesa o una cuba con un pitorro por el que el zumo caía en los recipientes donde se conservaba. Los griegos no eran los únicos que bebían vino. La élite de Mesopotamia importaba vino del norte, y ya en la cuarta dinastía (hacia 2613-2494 a. C.) los reyes egipcios se hacían enterrar rodeados de reservas de vino. Sin embargo, para los griegos antiguos no era un lujo reservado a unos pocos privilegiados; antes bien, formaba parte de sus rituales religiosos y de su identidad étnica.

En *Trabajos y días,* la vida del campesino griego del siglo VIII a. C. es una lucha sin tregua por la supervivencia, una situación que está muy lejos de la que se había conocido en una edad mítica muy anterior, cuando los hombres de la «raza dorada» gozaban de una dicha prístina hasta que Pandora –la primera mujer– provocó su caída. Hasta ese momento, morían, sí, pero sin dolor y sin envejecer. Vivían como los dioses y de celebración en celebración, pues no tenían que trabajar; pero después de la caída, los dioses los reemplazaron con la segunda raza, de plata. La gente de plata tardaba cien años en salir de la infancia; después no duraba mucho, porque se atacaban entre sí constantemente y no honraban a los dioses con sacrificios. La tercera raza, de bronce, era increíblemente fuerte, pero tan adicta a la guerra y la violencia que sus miembros acababan aniquilándose mutuamente.

Fueron de esta raza los protagonistas de la mitología –Cadmo y Edipo en Tebas; los héroes de la Guerra de Troya–, pero la quinta raza, de la que formaron parte Hesíodo y su público, la raza de hierro, solo conocía el trabajo, los pesares y la muerte. Según el autor de *Trabajos y días,* Hesíodo, a los hombres de esta raza solo les esperaba más decadencia y miseria, serían incapaces de vivir en armonía, deshonrarían a sus padres, romperían juramentos y darían falsos testimonios. En adelante, los hombres ya no se avergonzarán de sí mismos; tampoco les indignarán los malhechores y acabarán siendo completamente amorales. La visión hesiódica de la existencia humana no hace demasiado hincapié en los dioses, y convierte a los humanos mismos en los principales responsables de su propia decadencia moral.

Ese mito lapsario, la Caída, describe el pasado de la humanidad con tintes que anuncian los escritos de los historiadores griegos. Hesíodo se interesa por las primeras razas porque pueden contribuir a explicar el mundo que él mismo habita. Más tarde, Heródoto y Tucídides subrayaron que no solo querían registrar hechos, sino explicar la naturaleza del presente y, así, iluminar el futuro; pero el mito de la Caída en Hesíodo es también un esbozo de la filosofía racional griega. Se trata de una visión de las razas del hombre a escala universal y tiene un rasgo claramente secular: las opciones humanas determinan lo que sucede en la misma medida en que lo determina la intervención divina. La información que el mito transmite también adquiere unidad gracias al carácter universal de su lección moral, que subraya la importancia de la decencia y de vivir honradamente.

La visión histórica de Hesíodo explicaba algunos aspectos de la identidad étnica griega. En un poema sobre heroínas famosas del que lamentablemente solo se han conservado fragmentos, el poeta cuenta que los héroes solían descender de las relaciones carnales de dioses de sexo masculino con mujeres mortales, y remontaba las genealogías de las familias heroicas a sus tres ancestros tribales: Doro (de los griegos dorios), Juto (los jonios) y Eolo (los eolios). Todos ellos eran hijos de Helén, el griego original e hijo de la única pareja que sobrevivió a la versión griega del Diluvio, Deucalión y Pirra, pero la especie humana propiamente dicha entra bruscamente en la historia universal en la versión de la creación que conocieron los griegos, a saber, la que se narra en la *Teogonía* de Hesíodo.

En el principio solo existía el Caos (un término que significa algo más parecido a «vacío» que a confusión y desorden, el sentido con que lo empleamos hoy). A Caos le siguen cinco entes primigenios: Gea, la Tierra personificada, madre y esposa de Urano (en su interior contiene el Tártaro, la región más meridional del planeta); Eros (el Amor); Érebo (la oscuridad, la sombra) y Nix, la Noche. De esta y Tierra surgieron los otros habitantes y elementos del universo: Noche se apareó con Érebo y de su unión nació el Éter (aire) y el Día, pero fue Tierra la madre de la mayoría de los primeros seres. Por partenogénesis dio a luz un hijo, Urano (el Cielo), las Montañas y el Ponto (el Mar Océano), pero después yació con su hijo Urano y concibió muchos hijos más, representaciones de principios elementales y, a la vez, de otros más éticos y culturales.

Así pues, a esas alturas los elementos masculinos y femeninos del universo se unen sexualmente y la escenografía física y material del mundo ya está creada: la tierra, el aire, las montañas, el mar... Gea pare hijas hermosas, incluidas las personificaciones de tres conceptos inmateriales que distinguen (según creían los griegos) la experiencia humana de la animal, como son el creer en dioses (Tea), Temis (la moral, la Ley personificada) y la capacidad de trascender mentalmente el aquí y ahora de la experiencia corporal para desplazarse en el tiempo (Mnemósine, la Memoria). Sin embargo, pronto el primer conflicto digno de este nombre afectará a ese mundo elemental, predominantemente femenino, semejante a un gran útero, que formaban las cumbres montañosas, los seres acuáticos y una conciencia incipiente. El siguiente hijo de Tierra y Urano es un *enfant terrible*, Cronos, quien, sin motivo alguno, odia a su padre. Sin ninguna justificación, y muchos siglos antes de que Freud inventara el complejo de Edipo, ese niño instaura el pri-

111

mer antagonismo intergeneracional en el seno de la primera familia nuclear.

Cronos se toma su tiempo antes de atacar al padre al que detesta, del que Tierra ya ha concebido otros seis hijos varones: tres poderosos Cíclopes, seres de un solo ojo, seguidos de tres monstruos de una fuerza arrolladora y cien brazos cada uno (Hecatónquiros). Esos seis horrendos jóvenes son todos «terribles» y, según Hesíodo, «estaban irritados con su padre desde siempre»; la madre misma les dice que él, Urano, «fue el primero en maquinar odiosas acciones». La larga progenie de Tierra y Urano ya tienen a punto el escenario del universo para que se desencadene el conflicto ético que más tarde fue el gran tema de la mitología griega. Cronos siente por su padre un odio *injustificado,* la primera discordia que acaba con la coexistencia pacífica que había caracterizado los primeros tiempos del mundo. Por otra parte, los Cíclopes y sus hermanos de cien brazos pueden ser una visión desagradable, pero no se merecen el odio del padre.

Para empeorar las cosas, Urano devuelve a los últimos seis hijos al vientre de Tierra en el mismo minuto en que nacen, y goza con lo que Hesíodo llama su «malvada acción» La desdichada madre, «a punto de reventar», decide que ya ha tenido suficiente. Ahora Urano la maltrata igual que a las seis criaturas que se esfuerzan por salir del útero materno (son los Titanes, cuyo nombre se ha relacionado con el verbo *titanein,* «ejercer una fuerza o presión»). En ese punto vemos entrar en el escenario de la historia del mundo el conflicto entre padre y madre. Tierra pone en manos de Cronos «una hoz de agudos dientes» y pide que se castigue al padre. Así surge el principio crucial de la venganza. Urano ha hecho algo malo y una de sus víctimas (Tierra) quiere que pague por ello, pero ni siquiera esta primera represalia violenta es un caso sencillo que se limita a una víctima que se venga de su maltratador. El único hijo que se ofrece a ayudarla no es objeto de la maldad del padre, es el hijo y el hermano mayor de las víctimas de Urano. Como hemos visto, el motivo de Cronos, desde su nacimiento, era el odio inexplicable que sentía por el padre.

Describiendo sus orígenes cósmicos, Hesíodo muestra que el conflicto y la venganza tienen matices. El odio, como el que Cronos siente por su padre, puede ser irracional. A veces, el odio como el que Urano siente por sus seis hijos monstruosos es injusto, pero comprensible. Hay cierta crueldad que puede calificarse de arbitraria y –peor aún– puede dar placer a quien la aplica; por ejemplo, retener a los hijos dentro del vientre de Tierra deleitaba a Urano. Algunas víctimas no buscan venganza; los Cíclopes y los Hecatónquiros no se atrevían a desafiar al padre. Para vengarse, otras víctimas pueden valerse de un sustituto, tal como Tierra recurre a Cronos para castigar a Urano.

Tierra le permite a Urano volver a copular con ella para que Cronos pueda llevar a cabo la emboscada; el hijo le corta al padre los genitales y los arroja por encima del hombro. Las gotas de sangre que caen de ellos engendran nuevos seres. De las que caen sobre Tierra nacen las Erinias (o Furias, personificaciones femeninas de la venganza), los Gigantes y las Melias, las ninfas de los fresnos. Las gotas que caen al mar producen la espuma de la que emerge Afrodita –el deseo sexual– cerca de la isla de Chipre. Para los griegos, Afrodita no era solo la primera diosa del Olimpo; era fruto de la misma eyaculación de la que nacieron sus hermanastras, las Erinias, el oscuro impulso que a menudo acompaña la pasión sexual de los humanos.

Tras esa confrontación cataclísmica –la crueldad del marido y padre, la venganza del hijo que tanto lo odia, la génesis de la venganza y el deseo sexual–, la reproducción cósmica se acelera. Noche funda una dinastía de seres viles: «Parió la Noche al maldito Moros, a la negra Ker y a Tánato [la Muerte]; [...] parió igualmente a las Moiras y las Keres, vengadoras implacables.» Ponto es el progenitor de las deidades acuáticas. Los monstruos (muchos de ellos morirán después a manos de Hércules) son los vástagos de Calírroe, hija de Océano y Tetis. De una hija de Tierra nacen el Sol, la Luna y la Aurora, «que a muchos alumbra. Y así, desde siempre, es criadora de la juventud...» y da a luz a los vientos y las estrellas. Océano engendra, con Tetis, a «los voraginosos Ríos», tanto los de Grecia como los del resto del mundo, como el Nilo; el Istro «de bellas corrientes» (Danubio); el Fasis (hoy Rioni, en Georgia), y varios otros en la actual Turquía –el Gránico, el Partenio, en la actual Turquía, y «el divino Escamandro», en Troya–. Con Rea, hija de Tierra, Cronos engendra seis importantes dioses del Olimpo: Hestia, diosa del hogar, Deméter, Hera, Hades, Poseidón y Zeus. Más adelante, Zeus se venga de Cronos, su padre, asume la supremacía del universo, traspasa sus competencias a Hades y Poseidón y coloca el ónfalo bajo tierra en Delfos, determinando así el «ombligo», el centro del mundo.

Hesíodo introduce a los humanos de una manera abrupta. Ya ha nacido la tercera generación de dioses, incluida la Muerte, aunque todavía no está claro quién está sujeto a los poderes de esta temible deidad. Las relaciones políticas entre los inmortales son tensas: Zeus ha desplazado del poder a Cronos y ha fundado el primer centro de culto en Delfos, y las relaciones entre los Titanes (hijos de Tierra) y los dioses olímpicos aéreos son crispadas. Tampoco está definitivamente clara todavía la ascendencia de los dioses sobre otros seres sobrenaturales (gigantes y monstruos).

Los dioses requieren unos humanos que los adoren. Así pues, dentro de ese mundo políticamente inestable, Hesíodo introduce de repente a los seres humanos; mejor dicho, nos presenta, concretamente, a los «mortales» –seres vulnerables al poder de la Muerte– y resulta que todos son de sexo masculino. El desarrollo histórico que Hesíodo se dispone a contar es el sacrificio, el sacrificio de animales como ofrendas a los dioses, el ritual que caracterizó a la religión pagana de toda la Antigüedad: «Ocurrió que cuando dioses y hombres mortales se separaron en Mecone, Prometeo presentó un enorme buey que había dividido con ánimo resuelto, pensando engañar la inteligencia de Zeus.» Mecone se encuentra en el corazón de Grecia, cerca del golfo de Corinto, y allí se ambienta la escena del primer banquete sacrificial, pero antes de que se corte la carne, ya empieza la «confrontación» entre dioses y mortales. El verbo empleado en ese pasaje, *krínein*, relacionado con vocablos modernos como «crisis» y «crítico», es problemático y sorprendente a la vez. Problemático porque abarca (en inglés) una larga serie de significados; podría, con igual legitimidad, traducirse como «estaban separándose unos de otro» o «estaban tratando de llegar a un acuerdo legal». ¿Cuán hostiles fueron las negociaciones en Mecone? Dioses y mortales por igual se aprestan a determinar su posición relativa; ambos son agentes del mismo verbo. La relación entre los habitantes divinos y humanos del universo parece asombrosamente equilibrada y está innegablemente politizada.

La cuestión se zanja –aunque en absoluto pueda afirmarse que con un final feliz– cuando Prometeo inventa el sacrificio animal y se instaura la manera habitual de repartir la carne entre los participantes. Pero claro, hay partes de los animales más apetecibles que otras. Prometeo intenta engañar a Zeus para que acepte una porción que no contiene carne, sino huesos astutamente cubiertos de grasa. Aquí Hesíodo ofrece una etiología (una explicación mítica) de una práctica tradicional: la carne siempre se daba a los humanos, mientras que el aroma de los huesos al fuego y de la grasa chisporroteante se enviaba a los dioses desde los altares. Zeus no pelea por la carne, pero se enfurece y se niega a conceder el fuego a los mortales (un fuego que necesitarán, entre otras cosas, para consumir más sacrificios). Con todo, esta vez Prometeo, el rebelde original, consigue burlarlo y roba el fuego «al providente Zeus para bien de los hombres en el hueco de una cañaheja». En los mitos de los griegos, que siempre desconfiaron del poder oficial, el origen del progreso humano se hace depender del primer desacato a la autoridad.

Cuando Zeus se da cuenta de que los hombres tienen el fuego, los castiga creando a Pandora, hermosa pero traicionera, protomadre de la raza de mujeres que trajeron el sufrimiento a la humanidad, especialmente la pobreza y el trabajo. A pesar del obvio paralelismo con Eva, son importantes las diferencias entre este relato sobre la creación de la humanidad y la historia que cuenta la tradición judeocristiana. Los humanos –los de

115

sexo masculino, al menos– ya están presentes en la escena cósmica, y negociando con los dioses antes de que la política del poder se zanje de modo definitivo a nivel divino. Hay al menos un inmortal –el titán Prometeo– que está a favor de los mortales. No solo les sirve porciones más grandes en el primer sacrificio; también les concede el fuego, emblema del progreso intelectual y técnico. En Mecone no hay serpiente tentadora ni el pecado de la mujer que muerde la fruta prohibida; no hay vergüenza ni expulsión del paraíso. Preexisten, sí, luchas por el poder en las que están implicados los hombres; desde Mecone reciben el medio con que comunicarse con los inmortales (el sacrificio) y desarrollar la técnica (el fuego), pero también conocen el matrimonio y la dureza del trabajo y el sufrimiento. A diferencia de Eva, Pandora no aparece como un personaje digno de compasión. Eva, según leemos en el Génesis, también sufrirá pariendo a sus hijos; Pandora, en cambio, está ahí únicamente para acosar a los hombres. Sin embargo, la manera en que Hesíodo presenta las relaciones humanas con Zeus y los demás dioses es también radicalmente distinta, básicamente porque son relaciones politizadas. Los mortales que ya estaban «enfrentándose» a los dioses, «compitiendo» con ellos; en una palabra, son los antepasados de todos los filósofos, científicos y demócratas que más adelante imprimieron en la sociedad griega el dinamismo que caracterizó a su pueblo, luchador y a menudo rebelde.

*

A finales del siglo VIII a. C., los griegos sabían quiénes eran como grupo y lo que tenían en común gracias a la historia que compartían. Apreciaban su independencia individual y la de sus ciudades-Estado, pero se reunían en santuarios comunes para afirmar sus vínculos mediante sacrificios y compitiendo en festivales atléticos y musicales. Sus poemas épicos, que llevaban en sus viajes por mar como textos escritos, eran en cierto modo una biblioteca portátil de imágenes que consolidaban su identidad. La *Ilíada* dio a los hombres griegos imágenes de guerreros icónicos, batallas y funerales militares que, para ellos, que no cesaban de combatir, eran un sostén, pero también les ofrecían un lenguaje poético hecho de melancolía y grandeza, un cuadro de su heroico pasado compartido y –aunque mezclada con la mitología y la imaginación– la sensación de que habían logrado grandes cosas en Asia. Por su parte, la *Odisea* les ofrecía escenas de navegación y un héroe carismático que encarnaba una visión idealizada del agricultor-navegante del periodo arcaico, un «todoterreno» independiente, autosuficiente y con avanzadas habilidades intelectuales, prácticas y sociales. Los poemas de Hesíodo, psicológicamente astutos, esbozaban el árbol familiar común de los griegos, que se remontaba a Helén, pero también conseguía cristalizar sus relaciones con los dioses, su punto de vista ético, la fuerza del odio, de la venganza y el sexo, la identidad de esos campesinos que podían tener que emigrar forzados por la pobreza, su inteligencia, su lado belicoso. Por encima de todo, el periodo arcaico colocó la experiencia *humana* –el mar y la tierra, la guerra y los viajes, el sexo y el trabajo, la comida y la bebida– en el centro de su rendimiento cultural. En los dibujos de las cerámicas atenienses de mediados del siglo VIII a. C., la figura humana se vuelve cada vez más predominante, aunque también adquieren un nuevo y más intenso encanto, como si los artistas se hubiesen empeñado conscientemente en crear escenas genéricas que conferían prestigio y heroísmo a las actividades humanas. Con la autoinvención, en el siglo VIII, de los griegos amantes de la polémica y el debate, ya estuvo listo el escenario para que se expandieran por todo el Mediterráneo y el Mar Negro.

117

Llegada de colonos griegos a Masalia (Marsella).
Grabado de Alphonse de Neuville, destinado
originalmente a ilustrar *L'Histoire de France,*
de F. Guizot, París, 1775.
(Colección particular de la autora.)

3. RANAS Y DELFINES ALREDEDOR DEL ESTANQUE

Ulises el marino es un avatar mítico de todos los griegos reales que en el periodo arcaico navegaron por rutas desconocidas atravesando el Mediterráneo y el Mar Negro en busca de nuevas tierras y aventuras. Cuando el protagonista de la *Odisea* describe la isla de los Cíclopes, habla con la mirada exigente del colono:

> Tales hombres bien pudieran tener floreciente la isla: su suelo no es mezquino en verdad; rendiría de todos los frutos, porque tiene unos húmedos prados de hierbas suaves junto al mar espumoso; perennes las vides serían sobre él, las labores ligeras, espesas las mieses y de buena sazón, porque es mucho el mantillo en la tierra. Tiene un puerto, asimismo, con buen fondeadero...

La «mentalidad de frontera» que se expresa en la *Odisea* está relacionada con manifestaciones arqueológicamente identificables de la colonización griega, un reflejo de la perspectiva de los mercaderes griegos «protocoloniales», que necesitaban juntar bastante dinero antes de poder lanzar una expedición cuya finalidad era fundar un asentamiento completamente nuevo. Muchos griegos de los siglos VIII a VI a. C. eran hombres inquietos que vivían yendo de un lado para el otro, individuos intrépidos que fundaron comunidades en la Grecia continental y en la costa occidental de Asia donde se asentaron muy lejos de su tierra, creando así el mapa inconfundible de la Grecia antigua, una red de distritos al estilo del juego consistente en «unir los puntos», repartidos a lo largo de tantas y tantas costas e islas del Mediterráneo y el Mar Negro. La actividad colonizadora de los griegos se intensificó en los siglos VII y VI a. C., y es inseparable de los cambios que he apuntado en el capítulo anterior, sobre todo la creciente determinación de los griegos menos ricos, en una época en que los recursos escaseaban, para asegurarse la independencia económica y la autodeterminación política. En el presente capítulo veremos cómo los griegos trasplantaron su peculiar modo de vida –sus dioses, sus cantos, sus viñedos, sus celebraciones etílicas– a casi todos los rincones del Mediterráneo y el Mar Negro. Conoceremos también a un extraordinario número de griegos con una personalidad y unos objetivos claramente definidos, hombres que se consideraban a sí mismos no solo miembros de una colonia o una clase social, sino entidades importantes por derecho propio. Algunos de ellos, los fundadores de colonias y los «tiranos», pertenecen a una categoría dada de líderes, pero hay otros individuos pintorescos que querían que la posteridad recordase sus nombres: poetas, atletas, mercenarios, sacerdotisas, emprendedores, pintores de vasos y exploradores. Si algunas de sus historias están interconectadas es porque quienes deseaban la fama encargaban a un poeta famoso, como Píndaro, que promocionara su reputación e incluso que inventara para ellos un árbol genealógico que hiciera remontar su linaje a alguno de los personajes más robustos de la mitología, como Hércules u otro argonauta. La época de la colonización es también la época del individualismo griego.

La proliferación de comunidades griegas puede convertir el estudio de este periodo en algo confuso, sensación que resulta exacerbada por el hábito de los antiguos griegos de reasignar viejos nombres a los nuevos asentamientos que fundaban; por ejemplo, Heraclea, Megara, Naxos. No obstante, es precisamente esa proliferación lo que hace que este periodo sea tan importante. Los griegos aumentaron exponencialmente el número de comunidades en las que vivían y los grupos étnicos con los que tenían contactos y ensancharon sus horizontes comunes como nunca lo habían hecho. Ya a principios del siglo IV, cuando Platón filosofa sobre la naturaleza física del entorno griego, la sensación que los griegos tenían de su relación geoespacial con el mundo era radicalmente distinta de la que da a entender el mapa, centrado en el Egeo, que traza el catálogo de naves incluido en la *Ilíada*. En el *Fedón*, Sócrates dice: «Por otra parte, estoy convencido de que la tierra es muy grande, y que nosotros solo habitamos la parte que se extiende desde el Faso [también Fasis, el Rioni en la actual Georgia] hasta las columnas de Hércules, derramados a orillas de la mar como hormigas o como ranas alrededor de una laguna.»

Algunos de los primeros marinos emprendedores que recorrieron largas distancias en esa «laguna»[1] procedían de Eubea, que, como hemos visto en el capítulo 1, había florecido en lo que luego dio en llamarse la Edad Oscura. Uno de los primeros lugares en los que los eubeos comerciaron fue Al Mina, en el estuario del río Orontes, cerca de la actual frontera entre Turquía y Siria. En Al Mina se han encontrado restos de cerámica eubea y ejemplos de griego en una inscripción fenicia que puede datar de incluso antes del siglo VIII. En esa encrucijada clave de los mundos del Egeo, el Levante y los numerosos pueblos del interior asiático, los griegos competían comercialmente con los sirios y los fenicios, pero hubo otros que no tardaron en dirigirse con la misma audacia hacia el sur, el oeste y el norte, donde fundaron ciudades en lugares que hoy son Libia, Francia y Crimea y convivieron con africanos, galos, íberos, tracios y escitas. Los griegos de Mileto se internaron en el Mar Negro y llegaron hasta el estuario del Don para comerciar con tribus que a su vez estaban en contacto con el sudeste de Asia. Se asentaran donde se asentaran, los griegos se quedaban cerca del mar, su medio

1. También llamada «estanque» o «charca», según la versión castellana que consultemos. *(N. del T.)*

121

preferido y, también, su vía de escape. Cuando ocasionalmente se asentaban en el interior, siempre tenían una conexión firme con una ciudad costera.

Así resume Tucídides el proceso, mirando hacia atrás a finales del siglo V: «Los atenienses poblaron la Jonia y muchas de las islas, y los peloponesios, la mayor parte de Sicilia y de Italia, y otras ciudades de Grecia. Todo esto fue poblado y edificado después de la guerra de Troya.» Los orígenes de esos colonos eran importantes aun cuando la metrópolis no conservara el control político sobre los nuevos asentamientos (Corinto lo intentó, pero con poco éxito). Todas las nuevas colonias, la mayoría de ellas fundadas por hombres emprendedores procedentes de una sola ciudad, adoptaron la identidad tribal de los colonizadores, las lealtades y enemistades heredadas, los dialectos, los estilos arquitectónicos y de vestir preferidos, las manifestaciones musicales e incluso algunos géneros del cancionero... Y en las nuevas ciudades siguieron adorando a los mismos dioses en los mismos festivales y empleando los mismos nombres de los meses que empleaban en su ciudad de origen. El sur de Italia y Sicilia (territorios que juntos se conocen con el nombre de Magna Grecia) era, como señaló Tucídides, predominantemente dorio, aunque los aqueos del norte del Peloponeso fundaron tres ciudades en la suela de la «bota» italiana: Crotona, Síbaris y Metaponto. Dado que el calendario de los dorios se basaba en los festivales de Apolo, y puesto que ese pueblo sentía una estima especial por Hércules, las nuevas ciudades de Italia honraban a ambos personajes. En Crotona había un templo de Apolo, otro para las Musas, las compañeras del dios, y sus monedas llevaban grabado el trípode, símbolo del oráculo de Delfos. Los habitantes de Síbaris afirmaban guardar en su ciudad el arco y las flechas de Hércules, pero lo mismo decían los de Metaponto, que en el siglo VI también construyeron dos templos a Apolo.

Para todos los griegos, no solo para los dorios, Apolo –en cuanto dios del oráculo de Delfos, en la Grecia continental, concretamente en el «ombligo» o epicentro del mundo que rodeaba el estanque– formaba parte del proyecto expansionista por mar. En la *Odisea* se dice que Agamenón consultó con el dios sobre la conveniencia de declarar la guerra a Troya. La mitología griega situaba la fundación del centro de culto en los principios mismos de la prehistoria, antes incluso de que los hombres del Olimpo –Zeus y Apolo incluidos– hubiesen llegado a dominar el universo. Se creía que Apolo había usurpado el poder a la Madre Tierra o a su hija, una serpiente o un dragón enorme llamado Pitón, lo cual significa que, con razón o no, los griegos creían que el oráculo era muy antiguo y que ya había desempeñado su función en la Edad del Bronce. No cabe duda de que los espartanos del periodo arcaico ya lo habían consultado, pues el templo original se construyó en el siglo VII. Cuando se inauguraron los juegos pitios en 582 a. C., hacía décadas que prosperaba la colonización griega, y todos los colonizadores buscaban la aprobación del Apolo pitio.

Poder consultar con la sacerdotisa del dios era un desafío en sí mismo, pues solo trabajaba determinados días del año y, por tanto, era necesario planificarlo con antelación. La subida por la ladera rocosa del santuario de Apolo es ardua. Una vez en Delfos, si los sacerdotes no podían obtener de un carnero una respuesta propicia, haciéndolo temblar cuando lo asperjaban con agua, la sacerdotisa no pronunciaba oráculo alguno. Tras un baño ritual, esperaba a los visitantes en una sala de piedra debajo del templo y los peregrinos descendían. La sacerdotisa se sentaba en un trípode colocado, quizá, en una fisura del suelo, o posiblemente bajo un falso suelo que permitía que el humo o el vapor ascendieran. Con ramitos de laurel en la mano, respondía histriónicamente debajo de la inscripción de Apolo. No se sabe a ciencia cierta si contestaba directamente a los consultantes o si los oráculos los «traducía», en forma de adivinanzas en verso, uno de los sacerdotes. Tampoco hay pruebas convincentes para ninguna de las explicaciones racionalizadoras de su estado de trance.

Tal vez nos sorprenda que los griegos sometieran las decisiones sobre una cuestión de tanta importancia como la colonización a los presagios de una mujer, pero la exactitud del oráculo a la hora de predecir el futuro era extraordinaria. Una explicación es que la ambigüedad del lenguaje de las profecías más o menos aseguraba que retrospectivamente se podría demostrar que la mayoría eran acertadas, cosa que se aplica especialmente a las relativas a la elección del emplazamiento de una nueva colonia. Por ejemplo, a los colonizadores de Calcis, en Eubea, que fundaron Rhegium, en la punta del sur de Italia, la Pitia les dijo que levantaran una ciudad donde descubrieran al «macho casado con la hembra»; lo que en realidad encontraron fue una vid (voz masculina en griego antiguo) enroscada en una higuera silvestre (voz femenina). En otro ejemplo, a los espartanos que fundaron Taras (la actual Taranto), en Apulia, sur de Italia, el oráculo les dijo que buscaran un lugar donde un macho cabrío remojaba sus barbas en el mar. Dado que la palabra para designar el brote de una vid sonaba parecida al término para decir «macho cabrío», cuando divisaron a orillas del mar una higuera y una vid que subía por ella y que, con un sarmiento, tocaba la superficie, decidieron que el oráculo se había cumplido y fundaron allí la colonia sin pensárselo dos veces.

En cuanto un grupo de colonizadores recibía los consejos del oráculo, organizaba la partida desde su ciudad de residencia. Los griegos no fundaron muchas colonias en la costa de África en comparación con las que sí fundaron en las costas del sur de Italia y del Mar Negro, pero da la casualidad de que el relato más detallado del proceso narra la fundación, en Libia, de una colonia poblada por migrantes de Tera (Santorini), la isla del centro del Egeo situada entre las Cícladas y Creta, mencionada ya en el capítulo 1. El episodio nos presenta a Bato, un individuo excepcional que debió de poseer un valor extraordinario. Estaba al frente de un grupo de teranos que se dirigieron a fundar una colonia griega en el lejano oeste de África, más lejos de lo que la mayoría de los griegos podía concebir. La fecha: 630 a. C., y la ubicación de la nueva colonia fue Cirene (hoy Shahhat), en la costa nororiental de Libia. Heródoto ofrece dos versiones de los hechos que desembocaron en la fundación de

Cirene; una es la que cuentan los habitantes de la ciudad de origen, la otra es la versión de la propia colonia. En la versión que contaba el pueblo de Tera en la época de Heródoto (hacia 440 a. C.), es decir, los descendientes de los isleños que dos siglos antes habían decidido fundarla, se afirma que la razón que subyacía a esa emigración que se había convertido en necesaria fue una sequía de siete años. El lugar de destino lo decidió (con términos ambiguos) el oráculo de Delfos. El hombre escogido para ser el nuevo rey –Bato– era un joven cortesano del rey de Tera. A los colonizadores los escogieron de cada uno de los siete distritos de Tera, y en cada familia los hermanos echaban a suertes cuál de ellos formaría parte de la expedición. Salieron de Tera en solo dos pentecónteras, naves con cincuenta remeros cada una.

Sin embargo, en la versión de Heródoto, la gente de Cirene cuenta una historia distinta: Bato era una especie de intruso, hijo de una princesa cretense emigrada, y no gozaba precisamente de popularidad entre los teranos, que, como le echaban la culpa de los padecimientos que les imponía la sequía, no le permitieron quedarse en Tera y lo desterraron. Por tanto, contamos con dos relatos en conflicto, y una de las grandes virtudes de Heródoto consiste en que, si conocía dos versiones de la misma historia, tendía a poner por escrito las dos para que el lector las comparase.

Las dos versiones mencionadas pueden tener su pizca de verdad. Ambas ejemplifican la variedad de causas de la colonización griega. Algunas colonias debieron de fundarse a causa de circunstancias como las que cuenta la versión terana –los habitantes de ciudades fundadas mucho tiempo antes estaban faltos de recursos o afectados por desastres naturales–. Por el contrario, otros colonizadores pudieron verse forzados a emigrar a título individual, tal como pensaban de Bato los habitantes de Cirene, obligados a marcharse de Tera bien porque no eran políticamente populares, bien por ser sospechosos de haber cometido algún delito. Sin embargo, en muchos casos los motivos de las revueltas hay que buscarlos en la escasez de tierra y alimen-

125

tos, un hecho que también podría haberlas exacerbado. A partir de finales del siglo IX se registró un crecimiento de la población y de la producción que se aceleró en el siglo siguiente y duró hasta bien entrado el siglo V a. C., un fenómeno que se debió a la expansión hacia zonas rurales de la Grecia continental y también por mar hacia el extranjero. Algunas de las primeras regiones colonizadas tenían fama de poseer fértiles tierras de labranza. Sicilia es un ejemplo. Las investigaciones más recientes han demostrado que el clima y la calidad del suelo sicilianos en la época antigua eran la verdadera causa de las copiosas cosechas que desde hace tiempo sugieren las pruebas literarias y la importancia del culto a Deméter en la isla. No obstante, en el caso del intrépido Bato y la fundación de su colonia libia, tenemos aún otra prueba. A mediados de la década de 1920, los excavadores de Cirene descubrieron una inscripción extraordinaria que afirma citar el juramento de los primeros colonizadores. A pesar de que entre los estudiosos impera un gran escepticismo, hoy día predomina la opinión de que ese dato es auténtico. El juramento no solo confirma las líneas generales de la versión terana tal como la cuenta Heródoto; también añade detalles fascinantes.

Según la inscripción, los teranos juraron hacerse a la mar como compañeros de Bato −es decir, no como súbditos o siervos− y que se embarcaban «en pie de igualdad» entre ellos, sin dividirse entre nobles y plebeyos. Pronto se comenzaría a reclutar a un varón adulto de cada familia, y «también podrá hacerse a la mar todo hombre terano libre que así lo desee». Los colonizadores se esforzaron por crear una comunidad de adultos comprometidos con la empresa por voluntad propia. Sin embargo, reinaba una preocupación, a saber, que llegara a necesitarse coaccionar en los casos de los hermanos elegidos por sorteo: si uno se negaba a embarcarse, o si ocultaba a alguien que se negaba a hacerlo, se le aplicaría la pena de muerte y se le confiscarían las propiedades. Así pues, el juramento toma medidas cautelares contra los problemas que pudiesen presentarse en el futuro. Si se lograba fundar la colonia, entonces cualquiera que se sumara al grupo podría formar parte de la ciudadanía, gozar de sus privilegios y disfrutar de las parcelas que no se hubiesen asignado ya para uso público o a otros colonos; pero si la colonia no conseguía sobrevivir sin peligro y arraigar en Libia, y si surgían problemas en los primeros cinco años, entonces los colonos podrían regresar a Tera y reclamar sus propiedades y ciudadanía. El juramento se ratificó con un ritual desacostumbrado en el que participaron todos los teranos, tanto los que dejaban la isla como los que se quedaban, «todos juntos, hombres y mujeres, niños y niñas». Durante la ceremonia intergeneracional se quemaron imágenes de cera mientras se pronunciaban las maldiciones que caerían sobre los que no respetaran las condiciones del acuerdo. La cera fundida simbolizaba a «la persona que no cumpla estos juramentos y los infrinja», pues «se derretirá igual que estas imágenes, él, y sus descendientes y propiedades».

*

La experiencia de fundar nuevas comunidades tuvo un impacto decisivo en la mitología y el pensamiento griegos. Cada nueva colonia tenía que establecer relaciones con los grupos étnicos que encontraba al llegar, ya fueran hostiles o se prestaran a cooperar, y así los griegos aprendieron nuevas lenguas y habilidades. En algunos lugares llegaron a adaptarse más que en otros al estilo de vida local –Heródoto describe a los *meixéllenes,* tribus griegas «mestizas» del norte del Mar Negro–. Los griegos llegaron a ser expertos en el arte de identificar los dioses foráneos indígenas con las deidades de su panteón; por ejemplo, a los dioses de la guerra con Ares, y con Artemisa *(Potnia Theron,* la «soberana de las fieras», como la llama Homero en la *Ilíada)* a las diosas con cierto aspecto zoomorfo. Todas las comunidades nuevas también necesitaban un mito fundacional que explicara sus orígenes, la identidad de sus dioses patronos y las conexiones con el laberinto de narraciones que formaban la mitología griega. La colonización creó muchos mitos que llegaron a ser muy populares, a menudo más alegres de los que hemos heredado de Homero y la tragedia griega. Las ciudades se fundaban porque los dioses griegos se enamoraban de doncellas locales (cuya personalidad bien diferenciada se concebía para reflejar el carácter de la nueva colonia), o las seguían por mar desde sus lugares de origen en Grecia. A Aretusa, la ninfa de pelo alborotado que presidía la gran ciudad siciliana de Siracusa y adorna sus espectaculares monedas, la siguió hasta allí desde Grecia el dios de los ríos, Alfeo, que se había enamorado perdidamente de ella.

El asentamiento más occidental de importancia fue Masalia, adonde los griegos de Asia Menor llevaron la vid, inaugurando así la ahora mundialmente famosa industria vitivinícola francesa. Hay un grupo de leyendas fascinantes en torno a la fundación de Masalia. Hacia 650 a. C., un habitante de la isla de Samos llamado Coleo se desvió de su camino arrastrado por los vientos cuando se dirigía a Egipto. Cuando regresó, lo hizo con un cargamento de plata que había conseguido en tierras que se encontraban más allá de las Columnas de Hércules y la colonia fenicia de Cádiz. En efecto, Coleo visitó la región que hoy llamamos España. Unos intrépidos marinos de Focea, en Asia Menor, lo siguieron, navegaron hacia el oeste y establecieron plazas comerciales en las costas de España. Tras haber advertido durante la travesía un puerto natural situado entre llanuras fértiles junto a los torrentes que desembocan en el estuario del Ródano, se acercaron a Nano de los ligures, el rey bárbaro local, que por casualidad se encontraba preparando un banquete en el que su hija Giptis iba a escoger marido. Los griegos tuvieron suerte, pues la joven quedó prendada de uno de ellos, llamado, según la versión que consultemos, Protis o Euxenes, y la boda del valiente marino griego con la princesa francesa simbolizó la unión feliz de la cultura griega con la local. Más adelante, la pareja fundó y gobernó Masalia.

A menudo la mejor fuente sobre los mitos de la colonización es Píndaro, un tebano al que los griegos de la clase gobernante le encargaron que escribiese poemas encomiásticos que se recitaban en ocasiones festivas, a menudo cuando volvía a casa un vencedor en competiciones atléticas o musicales. Son muy bellas las leyendas sobre la fundación de Cirene que se narran en las espléndidas odas (epinicios, cantos a la Victoria) que Píndaro compuso para celebrar los triunfos de los libios griegos. Uno de ellos, Telesícrates, ganó la llamada «carrera hoplita» (Olimpia, 476 a. C.), una competición en que los corredores llevaban el casco de bronce y las rodilleras del hoplita (un soldado de infantería armado con lanza y escudo) y se protegían con un escudo redondo. La oda de Píndaro en alabanza de Telesícrates cuenta que Apolo se enamoró de Cirene, una doncella de Tesalia. Como ella era, por así decir, poco femenina, prefería la caza al tejido, y cuando Apolo la vio por primera vez, Cirene estaba luchando contra un león. El persuasivo dios la engatusó para que montara en su carro dorado y se la llevó a Libia, donde la hizo señora de la tierra que llevaría su nombre, «rica en caballos», y también en cosechas, en la tercera raíz del continente. Así pues, a los atletas de Cirene se les asignó a Apolo como progenitor divino, y también una antepasada de armas tomar, célebre por su valor físico. Cuando, unos años después, el rey Arcesilao de Cirene ganó la competición de carros en los juegos pitios, Píndaro desarrolló con más detalle la historia de la fundación de Cirene por Bato a partir de la versión que ya había conocido Heródoto. Sin embargo, Píndaro relaciona la historia con el viaje de los argonautas. Eufemo, antepasado de Bato, había sido argonauta, y en la versión de Píndaro visita el norte de África antes de iniciar, en Tera, el linaje que un día regresaría para fundar Cirene.

Arcesilao IV de Cirene fue un monarca constitucional, descendiente directo, de octava generación, de Bato I, el padre fundador de su ciudad. En un primer momento, los colonos cirenaicos valoraron tal vez el hecho de que predominara un espíritu igualitario, pero la familia real no tardó en adquirir una condición aparte. En el siglo V, la situación de Arcesilao era excepcional en el mundo griego. La mayor parte de los clientes de Píndaro eran más bien advenedizos, los hijos o nietos de los tiranos nuevos ricos que en los siglos VII y VI a. C. habían reemplazado a los reyes hereditarios. El término *tyrannos* siempre tuvo connotaciones negativas, pero su significado original era «gobernante que se había hecho con el poder» –es decir, que no lo había heredado–, por lo general con apoyo popular. Más tarde, Aristóteles desarrolló una teoría verosímil según la cual los tiranos eran «monarcas degenerados» que sacaron partido de la infelicidad de los más pobres, aún gobernados por reyes, durante el caos económico imperante a finales de la época que dio en llamarse, como ya hemos visto, la Edad Oscura. Cuando las masas necesitaron un líder capaz de hablar con propiedad y claridad para que abanderase su causa y derrocara a los monarcas, los aristócratas rivales y los mercaderes nuevos ricos aprovecharon la inestabilidad de la situación política. Otro factor fue el auge de la guerra hoplita, en la que el *demos* («pueblo», o la masa no aristocrática) pasó a ser cada vez más un participante directo. Ahora se esperaba que los hombres adultos libres de la ciudad formasen un ejército hoplita dispuesto a combatir con escudos y lanzas contra cualquier enemigo común. Así se fomentó entre los hombres corrientes, todavía no lo bastante seguros de sí mismos ni lo bastante organizados para reivindicar el poder soberano, la nueva sensación de ser sujetos de derecho. El panorama se complicó con los cambios económicos que acabaron desembocando en la introducción de un sistema monetario mediante la acuñación de moneda; algunos historiadores sostienen que una nueva clase de mercaderes y fabricantes prósperos desafió a la aristocracia terrateniente, y los tiranos fueron el resultado de esas luchas por el poder. La emergente «clase media» comerciante necesitaba un único líder al que presionar para que apoyara sus intereses frente a los reyes o los grupos oligárquicos de terratenientes hereditarios. También es posible que algunos tiranos, sobre todo en las ciudades jonias, hicieran hincapié en su identidad tribal para aprovechar así las tensiones étnicas entre las distintas ciudades-Estado de maneras que pudieron facilitar el derrocamiento de las dinastías aristocráticas, a menudo tras unos sangrientos golpes de Estado.

La colonización propiamente dicha fue, a veces, el resultado de las luchas internas entre facciones, una lacra de las ciudades-Estado griegas en los siglos VII y VI a. C.; pero también pudo ser la causa, pues gracias a ella se habían encontrado nuevas fuentes de riqueza y movilidad entre las ciudades y sus colonias, con los consecuentes trastornos en los equilibrios de poder. En las naves que surcaban el Mediterráneo y el Mar Negro cargadas de griegos solían viajar también aristócratas que huían de su patria ancestral, así como gente descontenta –o hambrienta– de las clases bajas. Con todo, los tiranos no eran solo representantes de esos grupos de ciudadanos que desde hacía poco tiempo gozaban de nuevos derechos. Eran individuos extravagantes, bravucones, egoístas y materialistas que competían entre sí en espectaculares despliegues de poder y riqueza. Los tiranos tenían pocas de las reservas tradicionales que a veces había llevado a los reyes hereditarios y aristócratas terratenientes más recatados a no cometer excesos y darse muchos aires. Así pues, los tiranos ejercieron una influencia enorme en la vida social y cultural de los griegos. Les encantaba que les rindiesen honores y celebrasen su prestigio; léase, *filotimia,* gusto por el honor. En particular, querían adquirir renombre personal en las competiciones que se organizaban en el marco de los festivales.

Por ejemplo, los pomposos tiranos de Corinto tomaron el poder en 655 a. C., cuando el primero de ellos, Cípselo, orquestó un violento golpe y derrocó a la familia de los Baquíadas. Es posible que Cípselo fuese un pariente pobre de la familia real, pero lo más probable es que en su caso se trate de una genealogía inventada para ocultar sus orígenes humildes (posiblemente no corintios). De él se decía que había ocupado un alto cargo militar (polemarca) al servicio de los Baquíadas, y que, tras ganarse la lealtad de los militares, consiguió el poder absoluto. Una vez consolidado como tirano, lo protegía su guardia personal. En efecto, el guardaespaldas y la paranoia que hacía necesario tenerlo llegaron a ser, en el pensamiento y el teatro griegos, rasgos característicos de esa categoría de líderes. La tendencia de los militares victoriosos a desear ser tiranos se consta-

131

ta también un poco más hacia el noroeste, en Sición, donde otro polemarca, Ortágoras, derrocó a la dinastía hereditaria. A esos dos tiranos peloponesios, Cípselo y Ortágoras, les siguió, en 640 a. C., Teágenes de Megara, que luego apoyó a Cilón, su yerno, que intentó sin éxito ser tirano de Atenas. Cilón había conseguido una victoria olímpica, hecho que le sirvió para tener un perfil público con el que poder erigirse en tirano, pero su golpe fracasó. Si bien él consiguió salvarse de los atenienses, sus partidarios murieron ejecutados.

El cargo de tirano fue la menos agradable de las prácticas que los griegos tomaron de los no griegos. Cípselo y los demás tiranos parecen haber seguido conscientemente el ejemplo del casi legendario Giges de Lidia, el dinámico gobernante de sus vecinos orientales más próximos. Hacia 685 a. C., ese desconocido (y muy posiblemente lejos de ser un aristócrata) había usurpado el poder a Candaules, el monarca hereditario, tras lo cual conquistó gran parte de Asia Menor. Giges se hizo rico y adquirió una fama internacional que él mismo cultivó recibiendo en Lidia a invitados extranjeros y enviando regalos a otros países. Sobre su golpe de Estado circulaban muchas historias rocambolescas, entre otras, la famosa versión según la cual el rey Candaules lo había obligado a mirar a la reina desnuda, quien después exigió al transgresor que matara al rey o muriese. El término *tyrannos* procedía de la lengua que hablaban los lidios o un pueblo que vivía en un lugar situado mucho más al sur, en el litoral asiático –los licios o los carios–, y Giges fue uno de los primeros gobernantes al que los griegos llamaron así.

El pueblo estaba impresionado por sus fabulosas riquezas, que el tirano exhibía en la suntuosa colección de obras de arte de oro y plata que donó al santuario de Delfos, con inscripciones en las que figuraban los nombres de los dioses a quienes las dedicaba. Entre los brutales y arbitrarios tiranos de la Grecia antigua, los más famosos fueron los que gobernaron las ciudades griegas de Sicilia. La tendencia de la isla a que la gobernasen individuos poderosos se manifestó muy pronto. En 734 a. C., los corintios expulsaron a los sículos nativos de Ortigia, una pe-

132

queña isla situada muy cerca de la costa oriental de Sicilia, el lugar que luego eligieron los colonizadores para entrar en la isla principal y construir la grandiosa Siracusa. Sin embargo, pocas décadas más tarde también fue expulsada la familia de los milétidos, si bien luego desempeñó un papel importante en la fundación de Himera, en la costa septentrional de la isla. En 610 a. C., un tirano se hizo con el poder en Leontinos, al sur de Siracusa. Un poco más lejos, siempre cerca de la costa y hacia el sur y el oeste, Akragas tuvo su tirano, Falaris, el déspota más vilipendiado de la historia griega antigua, en la primera mitad del siglo VI. De Falaris se cuenta que asaba vivos a sus enemigos en un horno enorme, hecho a propósito para las ejecuciones, que tenía la forma de un toro de bronce. El tirano disfrutaba fingiendo que los gritos de dolor eran los mugidos del animal. A Falaris lo siguieron dos tiranos más antes de que, a mediados del siglo V, el pueblo de Akragas acabara instaurando un régimen democrático.

En Selinunte, la ciudad griega más occidental de la isla, un tirano llamado Pitágoras tomó el poder hacia 510 a. C., pero pronto lo derrocó el espartano Eurileón. La tolerancia de los griegos de Sicilia para con los tiranos se ha explicado como respuesta a la amenaza permanente de los cartagineses (que nunca perdieron Cerdeña), de tribus belicosas locales y de los etruscos, que controlaban Córcega y acosaban a los griegos del sudoeste de Italia. Con todo, a esos hombres fuertes de la política debemos las imponentes obras arquitectónicas griegas que aún pueden verse en Sicilia y en el sur de Italia. Por ejemplo, los tiranos de Akragas comenzaron a construir los extraordinarios templos que se alzan en la cadena montañosa que discurre entre la ciudad y el mar. Los hermosos templos de Hera, de principios del siglo VI a. C., y probablemente también los de Poseidón, los financiaron los griegos ricos de Posidonia (Paestum), así como los de Zeus, Apolo y Atenea en Siracusa.

*

133

Una designación más sugerente para referirse a la época de los tiranos de los siglos VII y VI es «edad lírica de Grecia», pues fue en esos siglos cuando compusieron sus obras los autores que fundaron la poesía occidental subjetiva y de circunstancias. Poemas cantados con acompañamiento de la lira (por lo general, más pequeña que la cítara épica) o, en algunos casos, la gaita. Más breves que las epopeyas de Homero, y en una variedad de ritmos adecuados para la danza y el canto o ambos, los poemas sorprenden por su variedad y complejidad. Aunque la mayor parte de los autores emplearon la escritura para perfeccionar las composiciones, los cantos conservan claros rasgos de su génesis en una cultura oral, donde la gente cantaba para celebrar toda clase de ocasiones: bodas, funerales, cosechas... Aunque los poetas compartían un vocabulario de raíz homérica, compusieron sus obras en distintos dialectos griegos según su propio acervo cultural. La independencia de los griegos occidentales de la Magna Grecia está presente en el poeta lírico de Himera, Estesícoro (hacia 600 a. C.), que alcanzó nuevas cimas para el género dórico de narrativa mítica lírica compuesta para danzas y coros. Estesícoro también escribió un célebre poema en el que afirmaba con malicia que Helena nunca había ido a Troya, una nota pugnaz que no es atípica en los poemas de esa época. Además, muchos de ellos se deleitan retratando la individualidad del autor, y la actitud suele ser una afirmación obstinada y deliberada de su personalidad.

Los poemas de los siglos VII y VI a. C. son los principales textos griegos antiguos en los que el tema es la alegría de vivir, la celebración del amor y el placer, de la risa y el lujo. Son muchas las composiciones que exploran los efectos físicos y emocionales del vino y el deseo sexual, y son adecuadas para los banquetes; otras, de tono elevado, se centran en el carácter efímero de la vida, pero también es cierto que hay poemas mucho más mundanos. En invectivas satíricas se ataca a los enemigos personales y se hace escarnio de los hombres que ocupan el poder. También hay cantos dedicados a las doncellas antes de que se casen, oraciones que han de recitarse en los funerales e himnos que han de entonarse a los dioses en los templos. Hoy día, el estudio de la lírica griega es un campo en rápida evolución. En los últimos siglos se han descifrado, a partir de los papiros, muchos poemas antes desconocidos, textos que copiaron los griegos en el Egipto romano y que se han conservado por casualidad. El mayor número de papiros procede de un antiguo vertedero de Oxirrinco, una ciudad griega junto a un afluente del Nilo, llamada así por su pez totémico, que tiene una boca de una extensión considerable (está entre los «peces de nariz de elefante»).

Muchos poetas de la época arcaica, algunos cientos de años antes del periodo lírico, eran oriundos de las islas del Egeo. El primero, y tal vez el mejor, fue Arquíloco de Paros, que se presentaba a sí mismo como compañero de Ares y «conocedor» de los dones de las Musas. Lejos de ser sentimental en lo tocante a su isla natal, en unos versos famosos el poeta se burla diciendo: «Olvida Paros, aquellos hijos y aquel vivir del mar.»[1] Igual de irreverente fue al hablar de Tasos, donde participó en la fundación de una colonia y combatió contra tribus tracias. Arquíloco prefería vivir yendo de un lado para otro, en «un buen barco con tres velas y un timonel inteligente». De sí mismo dice que no le interesan ni la riqueza ni el poder: «No me importa todo el oro de Giges / –jamás lo envidié–, ni tengo celos / del poder / de los dioses, ni me atrae la altiva tiranía.» Sin embargo, sabía animar una celebración etílica cantándole a un Dioniso «hinchado» de vino. También sabía ser franco y declarar sin rodeos su filosofía, basada en el principio de tratar a los demás como lo habían tratado a él: «Sé solo una cosa importante: responder / con daños terribles a quien daños me hizo.» Un fragmento publicado recientemente pone de manifiesto su enfoque sardónico del mito épico. Arquíloco cuenta que poco antes su ejército había tenido que batirse en retirada, pero que no se avergüenza de ello. Mirad a los griegos, dice, que se equivocaron cuando

---

1. Cita tomada de Aurora Luque, *Aquel vivir del mar. El mar en la poesía griega*, Barcelona, El Acantilado, 2015. *(N. del T.)*

atacaron Misia, en Asia Menor, en lugar de atacar Troya, dice el poeta, y descubrieron que no podían volver atrás. En un célebre poema breve, afirma que no le importa tener que abandonar su escudo en el campo de batalla y que un bárbaro se regodee al verlo. Al menos habrá salvado el pellejo: «Un sayo es quien lleva, ufano, mi escudo: / lo eché, sin pensarlo, junto a un arbusto [...], pero yo me salvé. ¿Qué me importa, a mí, aquel escudo?»

Arquíloco cambió el rumbo de la historia de la poesía al poner su propia e irrespetuosa subjetividad en el centro de sus composiciones. En un poema en yambos del que a finales del siglo XX se encontraron unos fragmentos asombrosos, arremete contra un enemigo llamado Licambes, que ha roto una promesa, quizá el permitir que el poeta se case con su hija Neobula. En consecuencia, se ceba en la muchacha ridiculizando sus atractivos y acusándola de promiscuidad. Convence a otra mujer, virgen –la hermana de Neobula–, para que le deje tener con ella relaciones sexuales sin penetración, y cuenta que llegó a tener cierta intimidad con su nueva amante: quedándose dentro de su «jardín cubierto de hierba», eyaculó y cubrió de semen la cabellera dorada de la virgen. En una palabra, Arquíloco escribió el relato sexual más explícito de la literatura arcaica. Los griegos antiguos decían que, de resultas de semejante vituperación, toda la familia de Licambes se suicidó.

En Lesbos y a principios del siglo VI, Alceo, otro poeta-soldado, escribió, con una mezcla de pasión y tono amenazante, sobre los tiranos locales, la bebida y la vida en el campo de batalla y en el mar. En uno de sus famosos himnos honra a Cástor y Polideuces, dioses patronos de los marinos; en otro poema celebraba los concursos de belleza femenina que se organizaban en su isla natal, unas competiciones que recuerdan a Safo, hoy la más célebre poeta lírica griega, a la que, como Alceo, se asociaba con Mitilene, ciudad griega en la isla de Lesbos. En sus poemas refleja la proximidad a la rica cultura bárbara de Lidia, a solo diez millas náuticas de su isla. Safo nos cuenta que su hija es una niña encantadora llamada Cleis y que no la cambiaría por todas las riquezas de Lidia. Los poemas fragmentarios que se le atribuyen incluyen exquisitos himnos a Afrodita, cantos nupciales y algunos de tema personal y género incierto pero que se caracterizan por apelar a los sentidos y transmitir una asombrosa inmediatez emocional. Cuando ve reír junto a un hombre a la mujer que ama, analiza sus propias reacciones físicas: «...la lengua queda inerte y un sutil fuego bajo la piel fluye ligero y con mis ojos nada alcanzo a ver y zumban mis oídos; me desborda el sudor, toda me invade un temblor y más pálida me vuelvo». Cuando no tiene más remedio que separarse de una amante, se sume en la desesperación y dice: «No falta –me parece– mucho para estar muerta.» Los pensamientos de Safo están repletos de recuerdos eróticos: «... yo quisiera traerte los recuerdos de aquellas experiencias hermosas que vivimos: pues con muchas coronas de violetas, de rosas y flores de azafrán te ceñiste, a mi lado, y abundantes guirnaldas enlazadas alrededor del cuello delicado pusiste, hechas de flores, y con esencia floral te ungiste, y con bálsamo de reyes, y sobre blandos lechos delicada saciabas el deseo».[1] En un poema descubierto hace poco tiempo, juega con el género de su amante sin revelar nunca si es hombre o mujer, a la vez que recuerda la belleza del joven Titono, al que Eos (Aurora, la diosa del amanecer) llevó hasta el fin del mundo.

Aunque Safo destaca por ser precisamente una mujer poeta, el homoerotismo de algunas de sus composiciones no llama demasiado la atención, y hay que buscarlo, más bien, en cantos de mujeres relacionados con el culto a las diosas, sobre todo aquellas que vigilaban los aspectos biológicos y sexuales de sus vidas: Artemisa y Afrodita, por ejemplo, en las canciones espartanas de Alcmán, compuestas para coros de doncellas. La época de los tiranos y de la lírica griega fue el periodo en que los *symposia,* probablemente una imitación de los banquetes que se celebraban en los palacios orientales, hicieron furor en el mundo

---

1. Estas citas están tomadas de Safo, *Poemas y testimonios,* Barcelona, El Acantilado, 2004; edición y traducción de Aurora Luque. *(N. del T.)*

griego; también las mujeres los celebraban en festivales a los que los hombres no tenían acceso, y no hay motivo para suponer que las composiciones de Safo no se cantaran en esas fiestas y en otras. No obstante, el banquete típico era una celebración etílica ritualizada y masculina de la que estaban excluidas las mujeres respetables, si bien no las mujeres músicas y las trabajadoras del sexo. Invitando a otros hombres a un banquete, el anfitrión podía dar a entender que compartía con ellos un estilo de vida ocioso y elegante. Los ricos empezaron a construir habitaciones especiales con cabida para hasta veinte hombres, que, perfumados y engalanados con guirnaldas de flores, se sentaban frente a frente formando parejas en cómodos sofás. Allí hablaban sobre asuntos de actualidad, escuchaban la música de las gaitas y las liras y contaban historias. Cientos de pinturas de los vasos griegos antiguos reflejan esas fiestas en las que abundaba el alcohol, y también las copas y las jarras creadas para beber en esas veladas. La mejor representación visual es la Tumba del Nadador en Paestum (Posidonia): suena una gaita y los invitados cantan, abrazan con cariño a sus compañeros y juegan al cótabo, un bullicioso juego en el que competían lanzando a un punto fijo, que hacía las veces de blanco, el vino que quedaba en el fondo de las copas.

También existía la figura del mentor, parte integrante de una relación intergeneracional desenfadada y erotizada. Una canción de Alceo para un banquete empieza sencillamente así: «¡Vino, mi querido muchacho, y verdad!» El vino, que corría en abundancia, exacerbaba el entusiasmo colectivo y la intimidad física. A los más jóvenes les enseñaban virtudes como la franqueza, el humor y el comportamiento apropiado para divertirse con una camarilla de muchachos ociosos. Ese es el contexto en el que hemos de entender por qué muchos poemas para banquetes iban dirigidos, en la voz de un amante o un admirador de más edad, a otro mucho más joven. Es en los cantos eróticos de Anacreonte, un poeta de la Grecia oriental que prosperó auspiciado por el tirano Polícrates de Samos, y poeta residente en la corte de esa isla, donde mejor se expresa el clima lujurioso y travieso de los banquetes. Algunas de sus composiciones también abordan el deseo heterosexual; por ejemplo, a una fogosa muchacha, la que llama «potra tracia», le dice que necesita un jinete que la monte, pero a Anacreonte se lo asociaba principalmente con jóvenes hermosos. Sus poemas hablan de muchachos apuestos que retozan en campos de jacintos; a un efebo le dice que tiene la mirada de una doncella y que es «el auriga» de su alma. También nos cuenta que ama locamente a Cleóbulo y le oímos decir que Megiste luce una guirnalda de sauce y que se ha pasado diez meses bebiendo. En poemas así, el homoerotismo y las insinuaciones tienen un aspecto político, pues la admiración por la belleza física y el adorno personal con bellas ropas y flores se canaliza hacia las relaciones sexuales no reproductivas y el esparcimiento privado, dos privilegios de la élite ociosa. El homoerotismo está vinculado al culto a la belleza y la excelencia física, fundamentales para las competiciones de atletismo; de hecho, los concursos oficiales de belleza masculina formaban parte de los juegos panatenienses. El consumo de artículos de lujo en un entorno privado y selectivo sugiere un refinamiento común en el gusto y la sensibilidad.

El banquete se afianzó primero en las ciudades griegas como una institución de la vida aristocrática que ofrecía a las familias ricas una manera de consolidar con otras casas unas relaciones que trascendían los límites de sus ciudades-Estado; así se formaba una serie alternativa de alianzas, importantes si se tienen en cuenta las luchas civiles por los recursos y el poder que habían comenzado paralelamente a la aparición de los tiranos. En la poesía de Teognis de Megara, dirigida a su amante Cirno, un joven de familia noble, oímos la voz cínica de un aristócrata descontento del siglo VI que ha perdido tierras en las revueltas sociales y teme el colapso de la moral que sus instintos conservadores lo llevan a considerar tradicional. Así y todo, el simposio no siempre fue un fenómeno exclusivo de la aristocracia. El tenor de la obra de Arquíloco y de otros poetas especializados en el mismo género que él cultivaba —sobre todo las invectivas de Hiponacte o de Semónides— recuerda a menudo al rudo campesino Hesíodo, pues no pone el acento en las relaciones homoeróticas, sino en el alivio que un encuentro con amigos para tomarse unas copas puede significar en tiempos de guerra o simplemente para soportar el yugo cotidiano. Como puede verse, la diversidad de actitudes que se expresan en la poesía escrita para los banquetes de la época de los tiranos refleja una lucha de clases subyacente.

La antigua metáfora griega del *symposium* como un viaje por mar surge de la conexión cultural entre el banquete y la colonización. ¿Hay algo mejor que una constructiva juerga etílica para cimentar el *esprit de corps* de una nueva comunidad que se ha enfrentado unida a los peligros que acechan en altamar? Las intensas sensaciones que experimenta la tripulación de una nave durante una tempestad se convierte en metáfora de la experiencia psicológica colectiva de quienes participan en el banquete. En la obra de Eurípides titulada *Alceste* –uno de los héroes más populares del mito de la colonización–, un Hércules beodo ve una conexión entre el movimiento de alzar y bajar rítmicamente una copa de vino y el ritmo constante de los remos. La metáfora casi llega a ser real cuando, después de un gaudeamus, los juerguistas le cambiaron el nombre a una casa de la ciudad siciliana de Akragas y la rebautizaron «el Trirreme». Los jóvenes que asistieron al banquete se emborracharon tanto que imaginaron que estaban recibiendo los azotes de una tormenta en mar abierto:

> Y acabaron perdiendo la cabeza y arrojaron a las aguas todos los muebles y las camas de las casas, pues estaban convencidos de que el piloto los llevaba al barco, a achicar, de tan fuerte que era la tormenta.

Cuando a los borrachos se les pidió que explicaran qué había ocurrido, dijeron que habían sufrido un delirio momentáneo. Los perdonaron con la condición de que no volvieran a beber en exceso; con todo, se da a entender que esos jóvenes necesitaban que unos hombres mayores que ellos les enseñaran a beber con responsabilidad. En la locura temporal del banquete, los marinos colonos griegos de la época lírica bebían en presencia de Dioniso, el dios del vino, acompañado de su séquito de delfines amantes de la música, hasta que están como una cuba y la nave en la que viajan «deja de beber».

La importancia del banquete en las nuevas colonias salta a la vista por el gran número de copas y jarras de vino que los arqueólogos encontraron en las excavaciones que llevaron a cabo en algunos asentamientos remotos. En Posidonia, donde la Tumba del Nadador permite observar los momentos más animados de un elegante banquete, los ceramistas comenzaron a hacer recipientes típicos locales en lugar de importarlos. Dioniso, el dios que presidía el banquete, aparece retratado en muchos, junto con los sátiros y las ménades que formaban su alegre séquito. En la mitología, Dioniso es el dios de la epifanía, el dios que viene. Llega a tierra por mar, a veces en un barco escoltado por delfines, como se ve en una hermosa copa, hecha con la técnica de las figuras negras y firmada orgullosamente por el incomparable ceramista Exequias: el barco, de velas blancas y rodeado de delfines negros, se desliza por una tranquila superficie de rojo coral. En algunas fuentes, Dioniso es el que aparece a horcajadas en un delfín. En el arcaico *Himno a Dioniso* lo capturan unos piratas tirrenos (etruscos) y solo consigue escapar transformándolos en delfines. La extraña imagen de estos hombres-delfines, o en el proceso de metamorfosis, que también aparece en los vasos pintados, sugiere que cuando los griegos pensaban en el dios en un entorno marítimo se imaginaban a sí mismos como delfines de su séquito más que como sátiros terrestres; al fin y al cabo, crearon un nexo visual entre el delfín y el sátiro apodándoles y pintándolos como *simos,* «de nariz respingona».

Platón comparó a los habitantes de las ciudades de las costas mediterráneas y el Mar Negro con comunidades de ranas u hormigas alrededor de un estanque, pero el animal que simbolizaba para todos la experiencia de los colonizadores era el delfín. En Taras, un delfín salvó a Falanto, el héroe fundacional, de morir ahogado, y así puede vérsele en las monedas de la ciudad, junto con el héroe epónimo Taras, hijo de Poseidón. En las monedas de numerosas ciudades de la Grecia continental y de las islas, y también de las colonias, se ven hombres montados en delfines; el más famoso fue Arión de Lesbos, un poeta que tocaba la cítara (el instrumento de Apolo), pero que inventó el ditirambo, el himno a Dioniso. En una historia que reúne todos los elementos nucleares de la época de los tiranos, la poesía lírica y la colonización, Heródoto cuenta que Arión era un músico de la isla de Lesbos, donde trabajaba en la corte del tirano corintio Periandro. Arión puso rumbo a Taras, en Italia, para tomar parte en una competición musical. La ganó, y la tripulación lo arrojó por la borda durante la travesía de vuelta a Corinto, pero un delfín que conocía la belleza de los cantos de Arión lo llevó hasta la costa de Taenarum (Ténaro), en el Peloponeso, donde había un santuario de Poseidón.

También Píndaro se ocupó de subrayar la conexión psicológica entre la poesía y el delfín. Alabó la obra de otro poeta —un siciliano— porque lo hizo sentirse como un delfín de los mares, al que en el vasto mar sin olas ha exaltado la encantadora melodía de las gaitas. Los marineros griegos de la época antigua empleaban a músicos que les ayudaban a mantener el compás mientras remaban, y a tal fin preferían la música penetrante y plañidera del aulós. Las gaitas se utilizaban para atraer a los delfines que retozaban junto a los buques antiguos, escena bellamente descrita por un coro en *Electra,* la tragedia de Eurípides. Por tanto, en el culto de Dioniso, los delfines se asociaban con los coros danzantes a los que ponían en movimiento el vino y el aulós, el instrumento central de dichos cultos.

El delfín se asociaba también con otros dos antiguos dioses del Olimpo que desempeñaron un papel nada desdeñable durante las migraciones griegas. Poseidón, retratado a menudo con un delfín, era el abuelo de Teseo, a quien los delfines ayudaron a regresar del lecho marino en una aventura durante su viaje a Creta. A Poseidón se lo vinculaba también a la historia de un delfín en la que también aparece Dioniso, y que se ambienta en Megara y Corinto (Grecia continental), dos ciudades también importantes en el proceso colonizador. Una princesa griega se lanza al vacío –y, con ella, a su hijo– desde lo alto de la Roca Moluria. Dioniso la transformó en una importante deidad marina llamada Leucótea mientras un delfín aparecía para llevar el cuerpo del hijo a Istmo, donde se levantó un altar en su memoria junto a un pino sagrado. En la cercana Corinto, se adoraba a Leucótea y al hijo junto con Poseidón. El relato ofrece un extraño atisbo fenicio sobre un héroe y un delfín (nada improbable considerando la historia de las relaciones comerciales entre fenicios y corintios). En algunas versiones del cuento el hijo de Ino se llama Palemón, pero en otras Melicertes, una clara helenización del nombre del héroe fenicio Melkart.

A los griegos les aterrorizaban los horrendos monstruos marinos que devoraban a los marinos desventurados; de ahí su afinidad con los delfines, a los que imaginaban víctimas de los mismos leviatanes. En la *Odisea*, Escila, monstruo de seis cabezas y doce pies, arranca a los hombres de las barcas, pero se ceba especialmente en los delfines. Como los humanos, son mamíferos inteligentes con fuertes vínculos sociales y de parentesco, y ponen de manifiesto algo que, cuando juguetean en el agua, a ojos humanos se parece a la alegría. No son predadores de hombres. Esas son algunas de las razones por las que las sociedades de navegantes han establecido lazos psicológicos y rituales con el delfín, pero ninguno ha sido tan fuerte como los que establecieron los griegos, que pintaban delfines en las paredes, los grababan en sus escudos y los tallaban en piedras preciosas. No menos de cuarenta ciudades griegas tenían un delfín en sus monedas. Los delfines también aparecen profusamente en el arte y la literatura antiguos del Mediterráneo, desde los frescos de Tera y Cnosos hasta los documentos de la historia cristiana bizantina, los discípulos de San Luciano de Antioquía recubrieron con un delfín el cadáver martirizado del santo. Los griegos creían que el sentimiento era recíproco; una fábula de Esopo cuenta que un delfín llevó a su espalda un mono, tomándolo por un ser humano, pero que, al poner a prueba su inteligencia con algunas preguntas, descubrió que el pasajero era demasiado ignorante para ser humano, tras lo cual lo abandonó a su suerte.

La conexión que los griegos percibían entre el delfín y la colonización trascendía las identidades tribales. El culto a Apolo Delfinio tuvo su origen en Jonia, donde algunos hombres llevaban ese nombre, pero también los dorios adoptaron el culto y el nombre Delfinio, por ejemplo, en Esparta y Egina. El mito que los griegos usaban para explicar ese título combinaba los temas de la navegación, la colonización, la poesía y la profecía del santuario de Delfos. Un himno arcaico dedicado a Apolo cuenta que el dios, en busca de sacerdotes para su santuario, divisó una nave cretense procedente de Cnosos que se dirigía hacia Pilos por motivos comerciales. Apolo se transformó en un delfín, abordó el barco de los cretenses y evitó que volvieran a arrojarlo por la borda. Un viento veloz creado por Apolo los dispersó por el Peloponeso hasta la costa de Crisa, cerca de Delfos. Tras encender el fuego en su altar y volver a convertirse en hombre, Apolo dijo a los cretenses que estaban destinados a servir en el oráculo. Les ordenó que construyeran un altar en la playa, que encendieran un fuego e hicieran una ofrenda y que le orasen llamándolo Apolo del Delfín, porque en la forma de ese animal los había llevado hasta allí. Los sacerdotes tenían que entrar en su oráculo entonando el himno especial a Apolo. El líder cretense planteó la cuestión de ganarse el sustento; como cualquier colonizador sensato, había evaluado el terreno y había visto que no era apto ni para cultivar la vid ni para criar ganado, pero Apolo prometió que satisfaría sus necesidades y los inmigrantes cretenses, llevados hasta ahí por Apolo Delfinio, fueron los antepasados de los sacerdotes del Apolo pitio.

Al Apolo del Delfín se lo adoraba en templos que daban a puertos en los extremos del mundo colonial griego. En el rocoso cabo de Masalia, donde el líder jonio de Focea se había casado con la princesa del lugar, se alzaban dos templos gemelos de Apolo Delfinio y su hermana. Cuando los griegos tomaban historias acerca de dioses de sexo masculino y delfines en torno a sus aventuras coloniales, a veces importaban con ellas estatuas de

Artemisa. A menudo se vincula a otro mito apolíneo la historia de que Orestes y su hermana Ifigenia habían robado a los taurianos del norte del Mar Negro la antigua imagen de Artemisa para dedicarle una sede en un templo al que asistían griegos. Varias comunidades grecoitalianas del sur de Italia fueron tradicionalmente las receptoras de la imagen sagrada de la Artemisa tauriana, en especial las situadas alrededor de los estrechos que separaban la Italia continental de la isla de Sicilia. Sin embargo, en Masalia se decía que Artemisa era la diosa de Éfeso; cuando los foceos pusieron rumbo hacia el oeste, un oráculo les aconsejó que hicieran escala en Éfeso, otra bella ciudad jonia del litoral asiático. Una mujer de Éfeso llamada Aristarca soñó que Artemisa le ordenaba que subiera al barco de los foceos y que llevara con ella una de las imágenes de la diosa, tallada en madera. Aristarca obedeció y se convirtió en la primera sacerdotisa de Artemisa en Masalia, donde presidía el templo junto a su hermano-delfín, que señala a los colonizadores el camino hacia sus nuevas ciudades al otro lado del mar.

En Mileto, los *molpoi* eran una sociedad de cantantes sagrados dedicados a Apolo Delfinio. La relación del delfín con la música y la poesía no se limitaba, pues, a la diferencia entre Dioniso (a cargo del ditirambo, las gaitas y la poesía simpótica) y Apolo (asociado con la épica, la cítara y las Musas). Existía un nexo entre los ritos de iniciación a la vida masculina adulta y los himnos que se entonaban al dios en su versión Apolo Delfinio. En el culto también pueden haber tomado parte los jóvenes a los que se enviaba a lugares remotos en viajes de ida y vuelta para señalar el momento en que se incorporaban a la comunidad de hombres adultos. Cuando los milesios fundaban colonias al otro lado del mar, intuían que el Apolo del Delfín los había ayudado a llegar hasta allí, y construían nuevos altares en su honor. A Apolo Delfinio se lo adoraba en las colonias milesias del Mar Negro, como Olbia, Sinope y Gorguipia. En Olbia, Apolo Delfinio tenía a su servicio un coro, llamado también *molpoi*, como las agrupaciones de cantantes de Mileto. Una de las particularidades de Olbia eran sus monedas, en las que no solo se grababan delfines, como en muchas ciudades, sino que se acuñaban con la forma tridimensional de delfines con el lomo curvo.

Entre los cientos de colonias griegas que se fundaron en esa época, Olbia es donde mejor se puso de manifiesto la capacidad de los griegos para adaptarse a entornos nuevos. Los milesios fundaron la ciudad en la desembocadura del río Hipanis (el actual Bug), en la costa septentrional del Mar Negro y al oeste de la península de Crimea. En el siglo VII, los milesios ya comerciaban con la isla de Berezan, frente a la costa ucraniana; a principios del siglo VI, comenzaron a poblar el interior y a repartirse parcelas de tierra para emplearlas como campos de cultivo. La construcción de una zona sagrada para Apolo Delfinio demuestra que estaban decididos a fundar allí una colonia permanente. Poco después se inauguró un mercado, así como santuarios, un espacio para la asamblea política, un teatro y una red de tuberías que llevaban agua a las fuentes del centro de la ciudad. Con todo, había un problema: los olbios no podían cultivar vides. No fue hasta los últimos años del periodo helenístico cuando desarrollaron un sistema de viticultura en el que podían prosperar los viñedos a pesar del inclemente clima del lugar. De hecho, se enfrentaban al desafío de desarrollar una economía agrícola, pues sencillamente no podían traspasar las técnicas necesarias para producir aceite, cereales, frutas y verduras en las favorables condiciones del Egeo.

Con todo, no se inmutaron e importaron el vino que bebían y fundaron un culto inusualmente entusiasta de Dioniso, como si quisiera asegurarse la aprobación constante del dios en ese páramo sin vides. Los escitas nativos que vivían en los alrededores no bebían vino, cosa que, sin duda alguna, convenció aún más a los olbios de que, en cuanto comunidad griega, debían convertir a Dioniso en el dios principal. Los restos de cerámica encontrados en Olbia muestran que a sus habitantes les gustaban los banquetes como a los de cualquier otra colonia griega. Un hermoso fragmento inscrito en una jarra para vino ateniense, hecha con la técnica de la figura roja, y decorada con actores que se cubren el rostro con una máscara, artistas y músicos, celebra, además del poder de Dioniso, la fuerza del arte dramático. Los nombres propios relacionados con el dios eran populares: Dionisodoro («Regalo de Dioniso») aparece nombrado en una dedicatoria al Apolo Delfinio de Olbia (hacia 450 a. C.). Es posible que al pueblo olbio le gustase la versión del mito de Dioniso que lo presentaba como el marino que llegaba del extranjero cargado de productos apetitosos, aunque sabemos que acostumbraban a criticar la calidad de esas importaciones.

En este punto dejamos la época de la colonización con los olbios, que, aunque adoraban al dios del vino, se quejaban del sabor de los caldos importados, y con hombres como Dionisodoro, que inscribió orgullosamente su nombre en un regalo dedicado al Apolo del Delfín. El periodo de la colonización, de los tiranos, de la creación de la Magna Grecia y de ese misterioso nuevo mundo del Mar Negro helenizado, también fue la época de la poesía lírica, de las voces inconfundibles de las islas y de los banquetes. El símbolo de esos siglos fue el delfín, tan estrechamente vinculado a Poseidón, Apolo y Dioniso, los dioses del mar, de los viajes coloniales y de las fiestas etílicas que tanto gustaban a marineros, mercaderes y migrantes por igual. En la literatura y el arte de los griegos de ese periodo encontramos, en una abundancia poco habitual, todas sus características principales: alegría, inteligencia, agudeza verbal, independencia de pensamiento, competitividad y, sobre todo, su individualidad. La inventiva intelectual, fruto de los constantes viajes por mar y de la diáspora, no tardaría en producir algo aún más extraordinario: la ciencia y la filosofía griegas.

Demócrito descubre a Protágoras de Abdera.
Impresión de una reproducción a media tinta
(siglo XIX) de una pintura al óleo de Salvator
Rosa (1663). *(Colección particular de la autora.)*

4. LOS JONIOS, ESOS CURIOSOS

Si queremos imaginar el surgimiento de la filosofía y las ciencias naturales griegas en la ciudad asiática de Mileto en el siglo VI a. C., primero tenemos que visualizar un cambio radical en el aspecto físico del entorno. Aún no existía una gran parte de lo que ahora llamamos «oeste de Turquía», aproximadamente la tercera parte, que desde la costa actual se extiende hacia el interior como mínimo unos sesenta y cinco kilómetros. En el siglo VI a. C., Mileto era una ciudad portuaria que el mar rodeaba todavía por tres lados, el oeste, el norte y el este; pero las polvorientas ruinas de Mileto se encuentran ahora cerca de Balat, una pequeña ciudad moderna a varios kilómetros del mar en todas las direcciones.

Los primeros pensadores milesios que analizaron las causas invisibles del mundo contemplaban casi todos los días los cambios que ese mundo experimentaba. Hacia 1000 a. C., el puerto de Mileto comenzó a cubrirse de cieno a medida que el sinuoso río Meandro (hoy Menderes) iba vertiendo sus aguas en el mar, lejos, hacia el noroeste, y la mezcla de grava, arcilla y aren *(alluvium)* se hundía en el fondo del estuario. Con cada año que pasaba, el *alluvium* ensanchaba la costa en dirección a Mileto. En la era cristiana, la propia Mileto carecía de litoral. El proceso debía de encontrarse por la mitad cuando vivieron allí los primeros filósofos, que debieron de lamentar que las piedras del continente asiático se tragasen inexorablemente su querido mar. Los

149

milesios llevaban los barcos en la sangre y, en su historia, un viaje fundacional, pues la ciudad la habían fundado colonizadores del Peloponeso. Dado que, en cuanto griegos, tenían una curiosidad insaciable –la tercera de las diez características que los definieron–, no pudieron más que preguntarse por el motivo. Observaron que el agua dulce y las piedras se juntaban con el agua salada y la arena, produciendo nueva tierra a diario, y se convirtieron en el primer pueblo que dejó documentos históricos con preguntas por los orígenes del mundo exclusivamente desde el punto de vista de las causas naturales.

Si los primeros griegos vieron un universo surgido del Caos y, después, unos dioses antropomorfos, los jonios, los primeros científicos del oeste de Asia, postularon que los elementos constitutivos básicos del universo eran sustancias materiales. Tales, el primero de esos pensadores, nacido en la década de 620 a. C., sostenía que el primer principio cósmico –o elemento, el mismo que empujaba la nueva tierra que iba comiéndose el mar– era el agua. Como base de ese punto de vista, afirmaba que las cosas inanimadas pierden agua y se secan. Su discípulo Anaximandro dibujó un mapa de todo el mundo físico que los milesios conocían y sugirió que todo lo que podían percibir –tanto la tierra como el mar, que a todas luces se limitaban recíprocamente– debía de estar rodeado por algo que era ilimitado e inconmensurable, el *ápeiron*. El tercer pensador milesio de la época, Anaxímenes, contempló cómo se ensanchaba la superficie de la tierra a la vez que el mar se encogía, y sostuvo que todos los elementos del mundo que el hombre podía ver –fuego, viento, nubes, agua, piedras– los creaba el aire por procesos de condensación o sublimación, y que las diferencias entre ellos se explicaban por su densidad relativa. En Éfeso, otra ciudad no lejos de Mileto y que también fue separándose cada vez más del mar, un cuarto pensador, Heráclito, formuló el principio según el cual el universo físico cambiaba de manera incesante a causa de la acción del fuego cósmico: *Panta rei,* dijo, «todo fluye». Según Heráclito, es imposible bañarse dos veces en el mismo río porque el agua cambia constantemente y los hombres tampoco permanecen nunca en el mismo estado. La revolución intelectual que comenzó en el estuario del Menderes a principios del siglo VI a. C. emigró junto con los hombres de esa región del mundo griego, primero a sus colonias del sur de Italia y, en el siglo V, tras el crecimiento exponencial del imperio persa, a la Atenas clásica. Muchas de las ideas que habían lanzado los jonios se consumaron en la fundación experimental –a cargo de griegos encabezados por atenienses– de una flamante ciudad con nuevas leyes en la década de 440 a. C. En el presente capítulo nos preguntaremos cómo y por qué los descendientes intelectuales de Mileto, en Jonia, en Italia y luego en Atenas, aplicaron su espíritu de indagación, eminentemente laico, al estudio de las estructuras no visibles y las causas de los cambios no solo del mundo físico –la tierra, el mar, el cielo–, sino también los que se registraban en la experiencia y las actividades humanas. Fueron pensadores que reflexionaron sobre los mecanismos interiores invisibles del cuerpo humano; que exploraron la relación entre los mundos que vemos en la mente y aquellos que nuestros sentidos nos dicen que existen físicamente; que se preguntaron por el modo en que tomamos decisiones acerca del bien y el mal, cómo recabamos información, por qué distintos pueblos hablan distintas lenguas o nos agrupamos y vivimos en ciudades y por el proceso mediante el cual el pasado se convirtió en presente, es decir, cómo llegaron a existir los imperios. Dado que ahora disponían del alfabeto fonético, pudieron, por primera vez, poner por escrito los resultados de sus investigaciones.

Entre esos intelectuales hubo algunos aún famosos en nuestros días –Hipócrates, Pitágoras, Heródoto– y personalidades igualmente importantes cuyos nombres hoy no son tan conocidos. Como veremos más adelante, Jenófanes de Colofón fue uno de los pensadores más influyentes de todos los tiempos. Los primeros filósofos emplearon una técnica revolucionaria, la escritura, no solo para inventar la ciencia física y escribir sobre física en poesía y en prosa; también desarrollaron la medicina racional, la filosofía, las matemáticas, la teoría política, la etnografía, la geografía y la historiografía. Antes de analizar en detalle semejantes logros, y de hablar sobre los hombres que los consiguieron, es fundamental estudiar la compleja serie de circunstancias que los hizo posibles.

En este contexto, los dos factores principales –la importancia de la navegación en la vida de los griegos y la apertura a adoptar capacidades de otros pueblos– se insinúan ya en las tradiciones relativas a Tales y sus sucesores. Por ejemplo, Séneca, nacido en la entonces romana Córdoba en 4 a. C., da fe, en el libro VI de sus *Cuestiones naturales,* de que Tales había postulado que los terremotos se producían porque la tierra flotaba en el agua y se sacudía como una nave azotada por las olas. Tales había sugerido que el mundo que habitamos reposa en la superficie del mar como un barco. Su discípulo Anaximandro continuó utilizando la misma imaginería marítima, sosteniendo que el *ápeiron,* fenómeno ilimitado y eterno que rodea el mundo que percibimos, también «gobernaba» ese mundo (en el sentido del verbo *kubernan,* que significa «dirigir, pilotar un barco»). También se cree que Tales escribió un tratado sobre navegación guiada por las estrellas, una técnica que habían desarrollado los colonos griegos y que les ayudó a ver que había fuerzas que movían objetos del universo y que no era necesario remitirse a los caprichos de los dioses para explicarlas.

Según la tradición antigua, Tales fue realmente un fenicio nativo o hijo de fenicios establecidos en Mileto. Puede que no sea literalmente cierto, pero la existencia misma de esa tradición se hace eco de la antigua intuición de que la ciencia y la filosofía griegas debían mucho a otras culturas de Oriente Próximo. No es extraño pues que un marino-astrónomo residente en Mileto tuviera sangre fenicia, ni que un fenicio anterior a Tales y Anaximandro hubiese sugerido que el mundo perceptible era una «nave inmensa». No obstante, los fenicios vivían lejos de los únicos no griegos con quienes los milesios más interactuaban. En el siglo VII a. C. –y Tales nació hacia fines de ese siglo–, Mileto había formado una alianza, la Liga Jónica, con otras ciudades-Estado griegas de Anatolia. Bajo el gobierno de un controvertido tirano llamado Trasíbulo, también habían librado una prolongada guerra con Lidia y habían conseguido preservar su independencia de ese rico país. La relación pacífica que se estableció una vez terminada la guerra dio lugar a una constante fecundación cruzada entre los vecinos bárbaros y las culturas griegas de Anatolia. Los milesios también habían llegado a ser los griegos más ricos de la región y, quizá, del mundo. Tenían una armada poderosa y construyeron un imperio marítimo; fundaron más colonias que todas las demás polis, decenas de asentamientos, sobre todo en el Mar Negro, donde habían aprendido de los reinos septentrionales de Escitia más de lo que los eruditos están dispuestos a reconocer. A mediados del siglo VI, los milesios cayeron bajo el dominio de los persas cuando Ciro conquistó la Lidia de Creso. Sin embargo, durante varias décadas, Mileto, que limitaba con los antiguos reinos bárbaros de Asia, había sido una fuerza formidable en la cultura del mundo grecohablante.

La pericia de Tales en los temas relacionados con la navegación guiada por las estrellas pudo estar vinculada a los cultos ancestrales de Mileto y también a su talento innato para las ciencias naturales. Los restos arqueológicos descubiertos en las últimas tres décadas han arrojado no poca luz sobre el culto milesio a Afrodita, a la que allí adoraban en un templo arcaico fuera de la ciudad. Se han encontrado muchas estatuillas de terracota de la diosa, de los siglos VII y VI a. C., así como grafitos que demuestran que los milesios depositaban en el templo de Afrodita obras de arte y objetos valiosos. Mileto llevó los cultos y calendarios jonios a sus más de cincuenta colonias y centros de almacenaje septentrionales y del Mar Negro, donde Afrodita era una diosa importante (en Istria y Olbia, su nombre cúltico era Euplea, «Buen viaje»). En Panticapea la llamaban Náucratis («la que gobierna barcos») y en Cícico su epíteto era Pontia, la Afrodita marina, a veces llamada Pelagia. En Mileto también se la adoraba como Afrogenia, «nacida de la espuma», en consonancia con el relato hesiódico sobre el origen de la diosa. Sin embargo, tanto en Fanagoria como en Mileto tenía otro título, Urania, la Celestial, una forma en que se la concebía como la deidad que vigilaba a quienes navegaban guiándose por los astros. Es posible que para Tales el salto de la teología olímpica a su teoría cósmica, basada en el agua, fuese menos abrupto que para nosotros.

En el capítulo 3 ya señalamos la importancia que el culto a Apolo Delfinio tuvo para todos los griegos jonios durante la época de la expansión colonial. La importancia histórica de la identidad jonia se pone de manifiesto en que los términos «griego» y «Grecia» –Yaván– derivan, incluso en árabe, hebreo y turco modernos y en varias leguas indias, de *ionia*, a través de los persas antiguos que pronunciaban *yauna* la voz «jonio». La mayoría de los griegos en contacto con pueblos no griegos que poblaban el continente asiático –hasta el infinito, o al menos eso pudo parecerles– eran, en efecto, jonios. Mirando intuitivamente hacia el este, ellos mismos se sentían distintos de los miembros de otras tribus griegas, especialmente de los belicosos dorios, que dominaban las islas meridionales del Egeo y el sur del Peloponeso, incluida Esparta. Los jonios creían que uno de sus ancestros tribales era Ion, hijo de Apolo. En la *Ilíada*, Apolo, a pesar de sus innegables credenciales griegas, está asociado a Troya, una civilización avanzada de Asia Menor. Desde el principio de los tiempos se asoció a Apolo con la profecía, con la aspiración a comprender lo invisible y lo incognoscible, con la música y las Musas, con la poesía sapiencial y la sanación. No ha de extrañarnos mucho, por tanto, que sus descendientes humanos, los jonios, inventaran la filosofía racional, la ciencia, la historia y la medicina.

Así pues, los cambios en la geografía física del estuario del Menderes, las habilidades marítimas, incluida la navegación guiada por las estrellas, el contacto intensivo con civilizaciones más antiguas y la naturaleza de al menos dos de sus cultos fueron los factores que influyeron en la revolución cultural jonia, como lo fue también la ciencia médica, cuyo patrono era Apolo. Los profesionales de la medicina aún hacen el juramento atribuido a Hipócrates y conservado junto con unos setenta tratados que se han transmitido con su nombre. No cabe duda de que algunos de esos textos datan de mediados del siglo V a. C., incluido el titulado *Sobre las enfermedades de las mujeres*, ni de que existió una prestigiosa escuela de pensamiento, la llamada «medicina hipocrática», en la época en que Platón escribió el diálogo *Fedro* a principios del siglo IV, pues Platón cuenta que Hipócrates había afirmado que la naturaleza del cuerpo no puede entenderse sin tener en cuenta «el todo», refiriéndose, quizá, a todo el universo natural.

El propio Hipócrates fue probablemente un nativo de la isla de Cos. En sus obras cristaliza una larga tradición de investigación médica. Su «gremio» de expertos en medicina estaba asociado con otros de la Grecia continental, en Cnido, que también se enorgullecía de tener una prestigiosa escuela médica. El genio de Hipócrates ha de entenderse como consumación de muchas décadas, e incluso siglos, de práctica médica y acumulación de sabiduría. Desde el punto de vista tribal, Cos no era realmente jonia, sino una de las colonias dorias que fundaron navegantes del Peloponeso, concretamente de Epidauro. En tiempos históricos, Epidauro fue la sede de un importante culto a Asclepio o Asclepios (el Esculapio de los romanos), dios de la medicina en la mitología griega. Algunos eruditos, tanto de la Antigüedad como de nuestra época, han creído que Hipócrates descendía de un clan hereditario de sacerdotes, los Asclepíadas, que se dedicaban enteramente al templo del culto de su dios. Cos formaba parte del grupo de seis ciudades-Estado dorias fundadas en o cerca de la esquina suroccidental de Turquía. En la Grecia continental, las otras dos eran Halicarnaso y Cnido; tres se encontraban en Rodas. Aunque esos griegos orientales dorios se profesaban lealtades tribales mutuas, su ubicación geográfica en «Jonia» significaba que también compartían el entorno cultural de las ciudades de la Liga Jónica. Que eligiesen el dialecto jónico para escribir los tratados de medicina, a pesar de ser ellos hablantes dorios, da a entender que sentían que sus hallazgos profesionales formaban parte de una tradición intelectual jónica.

Los métodos de los médicos y los naturalistas milesios se asemejaban. Todos buscaban explicaciones físicas, más que sobrenaturales, para los fenómenos naturales, ya se relacionaran con la geología, ya con el tiempo atmosférico, las enfermedades o las heridas. La medicina racional de los griegos resulta tanto más impresionante si se la compara, por ejemplo, con la de los babilonios, convencidos de que las enfermedades las provocaban dioses airados, demonios invasivos o hechizos que alternan con recetas de fármacos en la mayor parte de los papiros egipcios sobre temas médicos. Con todo, fue tanto lo que los griegos aprendieron de otras culturas que el panorama es complicado. En un papiro egipcio del siglo XV a. C., llamado el papiro Edwin Smith (también «Papiro quirúrgico») por el norteamericano que lo compró en Luxor en 1862, se expone un enfoque metódico para el tratamiento de las heridas, con descripciones de la presentación de cada clase de lesión, junto con las pruebas, los tratamientos y diagnósticos adecuados. Con todo, el texto se centra en las heridas con una causa externa visible, más que en las enfermedades misteriosas que parecían tener su origen en el interior del cuerpo y de las que podía pensarse que necesitaban una explicación religiosa.

Los estudiosos no se ponen de acuerdo sobre hasta qué punto los griegos debieron sus avanzados conocimientos médicos a los egipcios. Los médicos griegos admiraban los conocimientos farmacéuticos de los egipcios, sabían que los reyes persas contrataban a médicos egipcios y adoptaron de Egipto una de sus principales prácticas médicas, concretamente la incubación, consistente en hacer dormir al paciente en el santuario de un «dios de las curaciones». Con todo, esa importante fuente de experiencia se unió con el enfoque inquisitivo, y centrado en el hombre, que los griegos aplicaron a los problemas de la vida y está en la base del tono y el método racionales y científicos de Hipócrates y su escuela. Uno de los conceptos que desarrollaron los que ejercían la medicina era la probabilidad. Ante una serie de síntomas, podían dar un diagnóstico diciendo que era *probable* que un paciente tuviera tal o cual enfermedad conocida. Además, podían predecir lo que *tal vez* le ocurriría a ese paciente en el futuro, lo que equivalía a hacer un *pronóstico*. Hipócrates creía que ese y no otro era el deber del médico. Fue más o menos en esa época cuando los griegos empezaron a emplear la probabilidad en otros contextos, por ejemplo, en los juicios. Los personajes de la *Ilíada* y la *Odisea* no razonan teniendo en cuenta la probabilidad. El primer ejemplo lo encontramos en el *Himno a Hermes*, que data quizá del siglo VI a. C. Hermes, dios de la astucia y el comercio, es todavía un recién nacido, pero ha robado un rebaño a Apolo, su hermano mayor, y por ese robo se lo juzga delante de su padre, Zeus. Mentira tras mentira, el acusado se defiende y niega haber robado el rebaño de Apolo (cosa que ha hecho), aduciendo que, por ser aún muy pequeño, no era *probable* que tuviera fuerza física suficiente para conducir ganado. Hipócrates empleó la lógica probabilística más constructivamente: el deber de un médico consistía en usar las pruebas adquiridas por experiencia empírica para saber lo que probablemente le pasaría a un paciente, y el diagnóstico es una síntesis de pasado, presente y futuro que ha de ser benéfica y no perjudicar. No está de más señalar que fue el primero, y hace más de dos milenios, que asoció la obesidad con la muerte súbita, apuntando que las personas con una tendencia natural a ser obesas *probablemente* morirían antes que las delgadas.

La relación entre los hipocráticos y los demás intelectuales de Jonia fluía en ambos sentidos. Los hallazgos arqueológicos recientes han demostrado que ya se realizaban entonces complejas cirugías del cráneo, como la operación practicada hacia mediados del siglo XVII a. C. a una paciente de treinta años, una mujer de Abdera, colonia de Clazómenas, una de las ciudades de la Liga Jónica original. La operación salió bien, y la mujer vivió veinte años más. El descubrimiento de los restos de esa paciente demuestra que las operaciones complejas de cráneo, incluida la trepanación (consistente en horadar el hueso del cráneo con distintas finalidades, según la época y el paciente), ya se practicaban más de dos siglos antes de que Hipócrates escribiera su arduo tratado *Sobre las heridas en la cabeza* (hacia 400 a. C.). Lo dicho anteriormente significa que, incluso antes de Tales y los otros filósofos jonios, la ciencia y la práctica de la medicina estaban más avanzadas de lo que hasta ahora habíamos pensado. Aristóteles, que fue científico y filósofo, era hijo de un prestigioso médico, y no dudaba en absoluto de la fecundación cruzada entre los dos campos:

En cuanto a la salud y la enfermedad, no es solo competencia del médico, sino también del naturalista hablar sobre sus causas hasta cierto punto. En qué forma difieren y en qué forma consideran diferentes problemas, es cosa que no debe escapársenos, dado que los hechos prueban que sus actividades son, hasta cierto punto, afines: los médicos que son competentes y minuciosos tienen algo que decir acerca de la ciencia natural y les parece bien tomar sus principios de ella; por su parte, los naturalistas más agudos terminan casi en los principios de la medicina.[1]

Los tratados hipocráticos son manuales prácticos sobre la realidad cotidiana, no obras de especulación abstracta. Los especialistas han llegado a aceptar que, debido a que se centran en la inferencia, las pruebas y la relación causa-efecto, y a que no recurren a explicaciones sobrenaturales, se les debe reconocer que desempeñaron un papel fundamental en la revolución intelectual jonia.

Pero ¿cómo se transformaron los intereses de los primeros médicos y físicos en algo semejante a lo que llamamos filosofía? El primer griego antiguo que empleó el término *philosophos,* «amante del conocimiento y el saber», fue Heráclito, el pensador obsesionado con el cambio que vivió en la encenagada Éfeso a finales del siglo VI a. C. Llamado «el Oscuro de Éfeso», situó el fuego en el centro del orden cósmico; suya es, como hemos dicho más arriba, la afirmación «todo fluye». Los griegos posteriores dieron por sentado, igual que Tales, que Heráclito se había nutrido de la «filosofía bárbara». Es posible que lo estimulara el carác-

---

1. Aristóteles, *Acerca de la generación y la corrupción. Tratados breves de historia natural.* Madrid, Gredos, 1987, introducciones, traducciones y notas de Ernesto La Croce y Alberto Bernabé Pajares. *(N. del T.)*

ter sagrado del fuego en el mazdeísmo, o zoroastrismo, la religión de los antiguos persas; pero, fuera cual fuese la fuente de sus ideas, se merece que lo llamemos «filósofo» en el sentido moderno del término, porque, además de proponer que el fuego era el principio central del mundo, tomó en consideración las fuerzas abstractas que trascienden la realidad física (lo metafísico), la percepción y los principios del comportamiento humano. El desafío al que se enfrentó a la hora de encontrar un lenguaje para expresar sus novedosas ideas permite suponer que sus libros no eran en absoluto una lectura fácil. Nuestro primer filósofo no tardó nada en dar a la filosofía la reputación de disciplina abstrusa y poco clara. Algunos de sus fragmentos contienen pasajes endiabladamente oscuros, hasta tal punto que los griegos contaban que Eurípides, el autor de las grandes tragedias griegas, entregó a Sócrates un ejemplar de un libro de Heráclito escrito varias décadas antes; cuando le preguntó qué le había parecido, Sócrates –según se lee en Diógenes Laercio II, 12– contestó: «Lo que entiendo es excelente, y también lo es, me atrevo a decir, la parte que no entiendo; pero para llegar al fondo hace falta un buceador de Delos.» En cualquier caso, Heráclito, «oscuro» o no, fue el primero que reflexionó a conciencia sobre qué implicaba filosofar, un proceso personal y reflexivo sobre la naturaleza de la existencia.

Que el horizonte de sus intereses no cesara de ensancharse se debió a su teoría del cambio permanente, que lo ayudó a explicar la imprecisa tensión entre lo mismo y lo otro, tanto en el universo entero como en una sociedad dada. Cosas que en un momento determinado se oponen entre sí pueden llegar a formar una unidad en otro momento o en otras circunstancias: «Una misma cosa en nosotros lo vivo y lo muerto, lo despierto y lo dormido, lo joven y lo viejo: lo uno, movido de su lugar, es lo otro, y lo otro, a su lugar devuelto, lo uno.»[1] Además, ese cons-

1. Las citas de los fragmentos de Heráclito están tomadas de la traducción de José Gaos: «Los fragmentos de Heráclito. Sobre el universo», en http://bib.cervantesvirtual.com/extras_autor/00002616/hipertextos/dinamico2/seccion_4_heraclito.htm (N. del T.)

tante fluir tiene implicaciones para los atributos de las cosas y para el modo en que distintos agentes perciben esos atributos. Por ejemplo, el mar contiene agua pura y contaminada a la vez; para los peces es potable y saludable, pero para el hombre no es potable y, por tanto, es perjudicial. Heráclito sostenía que toda la materia se transformaba al convertirse continuamente en fuego y viceversa. Sin embargo, en un fragmento que contiene otra pista crucial para entender las razones por las que los griegos pudieron inventar la filosofía, el filósofo de Éfeso compara ese proceso con el «cambio» incesante de oro por bienes y viceversa: «Cambio del fuego todo y de todo el fuego, del oro las mercancías y de las mercancías el oro.» El universo entero fluye. Puede medirse, pero solo con el equivalente a un dinero cósmico.

*

Los milesios y los efesios eran vecinos de Lidia, donde, en el siglo VII a. C. se acuñaron las primeras monedas de la historia, discos lisos de metal de un peso determinado que se calentaban y se colocaban entre dos troqueles de bronce que en el anverso tenían las figuras que se grababan en la moneda. El herrero colocaba los troqueles en posición plana y golpeaba con fuerza el de arriba con un martillo para grabar así las imágenes en el disco y acuñar la moneda. Ese avance técnico trascendental contribuyó a impulsar el pensamiento innovador de los jonios, en especial un concepto abstracto de Anaximandro (lo Ilimitado), según el cual las cosas del universo podían ser infinitas y no conocer clase alguna de límite. Las monedas hicieron pensar a los griegos antiguos. La fábula del rey frigio Midas, que murió de hambre porque todo lo que tocaba se convertía en oro, data de ese periodo y de esa región, pues Frigia también limitaba con Lidia. O, por ejemplo, el mito de Caronte, el barquero del Hades, el inframundo. En *Las ranas,* comedia de Aristófanes estrenada en 405 a. C., Dioniso y su esclavo hacen una escapada a los infiernos. En el camino encuentran un cadáver y le suplican que les lleve el equipaje en el féretro, pero el muerto les pide dos dracmas, el equivalente a cuatro días de trabajo de un peón, una cantidad, por tanto, doce veces superior a la única moneda que los deudos colocaban en la boca de los difuntos para pagarle a Caronte: el óbolo. Al cadáver los dos dracmas no podían servirle para nada, pues en el Hades el dinero no sirve para comprar nada. Según una popular canción para beber y entonar en medio de una borrachera, como las que componía Píndaro, Midas podía considerarse, en efecto, un hombre dichoso, pero preguntaba: «¿Quién se llevó jamás al Hades más de un óbolo?», en consecuencia, lo que en el fondo plantea el diálogo de Aristófanes es si el dinero puede conseguir que la muerte sea mejor. ¿Existe alguna forma de valor que perdure más allá de la tumba? ¿Podemos llevarla con nosotros después de morir? ¿Puede el dinero hacernos inmortales? En Roma se creía que el dios inventor del dinero era Vulcano, pues era el patrono de los herreros y de todos los que trabajaban los metales; pero no, era Jano, el dios de dos caras que inaugura los años (de su nombre deriva el primer mes, enero) y mira simultáneamente hacia atrás y hacia delante a través del infinito.

Las monedas representan un valor intemporal que puede dividirse en fracciones de una denominación muy pequeña, pero que también pueden acumularse de modo ilimitado, y permiten imaginar, entre otras cosas, una cantidad de dinero demasiado inmensa para gastar en una vida, una idea que subyace a la conexión del dinero con la filosofía. Las monedas se diferencian de los lingotes transportables, pues el valor que representan no tiene por qué ser el mismo que el de la materia prima con que se fabrican. En casos extremos, las monedas pueden falsificarse. En muchas ciudades antiguas, las piezas de poco valor se acuñaban en bronce, y su valor nominal tenía poco que ver con el intrínseco. La diferencia entre esos dos valores —el nominal y el real— comenzó a verificarse en el mismo minuto en que se acuñó la primera moneda en la Lidia arcaica. Karl Marx trató este punto en el primer volumen de *El capital*. La circulación de monedas siempre las reduce a algo que se parece al valor que simbolizan; un objeto que empieza siendo realmente de oro, y cuyo valor es igual al peso numérico que lleva estampado, siempre acaba reemplazado por monedas o billetes que simbolizan un valor numérico, pero que por sí solo no tiene valor físico alguno. A ese proceso de transformación del dinero, Marx lo llamó el paso de «ser realmente oro» *(Goldsein)* a «parecer ser oro» *(Goldschein)*, un «reflejo», «oro figurado». Las monedas son objetos concretos hechos de materia, pero expresan una cantidad en el mundo autónomo del valor simbólico puramente abstracto. Todo el trabajo humano y todos los objetos del mundo real pueden medirse en dinero y convertirse en dinero. Ese nuevo mundo abstracto y autónomo, que solo existe en la mente, permitió de pronto a los griegos vecinos del reino de Lidia razonar conceptualmente y sostener ideas intangibles. Por primera vez en la historia intelectual, las nociones abstractas de valor, tiempo y existencia se separaron del mundo real del trabajo, las necesidades del cuerpo y el entorno físico.

*

El más subestimado de todos los filósofos antiguos fue el brillante Jenófanes, que había visto con sus propios ojos el reino lidio en acción. Para este filósofo de Colofón, la invención de la moneda había sido un avance trascendental. Como a Heráclito, le interesaba reflexionar sobre el cambio en relación con la semejanza y la diferencia, pero se centró en la manera en que el cambio se manifestaba, más que en la constitución física del universo, en las comunidades humanas, sentando así las bases para la invención de la teoría política. Su ciudad, situada no muy lejos de Éfeso navegando en línea recta hacia el norte, formaba parte de la Liga Jónica. Fundada por Atenas, Giges la había sometido a mediados del siglo VII, pero entre 613 y 560 a. C. Colofón mantuvo relaciones cordiales con el rey lidio Aliates. Según la tradición, Aliates había vencido a los colofoneses obligándolos a abandonar en desbandada la caballería.

Jenófanes critica a sus compatriotas por imitar el lujo extremado del estilo de vida de los lidios, sobre todo sus suntuosas túnicas púrpura, sus perfumes y sus peinados. Esas costumbres «delicadas» o «refinadas», aprendidas de los bárbaros del este, eran populares en muchas ciudades de Jonia, y también en Colofón. De ese estilo afectado Jenófanes dijo que era «inútil» porque no ayudaba en nada a la comunidad. Ese rechazo se vinculaba también a las objeciones que ponía a los premios desmesurados (recompensas en dinero y comidas gratis) que las ciudades concedían a sus atletas cuando vencían en los Juegos Olímpicos. No le gustaba nada que el bien que los atletas hacían a la comunidad fuese efímero y que no mejorase el gobierno ni la prosperidad de la ciudad. De ese modo, Jenófanes defendía la opinión de que él también merecía recompensas por ser un poeta talentoso con una obra que arrojaba luz sobre muchas materias. No era un asceta, pues también compuso una canción sobre cómo beber en un banquete. Con todo, dado que el atletismo era una prerrogativa de la élite, su crítica tiene un tono de fondo político provocador y protodemocrático.

Desencantado con la política, Jenófanes dejó Colofón y se instaló en el sur de Italia, donde fue, en consecuencia, la figura transicional entre los inventores griegos orientales del pensamiento racional y el segundo grupo de primeros filósofos, que trabajaron en las regiones más occidentales del mundo griego. Jenófanes fue una figura fundacional, el primer filósofo que se valió del ridículo como mecanismo formal para criticar a otros pensadores. Asimismo, fue el primer autor griego antiguo que abrazó abiertamente una postura relativista, es decir, negó que hubiera proposición alguna que pudiera ser absolutamente cierta, puesto que considerarla verdadera o falsa dependía del punto de vista subjetivo de quien la evaluaba –un principio de consecuencias considerables que a los dogmáticos de hoy aún les cuesta aceptar–. Jenófanes estaba tan convencido de las dificultades que conllevaba adquirir un conocimiento verdadero que lo han llamado «el primer escéptico». Fue también el primero en sostener de manera sistemática que hay una diferencia entre creer y saber, y postuló que era arriesgado aspirar a adquirir cierto conocimiento en materias que no son evidentes; de hecho, sostuvo que aun cuando por casualidad los humanos pudieran alcanzar la verdad en esas cuestiones, no tendrían manera de saber a ciencia cierta si efectivamente es así. No obstante, tampoco negó que vale la pena *intentar*, por medio de una investigación perseverante, ensanchar los horizontes del conocimiento humano.

Jenófanes empleó la poesía para criticar los poemas que formaban el fondo de la sabiduría griega, concretamente, los de Homero y los de Hesíodo («castigador de embustes homéricos», lo llamó Diógenes Laercio), centrándose en las historias que esos poetas contaban acerca de unos dioses que hacían cosas que los hombres consideran deshonrosas: adulterio, robo, engaños... Con Jenófanes asistimos a un avance espectacular hacia un panteón de deidades más distantes y desinteresadas. Esos nuevos dioses que tenían poco en común con los rencorosos e infantiloides dioses del Olimpo. Jenófanes, en cuanto griego que vivía muy cerca de muchos otros grupos étnicos, aprendió que los humanos tienden a hacer a los dioses *exactamente* a su propia imagen; por ejemplo, los etíopes hacen a sus divinidades «negras y chatas», pero los tracios dicen que los suyos tienen «ojos azules y el pelo rojizo». Jenófanes echó mano de un humor absurdo para hacer profundas afirmaciones intelectuales en referencia al reino animal; en el mismo fragmento dice que si los bueyes, los caballos y los leones tuvieran manos y pudieran crear imágenes de dioses, los pintarían en forma de ganado, caballos y leones, cada uno según su propia imagen.

Eso no quiere decir que no tuviera un dios, o, mejor dicho, un Dios, con mayúscula. Su Dios supremo tenía que identificarse con el universo entero, ser un ente único e inmóvil. Ese Dios no tiene forma humana ni una mente como la humana, no habla directamente a los hombres y tampoco hace apariciones en sus círculos. Tales consideraciones conducen a una de sus inferencias más profundas, que se expresó en el desprecio por los rituales en que las casas se decoraban con ramas de pino porque se suponía que tenían un poder numinoso. También se burlaba de los profetas y de los milagreros, y no creía que la adivinación funcionara. Ese escepticismo absoluto en lo tocante a las prácticas religiosas derivaba de sus estudios sobre las propiedades físicas del universo. Por ejemplo, se burlaba de quienes sostenían que algunos fenómenos naturales espectaculares eran signos de los dioses, e insistía en que esos aparentes milagros debían ser el efecto de ciertas causas no milagrosas, invisibles a primera vista. El arcoíris –la diosa Iris para los griegos– solo era una nube con franjas de colores. Cuando los marineros veían luces color púrpura desde lo alto del mástil (el fuego de Santelmo, descarga luminiscente provocada por la estática atmosférica, a menudo después de un trueno), no eran los Dioscuros que acudían a protegerlos, sino nubes que generaban luz al moverse. Dios no se comunicaba con el hombre.

Otro filósofo que se embarcó rumbo al oeste desde Jonia para establecerse en Italia fue Pitágoras, quien investigó los secretos que la ciencia pura de los números invisibles podía revelar acerca de la estructura del mundo discernible. Nacido en la isla jonia de Samos, la abandonó huyendo tal vez de la tiranía de Polícrates y se afincó en Crotona, en el centro de la suela de la bota italiana. Como a tantos otros filósofos de la Antigüedad, se lo asoció con la «sabiduría de los bárbaros». De hecho, en aquellos tiempos había quien afirmaba que Pitágoras había estudiado «en Babilonia» con el propio Zoroastro, el fundador de la religión persa; otros, que era discípulo de una sacerdotisa de Delfos. Sus doctrinas eran más místicas que las de los demás jonios, y la secta que fundó era esotérica; sus seguidores practicaban el vegetarianismo y otras austeridades. A Pitágoras le atraían las ideas de la metempsicosis y la reencarnación, e hizo avances considerables estudiando la relación entre la música y las matemáticas; la armonía ocupaba un importante lugar conceptual en sus teorías cósmicas. Por supuesto, se lo conoce mejor por el teorema que lleva su nombre: en un triángulo rectángulo, el cuadrado de la hipotenusa es igual a la suma de los cuadrados de los catetos. En este punto, no cabe duda alguna de que se nutrió de la «sabiduría de los bárbaros», pues los babilonios habían dado con la relación fundamental de los triples «pitagóricos» ya en 1800 a. C.

En cuanto Jenófanes y Pitágoras llevaron la filosofía hacia el oeste, Italia y Sicilia no tardaron en dar al mundo sus propios pensadores. Pitágoras influyó en el pensamiento de Empédocles de Akragas (Agrigento), quizá el siciliano más célebre de toda la Antigüedad y personaje francamente original. Como Pitágoras, creía en la reencarnación y se decía que se había arrojado al Etna para convencer así al mundo de que tenía una unión divina con la naturaleza (por desgracia, una de sus sandalias fue escupida por el cráter, por lo que su afirmación perdió toda credibilidad). Si los milesios habían discutido en torno a cuál era la sustancia primera, Empédocles identificó los cuatro elementos clásicos —agua, tierra, fuego y aire— como constituyentes conjuntos del universo. Esos elementos se unían y se separaban eternamente por la acción de dos fuerzas en conflicto, el Amor y la Discordia. Así se explicaría la naturaleza cambiante del mundo, de las plantas y los animales, en el transcurso de la evolución.

En la Italia continental, los principales filósofos fueron los eleáticos, que tomaron el nombre de su ciudad, Elea (la actual Velia), en el lado occidental del «tobillo» de la bota, justo encima del empeine. Con ellos, el estudio de la filosofía avanzó en lo que atañe al grado de abstracción. El más prestigioso fue Parménides, griego italiano nacido en Elea hacia 510 a. C. Los fragmentos de su *Poema,* en el que aborda «la vía de la verdad», se encuentran entre los más refutados de la historia de la filosofía. Con todo, son una muestra de la importancia del autor como fundador del estudio de la naturaleza de la existencia propiamente dicha, del *ser* como tema delimitado y aparte para un debate en profundidad (ontología). Parménides rechazaba la idea heracliteana del «todo fluye» e insistía en que la existencia era invariable y formaba un todo único. En consecuencia, era cognoscible. Las cosas no pueden nacer de la nada y tampoco desaparecer. No hay cambio ni pluralidad, lo que significa que el movimiento es ilusorio. La existencia no tiene pasado ni futuro; sencillamente es. Los filósofos modernos afirman a veces que Parménides fue el padre de la filosofía occidental en sentido técnico, porque razonó metódicamente. Su tesis, de carácter general, ofrecía una explicación coherente para el modo en que, en el universo, todo funciona como una totalidad, e identificaba y desarrollaba algunos de los pilares fundamentales del pensamiento racional –conceptos como la verdad y la continuidad–. El gran filósofo de Elea también empleó métodos de razonamiento que más tarde Sócrates amplió de manera detenida y por extenso, por ejemplo, la identificación de la contradicción.

El razonamiento de Parménides en el sentido de que el movimiento es ilusorio lo defendió Zenón, un joven eleático, en una serie de paradojas amenas y fascinantes porque, entre otras cosas, ejemplifican el entrenamiento que un joven filósofo pudo tener en la escuela de Parménides. Incluso hoy, sus paradojas son los primeros «huesos» filosóficos que se echan a los estudiantes para que afilen los dientes. El término «paradoja» significa, técnicamente, «demostración de que a unas suposiciones aparentemente razonables pueden seguir consecuencias absurdas». La más famosa es la de «Aquiles y la tortuga». La mayoría asume que, puesto que Aquiles puede correr más rápido que la tortuga, le dará alcance si corre detrás de ella; pero Zenón dijo que cada vez que Aquiles está a punto de dar alcance a la tortuga, esta tiene la posibilidad de avanzar un trecho, por corto que sea. Llevado al infinito, el razonamiento implica que Aquiles nunca puede realmente llegar al lugar en que se encuentra la tortuga antes de que esta dé un paso más. Según otra paradoja célebre, una flecha en vuelo no está en movimiento aun cuando la mayoría crea que sí lo está, porque en cada instante se encuentra en un lugar dado y, por tanto, quieta. Estas y otras paradojas de Zenón son, en realidad, más difíciles de rebatir de lo que parece.

En el siglo V, los curiosos griegos de Jonia e Italia ya habían formulado en líneas generales las cuestiones que se encuentran en la base de la ciencia y la filosofía antiguas y también de gran parte de la moderna. ¿Cuál es la naturaleza del mundo y de la existencia? ¿Cómo aprendemos cosas y las conocemos sin margen de error? ¿Cómo explicamos el comportamiento humano? Asimismo, habían cuestionado la existencia de los dioses del Olimpo, al menos tal como los retrataban Homero y Hesíodo, y la eficacia de los rituales tradicionales; habían inventado la ciencia de la naturaleza y avanzado en la comprensión de las matemáticas. Una amalgama fascinante de circunstancias hizo que la cultura jonia del siglo VI a. C. produjera hombres que formularon esas preguntas sin rodeos y sin esperar que un dios les diera las respuestas. Del espíritu y el trabajo de esos filósofos cabe destacar sus observaciones del cambio en el paisaje y de los progresos de la medicina en las ciudades cercanas y en las islas; su sensación de tener una relación estrecha con Apolo, dios cerebral; la seguridad en sí mismos y el bagaje intelectual que habían adquirido como marinos; su punto de vista, enfocado hacia el este; su contacto intensivo y el intercambio cultural con otros pueblos, en especial los fenicios, los lidios y los persas, y su reacción a la invención del valor abstracto en forma de monedas.

*

El tercer y último acto de la Ilustración jonia, que acabó llevando el centro del empeño intelectual a la Atenas clásica, donde surgieron la teoría política de Protágoras y las *Historiae,* los *Nueve libros de la historia,* de Heródoto, coincidió con la asombrosa ascensión del imperio persa. Hasta el siglo VII a. C., las dos superpotencias de Oriente Próximo fueron los neoasirios, con base en Babilonia, y Egipto, pero a finales de ese siglo, después de que la dinastía Mermnad se expandiera hasta abarcar gran parte del litoral occidental de Asia, los medas, un pueblo del interior de Irán, comenzaron a acumular territorio y poder. Hacia 600 a. C. ya ocupaban un territorio equivalente a gran parte de lo que hoy es Irán, Afganistán y el este de Turquía. Con todo, los persas, sus enemigos iraníes, que habían sido un reino vasallo de los medas, se impusieron a estos bajo el reinado de Ciro II el Grande (549 a. C.). Por tanto, a ese Ciro se lo consideró, y se lo sigue considerando, el fundador del imperio aqueménida medo-persa, que ejerció una influencia fundamental en la historia de los griegos antiguos y en la imagen que tuvieron de sí mismos.

Para los griegos de Asia Menor debió de ser sobrecogedor contemplar la velocidad a la que los aqueménidas se adueñaban del mundo. Solamente en vida de Ciro, los aqueménidas ocuparon Lidia, Licia, las ciudades griegas de Anatolia y regiones como Fenicia, Cilicia y Babilonia, creando un imperio extensísimo que iba desde la India actual hasta el oeste de Turquía y el este de los Balcanes. Cambises II, hijo de Ciro, solo reinó ocho años, de 530 a 522 a. C., pero le bastaron para conquistar Egipto. Posteriormente, Darío logró consolidar el imperio y simbolizar sus conquistas con la construcción de los imponentes edificios reales de Susa y Persépolis. En 499 a. C., fueron muchas las ciudades griegas de Jonia que se alzaron contra el poder de los ocupantes, que se mantenía en sus comunidades, en nombre del monarca persa, gracias a unos tiranos griegos cuidadosamente escogidos. A quienes se rebelaron contra Persia los apoyaron buques y tropas enviados desde Atenas y Eretria, ciudades jonias de la Grecia continental. Sin embargo, el imperio consiguió sofocar los alzamientos. La rebelión terminó cuando los persas devastaron la ciudad greco-jonia de Mileto (494 a. C.), matando y esclavizando a sus habitantes, pero fue la indignación de Darío por la indiferencia griega lo que estuvo detrás de su decisión de invadir Grecia cuatro años después, en la primera de las dos épicas guerras médicas, de las que los griegos salieron vencedores. El ejército de Darío cayó en la batalla de Maratón y se batió en retirada. Jerjes, hijo de Darío, volvió a intentarlo diez años después, pero también cayó derrotado en las batallas de Salamina y Platea.

Tras la retirada de los persas de la Grecia continental (479 a. C.), el centro de la innovación intelectual se desplazó a Atenas (ciudad jonia), que se había puesto a sí misma enérgicamente en el mapa como una de las dos principales ciudades-Estado del mundo griego libre. Así y todo, las figuras de Anaxágoras, Demócrito y Protágoras, que visitaron Atenas o se establecieron allí, confirman que se mantuvo el vínculo con la antigua tradición jonia. A Anaxágoras de Clazómenas, ciudad asiática de la Liga Jónica, se lo consideraba el introductor de la filosofía en

Atenas al final de las guerras médicas. Como habían hecho antes los milesios, Anaxágoras sostenía que el mundo consistía en una sustancia material que, en su caso, estaba formada por elementos primarios infinitos e indestructibles que no podían multiplicarse ni desaparecer, sino solamente mezclarse y separarse. No obstante, el universo material de Anaxágoras estaba gobernando por el principio al que llamó *Nous,* el «intelecto».

Demócrito tenía conexiones con Mileto, pero era oriundo de Abdera, la fascinante colonia de Clazómenas situada en la parte más septentrional del Egeo, en la costa tracia, donde antes conocimos a la paciente sometida a una cirugía craneal. Las ideas de Demócrito tuvieron una importancia incalculable para la ciencia antigua y la escuela filosófica de Epicuro. A diferencia de Anaxágoras, prescindía de la idea de que el universo tenía una finalidad o un principio rector al que estaban subordinados sus componentes materiales. Fue el primer científico conocido que sostuvo que todo está formado por cuerpos materiales diminutos, indivisibles e indestructibles (a los que llamó átomos) que se mueven en un vacío infinito. Los cambios que los humanos podemos ver los provocan átomos que están eternamente combinándose, separándose, colisionando y cambiando de lugar. Todos los movimientos los provocan mecánicamente unos movimientos previos, y son inevitables y aleatorios. Todos los mundos, incluido el nuestro, los crean unos átomos que se arremolinan unos alrededor de otros formando grupos. Los mundos se destruyen cuando, a su debido tiempo, los grupos no tienen más remedio que deshacerse.

Se cuenta que, antes de marcharse de Abdera y establecerse en Atenas, Demócrito había conocido a un porteador de juncos y de leña. Asombrado al ver la perfección geométrica con la que el hombre ligaba los bultos que cargaba, el de Abdera proclamó que era un genio de las matemáticas, lo invitó a formar parte de su familia y le enseñó filosofía. Ese hombre se llamaba Protágoras y poco después siguió a su maestro a Atenas, donde llegó a ser el pensador político más importante de la democracia, como corresponde a un trabajador que llegó a ser un filósofo eminente gracias a su impresionante capacidad intelectual. Hay muchos textos antiguos perdidos que a los clasicistas les gustaría encontrar, pero las obras completas de Protágoras ocuparían el primer puesto de mi lista. Sus dos dichos más famosos son: «El hombre es la medida de todas las cosas» y «Sobre los dioses no puedo saber ni que existen ni que no existen». Este abderita desarrolló también el concepto de la «concordia» cívica, una forma temprana de la teoría del «contrato social», y sus ideas siguen siendo relevantes en nuestros días. El problema radica en la dificultad de acceder a ellas. Se las menciona en dos diálogos de Platón, *Protágoras* y *Teeteto,* aun cuando el autor no aprobaba en absoluto las concepciones del brillante discípulo de Demócrito y discrepaba de su idea de democracia. Dado que Protágoras, nacido hacia 490 a. C., era mucho más viejo que Sócrates, Platón tenía relativa vía libre para tergiversarlo o incluso dar de él una imagen falsa. Sócrates mantuvo largas conversaciones con Protágoras, pero cuando Platón las puso por escrito el de Abdera ya no vivía y no podía quejarse de las palabras que Platón ponía en su boca ni por lo que había omitido. Por otra parte, Platón lo trata con mucho más respeto del que demostró tener para con la mayoría de los sofistas interlocutores de Sócrates.

El enfoque de Protágoras era relativista: no hay nada absolutamente verdadero ni absolutamente falso, sino que cada comunidad tiene que averiguar por sí misma qué ha de considerarse verdadero o falso. Esta manera de ver las leyes, como creadas de forma contingente durante el progreso de la humanidad y, por tanto, relativas, se basaba en su visión histórica del progreso humano desde la época en que vivían en cavernas hasta la ciudad-Estado. Además de Platón, hay otra probable fuente a la que podemos recurrir para analizar las ideas de Protágoras, a saber, algunas tragedias escritas en la época en que el filósofo estuvo activo en Atenas. En *Prometeo encadenado,* obra atribuida a Esquilo, el filantrópico titán (así se llama Prometeo a sí mismo) enseña a los humanos no solo a usar el fuego, sino todas las artes y oficios básicos. Al receptivo coro de hijas de Océano, Prometeo describe así su trabajo:

171

[...] Ni en el suelo
Con ladrillo o con piedra construían
Sus fábricas; moraban so la tierra,
Escondidos en antros tenebrosos,
Cual ágiles hormigas. Del invierno,
Primavera florida, o del estío
Frugífero, las señas no alcanzaban.
Todo les era igual. Mas yo enseñeles
A distinguir el orto y el ocaso
De las estrellas...[1]

Luego Prometeo añade a sus enseñanzas la aritmética, la escritura, la medicina, la adivinación y la metalurgia, la navegación, cómo sujetar al yugo las bestias de carga..., en una palabra, una grandiosa lista de los dones con que ha beneficiado a la humanidad. Los griegos tuvieron varios héroes «técnicos», y atribuyeron la invención del alfabeto a Palamedes, que había combatido en Troya, pero es en los parlamentos de Prometeo en la tragedia donde la visión protagórica del progreso humano alcanza su máxima expresión.

La reiterada experiencia de fundar nuevas comunidades aceleró el desarrollo de la teoría política. Miles de nuevos grupos de griegos fundaron centenares de ciudades en los siglos en que los jonios introducían los nuevos modos de pensamiento. Como hemos visto, varios filósofos procedentes de antiguos emplazamientos se establecieron en una ciudad de fundación más reciente al menos una vez en la vida, a menudo porque en sus lugares de origen vivían acosados por los reinos bárbaros del este. En la fundación de Turios (444 a. C.) participaron algunos de los griegos más brillantes de la historia. Turios fue una colonia fuera de lo común, concebida como un proyecto panhelénico, un intento de crear una polis democrática modelo en el que, con Atenas a la cabeza, participaron inmigrantes llegados de dis-

---

1. Cita tomada de la versión de Marcelino Menéndez y Pelayo, incluida en *Odas, epístolas y tragedias*. Madrid, Viuda e hijos de M. Tello, 1906. *(N. del T.)*

tintas ciudades. Uno de los aspectos inusuales de su fundación fue la participación conjunta de griegos jonios y dorios. El motor del proyecto no acaba de estar claro, aunque se sabe que los atenienses, dirigidos por el estadista Pericles, querían afianzarse aún más en el oeste. También les atraía la abundante madera que ofrecía esa región, pero asimismo subyacía a la empresa un serio idealismo intelectual, opinión que se apoya en la antigua creencia de que fue Protágoras el hombre al que se le encargó redactar las leyes de Turios, y que el siciliano Empédocles hizo una visita.

El extraordinario experimento que se llevó a cabo en esa nueva ciudad modelo atrajo también nada menos que a Heródoto, fundador de una forma revolucionaria de estudiar la historia. En efecto, el propio término «historia» deriva del término griego ἱστορία, «investigación, información». Heródoto, con sus vastas investigaciones, intentó explicar por primera vez cómo todo el mundo contemporáneo es el resultado de circunstancias del pasado y de hechos reales –en su caso, los acontecimientos de las guerras médicas–, ya que él mismo estaba fervientemente convencido de que esos hechos merecían que alguien los pusiera por escrito para las generaciones venideras. Tenemos que dar las gracias a Heródoto por haber inventado la idea de que para entender el presente es necesario que comprendamos primero nuestro pasado y el de todas las naciones del mundo. Su pionero manifiesto quedó plasmado en la frase introductoria de los *Nueve libros de la historia:* «La publicación que Heródoto de Halicarnaso va a presentar de su historia se dirige principalmente a que no llegue a desvanecerse con el tiempo la memoria de los hechos públicos de los hombres, ni menos a oscurecer las grandes y maravillosas hazañas, así de los griegos, como de los bárbaros. Con este objeto refiero una infinidad de sucesos varios e interesantes, y con esmero las causas y motivos de las guerras que se hicieron mutuamente los unos a los otros.»[1] Heródoto influyó en todos

1. Cita tomada de la traducción del padre Bartolomé Pou. Madrid, Edaf, 1989. *(N. del T.)*

173

los historiadores posteriores de la Antigüedad. Dado que sus obras solo volvieron a leerse a mediados del siglo XV, ha sido, a escala mundial, la principal fuente para la historia griega y persa, con mucha información, además, sobre los egipcios, los bárbaros de los Balcanes y del Mar Negro, de Tracia y Escitia.

La obra de Heródoto ilustra la medida en que los griegos, anteriores a él y contemporáneos suyos, sobre todo los que, como él, habían nacido y crecido en Asia, dialogaron con las culturas «bárbaras». Hecateo de Mileto, un importante predecesor de Heródoto, ya había estudiado metódicamente los estilos de vida de distintos pueblos; ensanchando el mapa de Anaximandro, añadió los territorios que el imperio persa abarcaba a finales del siglo VI a. C., especialmente Egipto. También incluyó detalles sobre Escitia y el Mediterráneo occidental, que la colonización había abierto a los griegos y que había estimulado la curiosidad de los pensadores. Parte de sus logros se reflejan en la cartografía, pero lo que le interesaba de verdad era el carácter singular de distintos grupos étnicos (la etnología). En otras palabras, Hecateo fue el pionero de la antropología comparada. Para comprender a un pueblo —por ejemplo, los libios— era claramente necesario saber algo sobre su pasado y su entorno físico, así como sobre sus costumbres; así pues, tanto el material histórico como el geográfico contribuyeron a la redacción de su gran obra, *Viajes alrededor de la Tierra*, un libro que se lee como si fuera un cuaderno de bitácora y que describe con detalle distintos lugares y a sus habitantes en el orden en que un barco iría pasando por ellos en una travesía a lo largo de las costas de varios mares.

Heródoto ahondó en el interés de Hecateo por la antropología, pero, mientras viajaba, recopilaba narraciones orales y pruebas de testigos oculares, y consultaba los documentos objeto de su estudio y que conservaban los bárbaros. Sus explicaciones sobre la religión de Egipto se basaron en las versiones que los propios egipcios daban de su historia religiosa; los persas aqueménidas recurrieron a intermediarios griegos para aprender sobre aspectos de la mitología y la tradición griegas que luego incorporaron a sus propias versiones de la historia y que Heródoto, a su vez, puso por escrito. Este gran historiador clásico nunca nos permite olvidar que los escritos griegos sobre Oriente hay que considerarlos solo un componente de un intercambio dinámico y constante entre ambos, más que como una visión de una de las partes situadas a tal o cual lado de un muro conceptual; las élites griegas que vivían en las regiones noroccidentales y los alrededores del imperio persa cultivaron relaciones amistosas con las cortes del rey persa y sus sátrapas (gobernadores provinciales). Era muy elevado el número de individuos que vivían en comunidades étnicamente complejas, sobre todo en la región del Mar Negro y Asia Menor. Las diversas esferas egeas y de Oriente Próximo se han de visualizar como un «mosaico de culturas singulares y sumamente individuales que se solaparon recíprocamente e interactuaron con mayor o menor intensidad a lo largo de varios milenios».

Igual que otros griegos ilustrados del este sobre los que hemos tratado en este capítulo, Heródoto emigró hacia una colonia occidental desde una ciudad griega asiática, primero a Atenas (donde tal vez escribió gran parte de su obra) y luego a Turios, la nueva ciudad modelo, donde es posible que pusiera a punto su trabajo y donde más tarde tal vez falleció. Aunque era nativo de Halicarnaso, ciudad doria del sur de Anatolia, escribió sus libros en dialecto jonio, poniendo de manifiesto así, como los autores hipocráticos, la tradición intelectual a la que pertenecía. Por muy original que fuese su proyecto, Heródoto no habría podido inventar la historiografía sin el trabajo de los intelectuales del este que lo precedieron, es decir, sin el mapa de Anaximandro, sin el relativismo escéptico de Jenófanes, sin la antropología de Hecateo y los sistemas de hipótesis, prueba y demostración y de lógica probabilística que se perfeccionaron con fines médicos. Con todo, descubrió realmente un nuevo género –la historia– que podía incluir todas las ramas del pensamiento que habían desarrollado Tales y sus sucesores. A Heródoto le encantaba investigar tanto el comportamiento físico del Nilo o los motivos por los que distintas tribus adoraban a distintos dioses como las causas de la expansión del im-

175

perio persa. También pudo disfrutar del precedente que habían sentado los poetas jonios que habían reflexionado sobre la historia de sus propias comunidades, como Mimnermo de Colofón, cuyos poemas contaban las guerras de los jonios contra Giges; pero su mayor fuente poética es sin duda alguna la *Ilíada*, omnipresente en su obra, pues le sirvió tanto de modelo (la consideró un precedente en cuanto narración de una gran guerra entre Europa y Asia) como, a la vez, de autoridad previa a su época (aun cuando a veces cuestiona su historicidad: por ejemplo, insiste en que Homero sí sabía algo que él mismo consideraba la verdad histórica acerca de Helena de Troya, a saber, que nunca había estado en Troya y que había pasado en Egipto los años que duró la guerra). Heródoto opinaba que Homero simplemente había prescindido de la verdad porque no le servía para alcanzar sus objetivos, que eran exclusivamente poéticos.

Es posible también que Heródoto comenzara a trabajar en un proyecto etnográfico similar al de su predecesor Hecateo. Sus libros contienen largas secciones en las que describe a los pueblos de distintas regiones: los egipcios en el libro 2 y los escitas en el libro 4, entre otros; sin embargo, en algún momento incorporó los pasajes etnográficos en un relato sobre las guerras médicas, de las que trazó un vasto cuadro tanto cronológico como espacial, incluida la ascensión del imperio persa. Es ese elemento marco, una narración a través del tiempo, lo que acabó dando su nombre tanto al género historiográfico como a la disciplina académica que llamamos historia. Heródoto merece sin duda el título de Padre de la Historia, pero su reputación sufrió en el primer periodo de la Edad Moderna y en el siglo XVIII, cuando pensadores de renombre como David Hume lo compararon con Tucídides, el padre de la historia «real», y lo consideraron inferior. Su rehabilitación posterior como pensador serio y solvente, a finales del siglo XIX, tuvo que ver con el auge de la antropología junto con el de la etnografía imperial. En el siglo XX, los trabajos conjuntos de Arnaldo Momigliano e Isaiah Berlin hicieron hincapié en el papel incomparable que

Heródoto desempeñó tanto en la filosofía como en la práctica de la historia, mientras, por su parte, la tendencia que volvió a poner las fuentes orales en el centro de la disciplina contribuyó en gran medida a revivir el interés por la manera en que el historiador de Halicarnaso escribió sobre el pasado.

Pese a todo, las discusiones en torno a la condición de Heródoto como historiador han eclipsado su monumental logro *literario*. Leerlo es un placer, y aunque los escritores antiguos solían atacarlo por su tendencia a confundir el mito con la realidad y su tendencia a emitir juicios positivos y antipatrióticos sobre los bárbaros, no había quien no lo admirase por su excelsa pluma. Heródoto fue el Padre de la Prosa Europea. Empezó a escribir casi sin ayuda de nadie y, prescindiendo del metro poético, pasó de las lentas y pesadas oraciones simples a las secuencias de un virtuoso; nunca nadie ha superado su inmenso talento para la redacción y la variación de la longitud de las frases. Si bien conocía en profundidad la poesía, parece que se dio cuenta de que la prosa era un medio de expresión con un potencial equivalente. En Heródoto hay frases de una belleza que nos deja sin habla, fruto del empleo de una sintaxis que sorprende al lector (por ejemplo, utilizando con maestría el hipérbaton), la transposición del contenido mediante efectos auditivos (como las crecidas del Nilo) y el uso de nombres abstractos para indicar la aparición de las emociones. Hay en su obra relatos tan vívidos que han permitido que los persas y los griegos antiguos sigan siendo una presencia viva en nuestra cultura: Jerjes ordenando la flagelación de las aguas del Helesponto o el final de la resistencia de los espartanos en las Termópilas. Su punto de vista nos ofrece un acceso sin parangón a las «grandes y maravillosas obras de los griegos y los bárbaros». Para todo aquel que se interese por la Grecia clásica, Heródoto, cumbre de la revolución intelectual jonia, es el acompañante ideal.

Interior del Partenón, grabado del siglo XIX.
(Colección particular de la autora.)

5. ATENAS, SOCIEDAD ABIERTA

En la Atenas democrática de los siglos V y IV a. C., la civilización griega alcanzó el apogeo de su creatividad. De las comunidades helénicas estudiadas en este libro, es posible que los atenienses de la época clásica fueran los únicos que demostraron poseer las diez características que definieron la mentalidad de los griegos antiguos. Tenían una curiosidad insaciable, eran marineros excelentes, desconfiados por naturaleza de cualquier persona con alguna clase de poder, muy competitivos, maestros en el arte de la oratoria, amantes de la risa hasta el punto de llegar a institucionalizar la comedia y, además, adictos a los pasatiempos placenteros. Con todo, no cabe duda de que el rasgo más característico del carácter ateniense, impreso en cada uno de sus logros colectivos, fue su *apertura*, tanto a la innovación como a la hora de adoptar ideas foráneas y expresar su subjetividad.

La democracia ateniense, a la que el estadista Solón había allanado el terreno constitucional a principios del siglo VI a. C. –si bien no se instauró hasta 507 a. C.– fue un sistema de gobierno muy novedoso: los atenienses son «siempre amigos de novedades, muy agudos para inventar los medios de las cosas en su pensamiento, y más diligentes para ejecutar las ya pensadas y ponerlas en obra», dijo, según Tucídides, que era oriundo de Atenas, un diplomático corintio. Se enorgullecían también de su apertura cultural. En un discurso de elogio a los soldados caídos en el campo de batalla durante el verano de 431 a. C., Pericles, en su *Discurso fúnebre,* alabó así a sus conciudadanos: «Tenemos la ciudad abierta a todos y nunca impedimos a nadie, expulsando a los extranjeros, que la visite o contemple –a no ser tratándose de alguna cosa secreta de que pudiera sacar provecho el enemigo al verla.»[1] Esta frase fundamental demuestra que la apertura ateniense no fue solo un proceso unívoco. Los atenienses, siempre receptivos a las ideas nuevas que llegaban del exterior, acogían sin reservas a los forasteros; tampoco les daba miedo permitir que otros examinaran su modo de vida desde dentro. Esa honradez social y psicológica estaba a su vez íntimamente relacionada con su inmenso talento para analizar sin tapujos, en el teatro y la filosofía, las emociones y el comportamiento humanos.

Esa apertura a nuevas ideas los ayudó a convertirse en unos marinos excelentes en muy poco tiempo, aunque relativamente tarde, solo cuando vieron aproximarse la amenaza del imperio persa. Gracias a las minas de plata de Laurión, en el Ática meridional (territorio que constituía toda su ciudad-Estado), consiguieron nuevas fuentes de ingresos, y el inspirado general Temístocles los convenció para que armaran y tripularan una potente nave egea, un trirreme de doscientos remos. Vivían en una península con unos puertos que no podían ser mejores y, como las costas daban a casi todos los puntos cardinales, estaban expuestos de forma permanente, por mar, a otras culturas. Hasta a los críticos más duros les impresionaba el ambiente cosmopolita de la ciudad; entre ellos cabe mencionar al «Viejo Oligarca», un panfletista enemigo de la democracia, que observó que la destreza naval ateniense permitía que la ciudad dispusiera de muchos artículos de lujo importados de Sicilia, Chipre, Egipto, Lidia o el Mar Negro. Según dicho personaje, el instinto ateniense para «mezclarse» con diversos pueblos convirtió incluso su habla en un popurrí de elementos, pues entendía que como habían oído todo tipo de dialectos, tomaban un poco de cada uno, y que así

---

1. Cita tomada de Tucídides, *Historia de la Guerra del Peloponeso,* libro XI, 34-46. Madrid, Hernando, 1987; traducción de Francisco Rodríguez Adrados. *(N. del T.)*

como otros griegos solían emplear el suyo propio y tener su propia forma de vida y de vestir, los atenienses utilizaban una mezcla de todos los helenos y los bárbaros.

No nos cabe duda de que acogían de buen grado a los inmigrantes. En el Museo Arqueológico de Atenas puede verse una lápida del siglo IV a. C. con inscripciones en griego y fenicio, descubierta en el barrio del Cerámico, una pujante zona comercial de Atenas al noroeste de la Acrópolis. El nombre del padre del difunto derivaba de la diosa fenicia Astarté *(Ishtar)*, que en griego se convirtió en Afrodisio. En el grabado de la lápida se ve a un hombre luchando con un león y la proa de un barco, un simbolismo más fenicio que griego; sin embargo, el poema de la inscripción, en griego, explica a los griegos el simbolismo de la imagen, cosa que demuestra que los deudos originales eran una auténtica comunidad bicultural.

Los ciudadanos atenienses se enorgullecían de ser un crisol transnacional sin parangón, a la vez que animaban a otros pueblos a que aprendieran de ellos. Los mercaderes de cerámica ateniense inundaban el mercado etrusco de alfarería en Italia; sus vasijas combinaban imágenes de la mitología griega con formas atractivas para el gusto local. Los atenienses iniciados en los misterios eleusinos del Ática participaban en los ritos junto a sus esclavos extranjeros, que podían asistir siempre y cuando hubieran aprendido griego. Los críticos de la democracia llegaron a quejarse incluso de que en Atenas tratasen a los esclavos con tanta liberalidad y les permitieran comportarse con tal audacia en la calle que no era fácil diferenciarlos de los hombres y mujeres libres.

Hasta qué punto debían ampliarse los derechos de ciudadanía a los extranjeros, e incluso a los esclavos que lo merecían, fue un importante tema de disputa entre los atenienses. En 404 a. C., después de restituirles la ciudadanía a conocidos opositores a la democracia, los atenienses acabaron por perderla y tuvieron que someterse al régimen de terror de los Treinta Tiranos durante más de un año. Cinco años después, la restaurada democracia ejecutó a Sócrates por hacer demasiadas preguntas sobre la administración de los asuntos de la ciudad y por explorar ideas filosóficas consideradas demasiado desafiantes. La pregunta que planteaba la democracia ateniense, con su principio de que todo ciudadano tenía derecho a la libertad de expresión, era dónde poner el límite entre el formar parte de la ciudadanía y el potencial subversivo de las opiniones que se permitía expresar. La historia de la ascensión y caída del imperio ateniense en el siglo V a. C. es también la historia de la lucha de ese imperio por conseguir una sociedad lo más abierta posible.

No obstante, es también una historia repleta de proezas casi increíbles. En el transcurso de tres generaciones, y en una población de entre treinta y cuarenta mil ciudadanos *varones* libres, surgieron las vanguardistas obras de Sófocles (nacido en 496 a. C.), el estadista Pericles (495 a. C.), las grandes tragedias de Eurípides y el magnífico escultor Fidias (nacidos ambos hacia 480), el filósofo Sócrates (hacia 469), el historiador Tucídides (hacia 460), el comediógrafo Aristófanes (hacia 448), el historiador y moralista Jenofonte (hacia 430) y el filósofo Platón. Y por si esos intelectuales fueran pocos, Atenas acogió a extranjeros residentes, los llamados metecos, y atrajo a figuras tan influyentes como Heródoto, el fundador de la disciplina histórica; Gorgias, gran sofista y maestro de la retórica; Anaxágoras, a quien puede situarse entre los primeros científicos; a Protágoras, el teórico político; a Teodoro de Cirene, matemático, y el orador Lisias (un meteco cuya familia procedía de Sicilia). Las conversaciones que mantuvieron esos hombres se cuentan entre las más dinámicas que el mundo ha conocido. No es de extrañar que Píndaro, el poeta de Tebas, llamara a Atenas «la ciudad bulliciosa», un lugar donde nunca se dejaba de platicar.

En este capítulo presentaré los logros de los atenienses clásicos, con sus luchas por una sociedad verdaderamente abierta, en el contexto de la revolución democrática de 507 a. C. y las dos guerras que libraron en el apogeo de su poder: la primera con los persas en 490, y nuevamente en 480, y la segunda con los espartanos, con quienes rivalizaban por el dominio del mundo griego, durante la larga Guerra del Peloponeso (431-404 a. C.).

El mejor testigo de ese periodo fue Esquilo, que combatió contra los persas y escribió la pieza teatral más antigua de las que han sobrevivido, *Los persas* (472 a. C.), para celebrar la victoria griega. Esquilo murió en la década de 450, en la cúspide del poder ateniense, unos años en que las instituciones políticas fundamentales de la democracia (la Asamblea, el Consejo y los tribunales) alcanzaron su pleno desarrollo. Sin embargo, para las primeras dos décadas de la Guerra del Peloponeso, nuestra mejor ventana contemporánea para asomarnos a la mentalidad ateniense son Tucídides y los festivales. El capítulo concluye con Sócrates, el enigmático filósofo estrechamente vinculado a los otros tres atenienses que dejaron constancia del rumbo desastroso que tomó la ciudad en los últimos años de la guerra, entre 413 y 404 a. C., y su parcial recuperación posterior: el soldado Jenofonte, el comediógrafo Aristófanes y el filósofo Platón.

*

Con la revolución de 507 a. C., seguida de la resistencia triunfal al imperialismo en 490 y entre 480 y 479, se sentaron las bases de la cultura cosmopolita e innovadora de la que se nutrió la receptividad ateniense. Además de las *Historiae* de Heródoto, la mejor fuente sobre esas guerras es la tragedia *Los persas* (Esquilo, 472 a. C.). En la época de la revolución democrática, el autor, nacido en 525 a. C., era un joven impresionable de apenas dieciocho años, hijo de una familia aristocrática que vivía a poco más de diez kilómetros al oeste de la ciudad, en la zona ribereña de Eleusis, famosa por su antiguo culto a Deméter. Vino al mundo dos años después de la muerte del tirano ateniense Pisístrato, durante el gobierno de sus despóticos hijos, Hipias e Hiparco. Hiparco murió asesinado en 514 a. C., cuando Eurípides solo tenía once años; según la propaganda democrática ateniense, un tiranicidio que pasó a simbolizar la liberación del pueblo del despótico hijo de Pisístrato. A quienes lo mataron, Harmodio y Aristogitón, se les rindió homenaje con alegres cánticos que se entonaban en las tabernas y un famoso conjunto de estatuas en un lugar prominente del ágora (la plaza del mercado). A pesar de todo, siguieron otros siete años de tensión entre los Pisistrátidas y el pueblo.

Los dirigentes de quienes se oponían a Hiparco e Hipias fueron los Alcmeónidas, una familia que por tradición apoyaba a los ciudadanos de las clases bajas y con la que Esquilo se alió políticamente. Se decía que descendían de Alcmeón, tataranieto de Néstor de Pilos. El alcmeónida más destacado de su generación fue Clístenes, nacido hacia 570 a. C. Era hijo del estadista Megacles, pero el linaje de la madre era aún más importante, pues su abuelo materno fue Clístenes de Sición, un tirano prominente. Por lo tanto, el joven tenía credenciales ancestrales como líder y amigo del pueblo a la vez.

El adolescente Esquilo seguramente observó con expectación cómo Clístenes orquestaba la destitución de Hipias (510 a. C.) antes de embarcarse en una lucha prolongada con su principal adversario, otro aristócrata ateniense llamado Iságoras. Clístenes disponía de más apoyo entre las clases bajas, pero su rival contaba con una baza nada desdeñable, a saber, la extendida creencia en que los Alcmeónidas estaban contaminados, motivo por el cual se los consideraba intocables y contagiosos. Supuestamente se habían contaminado varias generaciones antes de Clístenes por haber violado la ley sagrada con el asesinato de algunos enemigos, suplicantes que habían buscado asilo religioso en un altar.

Clístenes partió al exilio e Iságoras llamó al rey espartano Cleómenes, amigo de la familia, para que lo ayudara a instaurar un gobierno oligárquico formado solo por trescientos hombres. En una serie de acontecimientos inolvidables, el Consejo ateniense, con el respaldo del pueblo, se opuso al golpe de Iságoras, que se refugió junto con sus aliados espartanos en la Acrópolis, donde el pueblo los sitió durante dos días. Al tercero dejaron marchar a los espartanos e invitaron a Clístenes a que volviera a Atenas convertido en líder popular. Solo gracias a ese mandato de una mayoría abrumadora consiguió Clístenes introducir las reformas que dieron origen a la democracia ateniense; es posible que para designarla empleara el término *iso-*

nomia, «igualdad para todos los ciudadanos ante la ley». A los conciudadanos de Esquilo les gustaba recordar el memorable día en que Cleómenes subió a la Acrópolis y una mujer ateniense le hizo frente. Heródoto relata así el episodio: «Al punto mismo que lo ve la sacerdotisa, levantada de su asiento, y antes que pasara el umbral del santuario, con tono fatídico: "Vuélvete atrás", le dice, "lacedemonio forastero, vuélvete: ni pretendas entrar en este sagrario, donde no es lícito que entren los dorios."» La apertura del templo más sagrado de los atenienses tenía sus límites, y Cleómenes se vio obligado a marcharse. El sacerdocio de Atenea Polias –Atenea en su papel de protectora de la ciudad– era un cargo público vitalicio muy respetado, y su poseedora procedía de la antigua familia de los Eteobutadas. La sacerdotisa, que no podía casarse, era la mujer más poderosa de Atenas, pero esta portavoz de la diosa en la época de la revolución democrática fue asombrosamente valiente, pues dijo *no* a los contrarios a la democracia.

La diferencia que más rápidamente advertiría Esquilo en la vida pública fue la reorganización de lealtades a causa de las reformas que Clístenes introdujo en toda el Ática. Hasta entonces, las familias aristocráticas (incluida la de Esquilo) habían mantenido el poder porque pertenecían a una de las cuatro antiguas tribus o clanes *(filai)* áticos. Clístenes acabó con esas lealtades de parentesco y las reemplazó con identidades de grupo basadas en la región de residencia o *demo.* Había ciento treinta y nueve *demos,* lo que a su vez dio lugar al problema de crear una identidad cívica para aglutinar a los ciudadanos del Ática que vivían en diferentes entornos de la ciudad, la costa y los pueblos del interior. Operando un cambio profundo, Clístenes agrupó los *demo*s en tres conjuntos llamados «tercios» *(tritías),* si bien cada uno de ellos incluía *demos* costeros, interiores y urbanos. Las diez tribus completamente nuevas se configuraron a partir de una división tripartita, lo que aseguraba que las identidades no se limitaran al lugar o la clase de residencia.

El *demo* de Esquilo era Eleusis, en la costa, pero estaba agrupado con el agrícola de Decelia y el del puerto urbano del

Pireo, de gran importancia. Los tres *demos* pertenecían a la nueva tribu de Hipótoo, en honor al héroe de ese nombre, hijo de Poseidón y legendario rey de Eleusis. La familia de Esquilo se vio obligada a establecer relaciones con la clase trabajadora –marineros y pequeños comerciantes del puerto–, que fue consolidando en reuniones habituales. Por otra parte, más que el linaje, ahora era un sorteo lo que determinaba la elección de los miembros del Consejo legislativo, que en un momento dado llegó a tener quinientos miembros, cincuenta de cada una de las nuevas tribus transregionales. A menudo eran campesinos y estibadores los que representaban al patricio Esquilo. La instauración de tales medidas debió de desorientar a muchos, pero es innegable que se trató de un golpe maestro que creó un sentimiento de identidad ática compartido por hombres de todas las clases y de toda condición económica, y que les garantizó, por primera vez, igualdad ante la ley.

Sin embargo, en los nueve años que duró la revolución, la amenaza persa pesó sobre los jóvenes atenienses con la misma fuerza que la reorganización de los *demos*. Los conciudadanos de Esquilo ya participaban en operaciones militares contra los persas desde 498 a. C., cuando Atenas había enviado a Jonia una flota encargada de ayudar en la revuelta que acabó catastróficamente con la ocupación persa de Mileto, un acontecimiento que debió de aterrorizarlos. El poeta, a sus treinta y cinco años, estaba en excelente forma física cuando Darío finalmente invadió la Grecia continental. En 490 a. C., Esquilo combatió en la batalla de Maratón, un *demo* ateniense, junto a su hermano, que cayó mortalmente herido. La década siguiente, entre la primera y la segunda invasión de los persas, se caracterizó, en Atenas, por una política interna turbulenta, un periodo en que los ciudadanos se valieron a menudo del derecho al exilio de uno de los suyos, a quien elegían mediante el sistema de votación llamado ostracismo, en contra de los aristócratas sospechosos de tener inclinaciones propersas. Cuando, en 480 a. C., llegó la nueva ofensiva enemiga, Esquilo ya tenía cuarenta y cinco años y fue testigo del derrumbe de la defensa griega en Beocia, de la marcha terrible de Jerjes sobre Atenas, la evacuación de la ciudad y su posterior saqueo. Los persas incendiaron y robaron todo lo que pudieron, pero el terror se transformó en triunfo con la victoria griega en la batalla naval de Salamina (una isla cerca de Atenas) y el enfrentamiento final de la infantería en Platea, a una jornada de marcha al noroeste de Atenas. Esquilo vivió después en medio de las ruinas de su ciudad y concibió el argumento de la obra que inmortalizaría la victoria sobre los bárbaros. *Los persas* se estrenó en 472 a. C. con el patrocinio del joven Pericles, un ambicioso alcmeónida, sobrino nieto de Clístenes.

En el punto culminante de la obra, el espectro de Darío, el difunto rey persa, sale de la tumba y advierte a sus compatriotas, que aún padecían el trauma de la guerra: «¡Acordaos de Atenas!» Se supone que esta asombrosa escena tiene lugar el mismo día que regresa a su hogar el rey Jerjes, caído en desgracia tras la derrota humillante que la flota ateniense había infligido a los persas en Salamina (480 a. C.). Es un rasgo típico de la mentalidad abierta y flexible de Atenas el hecho de que Esquilo no escribiera una alabanza demagógica y patriótica sobre los héroes de guerra atenienses, ya que solo imaginó creativamente cómo debieron de ser las guerras médicas desde la perspectiva del invasor.

Probablemente se exagera la desesperación de los persas porque, si bien es posible que estuvieran molestos por no haber conquistado la Grecia continental, el fracaso no puso en peligro la seguridad de su vasto imperio asiático. Quienes en realidad querían «acordarse» de Atenas y las batallas eran el pueblo ateniense y sus aliados. *Los persas* brindó a los atenienses una experiencia teatral y un texto que instantáneamente se convirtió en canónico, y que presentaba los elementos fundamentales de su identidad. Estaban orgullosos de haber protegido la incipiente constitución democrática, sobre todo porque Darío tenía intención de restituir a Hipias, el hijo superviviente del tirano Pisístrato, que incluso había combatido a su lado en la campaña de 490 a. C. El público original debió de aplaudir calurosamente cuando, en la obra, la reina persa, al preguntar el nombre del so-

187

berano, se sorprende al oír decir al corifeo que los atenienses no se consideran «esclavos ni vasallos» de nadie.

El segundo elemento básico de la identidad democrática que *Los persas* de Esquilo pone claramente de manifiesto es que Atenas era una potencia naval cuyo bienestar dependía de los remeros, hombres de la clase social más baja de los ciudadanos *(tetes)* y, por tanto, los que más se habían arriesgado para defender la democracia. Muchos de ellos vivían en el Pireo, el *demo* de la ciudad agrupado con el natal de Esquilo. Es probable que este conociera personalmente a muchos de esos hombres. La obra da forma a una versión (no del todo fidedigna) de la historia de la época, en la que la defensa de Grecia no depende tanto de la batalla de Platea (por tierra, en 479), donde los espartanos habían sido superiores, como de la naval de Salamina. Según el retrato que se pinta en *Los persas,* la democracia ateniense y la libertad de Grecia dependen de la destreza naval, el pensamiento estratégico y la valentía y la audacia. ¿Acaso no habían derrotado al rey de Persia, el hombre más poderoso del mundo, que estaba al mando de unas fuerzas terrestres sin igual y de los formidables buques de guerra fenicios? En la obra se sugiere que el fracaso de los persas se debió a que trataron de afirmar su dominio marítimo, un ámbito en el que ahora los atenienses se sentían sumamente seguros.

La identidad democrática de los atenienses, que habían conseguido la libertad remando con sus propias manos, iba unida a su aspiración de ser los líderes del resto de los griegos y convertirse rápidamente en sus señores imperiales. La derrota de los persas les permitió aumentar su poder en todo el Egeo. Fueron ellos quienes crearon la alianza de ciudades-Estado, aparentemente en «defensa» de Grecia, que evolucionó hasta contar con un poderoso imperio marítimo propio. Después de la escisión de los isleños de Naxos en 468 a. C., cualquier pretensión de que la «alianza» no era un imperio ya no se sostenía. Atenas los aplastó con violencia y Naxos perdió su independencia. La derrota de los persas en Maratón y Salamina se convirtió en la base del relato de la democracia «imperial» clásica, y las leyendas se reinterpretaron según ese criterio. Las batallas que los atenienses libraron contra las amazonas, por ejemplo, reconocidas como precursoras de las guerras médicas, se convirtieron en un ingrediente de la creación artística; en las pinturas de las vasijas y en las esculturas, las amazonas empezaron a llevar ropa y armas persas. A Teseo, el mítico rey de Atenas, se lo representaba en poses que recordaban la famosa estatua de los tiranicidas. El Esquilo de *Los persas* formaba parte de un programa de producción cultural estimulado por el nuevo «relato» de las guerras médicas. Dos generales y héroes de guerra –Temístocles (nacido hacia 524) y Cimón (algo más joven, hacia 510), fueron fundamentales en la génesis de esa nueva narrativa.

El esplendor patriótico de *Los persas* de Esquilo se adecua a la magnitud de los acontecimientos que tuvieron lugar durante su vida, y lo mismo puede decirse de todas sus obras. Fue un precursor innovador que llevó a cabo una transformación fundamental del género. En su biografía más antigua puede leerse que fue el primer autor «en hacer de la tragedia un género más grande apelando a las emociones más nobles. Adornaba el escenario y asombraba al público con efectos visuales brillantes, pinturas, utilería y atrezo, como altares y tumbas, trompetas, fantasmas y apariciones de las Erinias». El encontronazo histórico con los vastos ejércitos persas afectó profundamente a su trabajo, no solo en lo que respecta a su visión de la corte persa o de los miembros de la familia real egipcia (en *Las suplicantes),* sino también al «otro país» que constituía su pasado. La grandeza arcaica y aristocrática de Argos en su trilogía *La Orestíada* evoca el encuentro de los atenienses del siglo V con las monarquías bárbaras. El lenguaje de Esquilo es experimental, desbordante de palabras compuestas de nuevo cuño; más adelante, Aristófanes diría que el lenguaje de Esquilo dejaba a los oyentes sin sentido.

La escala de los efectos teatrales y de la poética de Esquilo se refleja en la magnitud de su concepción de la historia y el universo. Según la filosofía en la que se apoyan todas sus obras, el necesario y grandioso progreso de la civilización, aunque lo ordena Dios, se consigue por medio de un sufrimiento terrible. Puede

189

que dicho sufrimiento sea la aflicción de todo el pueblo persa como consecuencia de la estrategia imperial de Jerjes o del oscuro estancamiento emocional de las sucesivas generaciones de la familia de Atreo en la *Orestíada*. En todo caso, siempre descansa en un sentido de inevitabilidad y en la esperanza de que, a la larga, se revele la razón divina del sufrimiento. En la trilogía, la civilización evoluciona a partir de una monarquía arcaica, asolada por sucesivas venganzas, que se encamina al nuevo amanecer de la democracia ateniense en una ciudad donde prevalece el imperio de la ley. En *Agamenón,* la primera de las tres obras que la componen, el mítico hijo del rey Atreo de Micenas regresa de Troya para someterse al castigo de su esposa, Clitemnestra, por haber sacrificado a la hija de ambos antes de la expedición. Como los tribunales aún no se habían inventado, Clitemnestra no tenía otra alternativa si había que llamarlo a capítulo. En *Las coéforas,* la segunda pieza de la trilogía, Clitemnestra y su amante son los tiranos de Argos y ejercen el gobierno con mano de hierro, pero Orestes, su hijo, regresa para asesinarlos y reclamar el trono. En la tercera y última parte, la tercera obra, las Furias y el espectro de Clitemnestra persiguen a Orestes, al que tachan de asesino. Solo cuando lo juzga en Atenas el primer jurado democrático del mundo y es absuelto gracias al voto de la mismísima Atenea, su familia —e, implícitamente, el mundo— queda liberada del círculo interminable de venganzas y asesinatos recíprocos.

Cuando la trilogía de Esquilo se representó en 458 a. C., Atenas se recuperaba de la violencia devastadora de una lucha de clases primitiva, resultante, en última instancia, de las reformas de Clístenes, que hacían extensivos los derechos cívicos a los ciudadanos de la clase más baja. Los *tetes* quedaron excluidos del gran poder que ejercía el antiguo Consejo del Areópago. Los aristocráticos areopagitas se reunían en la colina de Ares, de la que tomaron su nombre, pero Efialtes, un demócrata radical, había hecho campaña para dividir los viejos poderes aristocráticos de las tres instituciones básicas de la ciudad: la Asamblea, el Consejo que la asesoraba y los tribunales, que se abrieron a todos los ciudadanos varones. Esas medidas acabaron con un baño de sangre en las calles y una conspiración oligárquica encaminada a desestabilizar la democracia. Efialtes, el revolucionario, murió asesinado en 461 a. C., pero la jurisdicción del Areópago quedó restringida a ciertos casos de homicidio y sacrilegio. En *Las Euménides,* la última tragedia de *La Orestíada,* el juicio de Orestes, acusado de asesinar a su madre, se presenta como el juicio fundacional de la institución. La muerte de Efialtes y los demás apenas tres años después, al final de la trilogía, subraya la importancia de la prohibición de Atenea, que quería evitar la violencia entre facciones.

La reforma del Areópago puso por fin el poder soberano pleno *(cratos)* en manos de toda la ciudadanía *(demos).* Los nueve magistrados de la ciudad (los arcontes) se escogían por sorteo, una medida para prevenir la corrupción; los diez generales *(strategoi)* se elegían anualmente, pero eran los únicos que podían repetir en el cargo. Todos los funcionarios estaban sometidos a un control al final de su mandato. Los generales tenían responsabilidades que trascendían las cuestiones militares; como todos los ciudadanos y algunos metecos estaban obligados al servicio militar, y los atenienses siempre combatían en alguna región de su imperio, los asuntos militares ocupaban un lugar importante en la vida de toda la polis.

La democracia, en su apogeo, dio incluso a los ciudadanos menos prósperos una serie de derechos y un nivel de vida envidiable. Hasta 451 a. C., esos privilegios se transmitían de padres ciudadanos a hijos legítimos, independientemente de la procedencia de la esposa. Era práctica común tener una esposa de una familia no ateniense. Pericles previó que el número de ciudadanos aumentaría demasiado deprisa para mantener los privilegios, y en 451 a. C. presenció, en la Asamblea, la aprobación de una ley que restringía el acceso a la ciudadanía y lo limitaba solo a aquellos cuyos dos progenitores descendían de familias atenienses. Era consciente de que la apertura democrática de Atenas amenazaba con desestabilizar la democracia misma. Es una de las ironías de la historia de la ciudad el hecho de que Pericles sufriera en carne propia por culpa de esa legisla-

191

ción. Su mujer le había dado dos hijos legítimos, pero cuando se divorciaron a mediados de la década de 440, tuvo un tercero, llamado Pericles, de su querida amante Aspasia. Lamentablemente, Aspasia era de Mileto, de modo que el niño no reunía los requisitos para ser ciudadano ateniense. Cuando, casi dos décadas más tarde, Pericles y sus dos hijos legítimos murieron durante la epidemia de peste, los atenienses aprobaron, con carácter excepcional, que se concediera la ciudadanía al hijo que había sobrevivido.

Todos los ciudadanos varones adultos tenían derecho a votar directamente la política de Estado y participar en la Asamblea, el órgano ejecutivo de la ciudad, en la que, para que hubiese quórum, se requería la presencia de seiscientos hombres. La Asamblea se reunía unas cuarenta veces por año y allí se votaban todas las cuestiones de importancia: el trato que se debía dar a los aliados, la administración del imperio y las declaraciones de guerra. También se elegían los magistrados y los diez generales. Aunque todos los miembros de la Asamblea tenían derecho a intervenir, siempre que hubieran cumplido dos años de servicio militar, en la práctica el órgano estaba en manos de hombres de la élite y políticos profesionales. Se consideraba inapropiado que un joven hablara mucho. Durante las asambleas, los ciudadanos se congregaban en la plaza del mercado y se dirigían a la colina de Pnyx, al oeste de la Acrópolis, donde se reunía la Asamblea, pero era necesario que un batallón de esclavos del Estado, los arqueros escitas, los llevara hasta allí formando un cordón y mantuviera el orden durante los procedimientos; por ejemplo, expulsar a los borrachos y los pendencieros o a los que desagradaban a los demás con sus discursos. Las fuentes contemporáneas hacen hincapié en el ruido ensordecedor que reinaba en las sesiones; los oradores tenían que hablar a gritos y las claques de partidarios o adversarios competían por acallar a la oposición. En *Los caballeros,* una comedia de Aristófanes, la parodia de dos políticos que se disputan en la Asamblea el apoyo del pueblo consiste en una retahíla de obscenidades, consignas, adulaciones y amenazas soltadas a voz en cuello.

El Consejo del Areópago (la *bulé*, «lugar de deliberación», llamado a veces «Senado») determinaba el orden del día de la Asamblea, algo que parece notablemente democrático desde la perspectiva de nuestro sistema representativo actual, tan diluido. La velocidad con que, en 411 a. C., los oligarcas tomaron el poder, destituyeron a los concejales electos y ocuparon el edificio del *buleuterión* para usarlo como centro de poder propio, pone de manifiesto la importancia de esta institución. La *bulé* necesitaba un mínimo de quinientos ciudadanos para funcionar –de ahí que se la llamara Consejo de los Quinientos–, seleccionados proporcionalmente por cada *demo*, y se reemplazaban todos los años echando el resultado a suertes (por lo menos hasta mediados del siglo V a. C.), «de modo que constituyera una muestra representativa de la ciudadanía». Como nadie podía ejercer el cargo durante más de dos mandatos, las posibilidades de que en algún momento cualquier ciudadano accediera a ocupar un puesto eran altas, sobre todo después de que a finales del siglo V se instituyera una retribución, al parecer para animar a los ciudadanos pobres. Al principio solo podían hacerlo los propietarios de las tres clases más altas, con excepción de los *tetes*, pero esos requisitos se pasaban por alto o no eran decisivos. El Consejo se reunía casi a diario y no solo se ocupaba de la economía pública y el control de los magistrados, sino también de los festivales atenienses, de la flota, del programa de obras públicas y el cuidado de los enfermos, los discapacitados y los huérfanos. Para el cargo de *buleuta* se requería disponer de información, evaluar las medidas que se adoptaban y deliberar sobre las futuras prácticamente a diario y durante toda la jornada. El nivel de atención exigido resulta asombroso si se compara con el que se exige hoy a los políticos, por no mencionar a los ciudadanos corrientes.

La tercera institución en la que todos los ciudadanos podían participar era el sistema de los dicasterios, los tribunales populares atenienses. La mayoría funcionaba en edificios situados alrededor del ágora. Había distintos tribunales especializados para diferentes tipos de delitos. La fiscalía la formaban ciudadanos que presentaban en persona la acusación tanto en causas penales privadas como políticas, así como los argumentos de la defensa. Es probable que contrataran expertos en oratoria, que redactaban el discurso, para exponer los motivos de un caso admisible a trámite, pero debían presentarlo ellos mismos. Los alegatos que han sobrevivido, procedentes de juicios que van de disputas por la canalización de terrenos agrícolas a homicidio y conspiración para subvertir la democracia, demuestran que quienes los redactaban tenían en cuenta la capacidad oratoria de sus clientes; por ejemplo, en los que se escribían para oradores más inseguros se empleaban frases más cortas. El jurado lo formaba un buen número de ciudadanos, por lo general ancianos u hombres de la clase social más baja, sobre todo a partir de que a mediados de siglo se introdujera una remuneración por el servicio. La reserva anual de voluntarios la componían seis mil ciudadanos, entre los que se elegían los miembros del jurado, tal vez unos seiscientos de cada una de las diez tribus que había creado Clístenes. El principio básico era que los jurados numerosos ofrecían mayores garantías de imparcialidad y prevenían el soborno; los que intervenían en delitos menores estaban compuestos «solo» por doscientos un miembros, mientras que para los casos importantes de la ciudad eran al menos quinientos uno.

*

El Viejo Oligarca, nuestro panfletista antidemocrático, consideraba lamentable que los atenienses solo pudieran atender los asuntos públicos algunos días al año: «Tienen que celebrar más festivales que ninguna otra ciudad griega, y cuando esas fiestas tienen lugar, es casi imposible dedicarse a los asuntos de la ciudad.» Explica también este misterioso personaje que el pueblo de Atenas, por muy pobres que sean muchos de los habitantes de la ciudad, ha tenido la habilidad de descubrir «cómo ofrecer sacrificios, altares, banquetes y templos. [Atenas] sacrifica muchas víctimas a expensas de los fondos públicos, pero es el pueblo el que disfruta del festín y al que se brindan las víctimas». La cultura de los festivales funcionaba como una serie de fiestas públicas, algunas abiertas a todos, en especial las deslumbrantes procesiones. Cuando se intenta comprender cómo una ciudad pudo producir tantos grandes hombres en tan pocas generaciones, resulta esclarecedor tener en cuenta que sus jóvenes pudieron disfrutar de la experiencia colectiva de tomar parte, mientras maduraban, en un calendario en que tanto abundaban los festivales, costumbre cuya importancia quedó reflejada en la creación de la identidad ateniense, tal como atestigua un pasaje importante de la obra de Jenofonte. En las postrimerías del siglo V a. C., al final de la Guerra del Peloponeso, Atenas vivía bajo el régimen del terror de los Treinta Tiranos y los demócratas más destacados estaban en el exilio. Lejos de la metrópolis, formaron un ejército y lograron una victoria, tras la cual Cleocrito, portavoz de los exiliados, se dirigió a los aristócratas derrotados con un discurso inspirador.

Ciudadanos, ¿por qué nos expulsáis?, ¿por qué queréis matarnos? Nosotros a vosotros nunca os hicimos ningún mal, hemos participado con vosotros en los ritos y los sacrificios más venerables, y en las fiestas más hermosas, hemos colaborado en los mismos coros, hemos sido condiscípulos, hemos combatido juntos...[1]

Según da a entender Cleocrito, la identidad que se cultivaba en los festivales y los coros creó lazos más fuertes que el estudiar y combatir juntos.

¿Qué significaba para un joven ateniense la experiencia de tener un calendario repleto de festivales y el tener que prepararse con frecuencia y constancia para la guerra? Además de los viajes a festivales panhelénicos lejanos, en la propia Atenas se celebraba todos los meses un número no desdeñable de festivales, dedica-

---

1. Cita tomada de Jenofonte, *Helénicas,* II. Madrid, Alianza, 1989; traducción de Domingo Plácido. *(N. del T.)*

dos a cada uno de los doce dioses del Olimpo, excepto Ares, al que, no obstante, se le rendía un culto a escala local en Acarnas, el *demo* más grande del Ática. También se veneraba a otros dioses y héroes –Cronos y Rea, Gea, Heracles, Teseo y Adonis– en festivales *ad hoc* o en otros dedicados a dioses mayores. Para las deidades principales se organizaban varios con distintos nombres: a Apolo se lo veneraba como Delfinio en primavera, la estación ideal para navegar, y en las Boedromias, a finales del verano, el festival «para acudir cuando se pedía ayuda» y vinculado al entrenamiento militar. De algunos festivales se excluía a los hombres (las Tesmoforias, en honor a Deméter y Perséfone) y en otros, a las mujeres (los relacionados con Heracles). En casi todos se ejecutaban danzas corales que reforzaban la identidad grupal. Algunos se celebraban en los santuarios del centro de la ciudad; en otros se organizaban procesiones a santuarios situados lejos del Ática (entre otros, el de Artemisa en Braurón, que celebraba el momento en que las muchachas se convertían en mujeres, y los misterios eleusinos, a unos veinte kilómetros del santuario ateniense de Deméter, el Eleisinion, debajo de la Acrópolis).

El festival ateniense más importante eran las Panateneas, a finales del primer mes del año nuevo, equivalente a julio. Con nueve meses de antelación se elegía a dos muchachas adolescentes de la alta aristocracia, que vivirían en la Acrópolis. Bajo la dirección de la sacerdotisa de Atenea y con la ayuda de once niñas menores que ellas, tejían una túnica nueva para la estatua de Atenea Polias, una suntuosa tela con las hazañas más célebres de la diosa. El punto culminante del festival se inspiraba en la esencia de los ritos básicos antiguos y comenzaba la noche del vigésimo octavo día del mes con una carrera de antorchas que iluminaban el cielo estival. Los cantos y bailes rituales de las sacerdotisas de Atenea se prolongaban hasta el amanecer. A primera hora de la mañana se sumaban a las actividades coros de hombres y niños, y el festival culminaba con una magnífica procesión y los sacrificios.

La procesión era una muestra de la variedad de grupos que configuraban la identidad imperial ateniense y de las relaciones entre ellos. Participaban los ganadores de las competiciones, generales, ancianos respetados que llevaban ramas de olivo, caballerías y, probablemente, algunos soldados jóvenes en fase de instrucción (los efebos). Las mujeres, con sus cestas, formaban una concurrida sección. Los ciudadanos celebraban el carácter abierto y multiétnico de su comunidad; en la procesión también desfilaban no atenienses, y no solo metecos portadores de bandejas con pan y pasteles, seguidos de sus mujeres e hijas con banquetas plegables, sino también representantes de las naciones aliadas y las colonias. Los atenienses cerraban el desfile en masa, organizados en contingentes según su *demo* de procedencia. El momento culminante era la presentación de la túnica nueva para la vieja estatua, que pendía de palos como la vela de un mástil en una carroza alegórica que quizá se asemejaba a un barco. Después de congregarse junto a las murallas de la ciudad, la procesión serpenteaba por el ágora hasta llegar a la Acrópolis. En el altar de Atenea Polias se sacrificaban cien cabezas de ganado y de la carne asada se repartían porciones iguales entre los representantes de todos los *demos*.

Cada cuatro años se celebraban las Grandes Panateneas, y las puertas de Atenas se abrían de par en par a los visitantes de todo el mundo griego. Duraban doce largos días, amenizadas con música, torneos gimnásticos y regatas en la costa. Los otros años también se celebraban unas Panateneas menos espectaculares; es posible que durasen apenas dos días. Las Panateneas Menores se dirigían sobre todo a los atenienses, e incluían algunas competiciones, la danza con armadura, llamada pírrica, carreras de caballos y el curioso concurso de belleza masculina abierto solo a los ciudadanos.

La transformación de la Acrópolis resultante de la aplicación del programa de obras de Pericles modificó la estructura de las Panateneas. Como hemos visto, Pericles era el alcmeónida sobrino nieto de Clístenes; se había dado a conocer cuando patrocinó la primera puesta en escena de *Los persas* de Esquilo en 472 a. C. A partir de 461 dominó la escena política ateniense y se le reeligió general en reiteradas ocasiones. Pericles nunca

dejó de apoyar las políticas que permitían que Atenas se benefi-
ciara estratégicamente de sus «aliados», a los que gravó cada vez
más por considerarlos Estados súbditos. Asimismo, supervisó la
transferencia del erario de los aliados, de la isla de Delos a Atenas, llevó a cabo campañas victoriosas en el norte de Grecia y
fundó colonias en Tracia. Se había ocupado también de las delicadas negociaciones con los espartanos a pesar de que era cada
vez más inevitable que las dos superpotencias griegas volvieran
a entrar en conflicto. Había sofocado las revueltas de Samos y
Bizancio contra Atenas y fortalecido los intereses atenienses en
el Mar Negro. No obstante, su logro más duradero fue el plan,
puesto en marcha en 447 a. C., consistente en emplear parte de
la riqueza que los atenienses habían conseguido gracias a la expansión de su imperio para financiar la transformación arqui-
tectónica de la Acrópolis, que albergaba a los dioses de la ciudad y el erario público. Durante las invasiones de 480, los
persas habían arrasado los templos, y los edificios no se reconstruyeron hasta que se ejecutó el plan de Pericles.

En 432 a. C. se terminó de construir el nuevo y deslumbrante Partenón, el templo de Atenea, con sus columnas dóricas y sus frisos y esculturas en el frontón. Las obras las supervisó el escultor Fidias, autor también de la enorme escultura en
oro y marfil de Atenea Partenos: de más de diez metros de altura, con casco y peto, la diosa lleva un escudo a un lado y una
pequeña estatua de Niké (Victoria) en la mano derecha. Recu-
bierta con un baño de oro de más de mil kilos, la Atenea
Partenos de Fidias era una de las estatuas más imponentes que
los griegos vieron jamás. En el friso del Partenón, que recorre
toda la superficie externa del templo interior, se ven escenas
que evocan una procesión en honor de la diosa: caballos y jinetes, carros, hombres con instrumentos musicales, bandejas y jarras de agua, animales sacrificiales, un grupo de diez hombres
importantes (héroes, quizá), dioses sentados y una escena en la
que aparecen un hombre y una mujer adultos, tres niños y una
tela plegada. A los atenienses, el conjunto solo podía evocarles
la procesión panatenaica.

Las Dionisias eran el único festival comparable, en su grandiosidad, con las Panateneas. Se celebraban en *elafebolión*, mes primaveral, el de Artemisa Elafébolos, la que persigue a los ciervos, cuando, después del invierno, navegar volvía a ser una actividad sin riesgo. Atenas se reabría al mundo marítimo y se llenaba de visitantes. Muchos meses antes del festival, los autores dramáticos enviaban propuestas al magistrado decano de la ciudad, el arconte epónimo. Cada uno debía proponer una tetralogía (tres tragedias y un drama satírico en el que abundaran los gritos y las discusiones); las cuatro obras se representaban sin solución de continuidad el mismo día del festival. En 458 a. C., por ejemplo, Esquilo envió *La Orestíada*, compuesta por *Agamenón, Las coéforas* y *Las Euménides,* y el drama satírico *Proteo.* Sabemos poco del procedimiento que empleaba el arconte para escoger las tres tragedias que competirían en el siguiente festival y los actores principales que la interpretarían, el coro y el corega, ciudadano griego acaudalado que costeaba el mantenimiento, el vestuario y la formación del coro que se ponía a disposición de cada autor, como había hecho Pericles con Esquilo en el año 472. Financiar un coro era costoso y, como nadie olvidaba la presión por ganar, los gastos que entrañaban las tres coregías de las tragedias se convirtieron en una competición en sí.

En las Grandes Dionisias, los concursos dramáticos se inauguraban en un acto llamado *proagón* («preludio de la competición»), que a partir de aproximadamente 440 a. C. tenía lugar en el nuevo odeón (sala de canto) de Pericles. Los autores que concursaban subían al podio junto con los actores –sin máscara– y los hombres del coro y exponían el contenido de las obras que presentaban. Al día siguiente comenzaban los ritos religiosos, con la procesión llamada *isagoge* («introducción»), en la que todos los años volvía a representarse la entrada de Dioniso en el teatro dedicado a su figura en el santuario de la ciudad. Según la mitología, así se conmemoraba el viaje original desde Eléuteras, en la frontera con Beocia, hasta el Ática. Sin embargo, no se recreaba todo el trayecto, sino que el icono de Dioniso –un palo de madera con una máscara en la punta– se adornaba con un traje y con hojas de hiedra para llevarlo al santuario en las afueras de la ciudad, donde se lo depositaba junto a un olivar consagrado a Atenea (la Academia), en el camino que llevaba a Eléuteras. Al cabo de uno o dos días, y después de varios himnos y sacrificios, Dioniso, iluminado por las antorchas, regresaba al teatro del santuario.

El festival se inauguraba oficialmente a la mañana siguiente con la *Pompé* (procesión). Toda la ciudad bullía de entusiasmo; no podían iniciarse procedimientos legales ni reunirse la Asamblea, y hasta los presos quedaban temporalmente en libertad bajo fianza. La procesión dionisiaca, que empezaba en las murallas de la ciudad, se detenía en varios lugares sagrados, camino del santuario, para cantar y danzar en honor de los dioses. Al mismo tiempo de ese modo se definían, por representación simbólica, las relaciones entre los grupos que constituían la sociedad ateniense. Encabezaba la procesión una joven virginal de una familia aristocrática, que llevaba la cesta dorada ceremonial con selectas piezas de carne del sacrificio. Los coregas que habían sufragado las producciones teatrales iban ataviados con vestiduras costosas, de oro incluso. Se hacían los preparativos para el banquete público, que requería ingentes provisiones para miles de participantes; el toro elegido como animal principal del sacrificio iba acompañado por ciudadanos jóvenes en periodo de instrucción militar. Había también cientos de animales sacrificiales menores. El santuario de Dioniso debió de parecer un matadero gigantesco junto a una barbacoa, en el que resonaban los mugidos y los balidos de los animales aterrados, todo salpicado de sangre y apestando a carne asada y cadáveres.

Para acompañar la comida, los ciudadanos llevaban odres de vino y hogazas de pan en espetones; por su parte, los metecos tenían tazones para mezclar el vino con el agua que sus hijas servían de unas jarras. Otros hombres cerraban la comitiva con los falos rituales del dios. Se organizaban también concursos de canto con coros formados por cincuenta ciudadanos. El teatro en sí estaba preparado para la culminación del festival; a la representación de las obras la precedía un rito ceremonial de purificación en el que hacían libaciones de vino en honor a los dioses. Un heraldo público proclamaba los nombres de los benefactores de la ciudad. Una vez lleno el teatro se exhibían hileras de lingotes de plata (talentos), los ingresos que había acumulado Atenas gracias a los tributos de ese año. El toque imperial lo realzaba aún más la armadura que se entregaba a todos los hijos en edad militar de los atenienses caídos en combate.

Un heraldo con una trompeta anunciaba cada una de las producciones teatrales. Aunque en el siglo V cambió el programa del festival, en especial en lo tocante a las comedias, el cambio no influyó en la representación de las tragedias. Las tetralogías de cada uno de los tres poetas rivales se representaban de un tirón, en un solo día, probablemente por la mañana. Decidían el resultado los jueces, ciudadanos corrientes seleccionados a último momento entre todas las tribus, no electos, para evitar la corrupción. No obstante, recibían presiones para que votaran de acuerdo con la opinión del público, que hacían patente los aplausos. Al ganador, condecorado con una corona de hojas de hiedra, lo llevaban a la casa de un amigo pudiente, y en andas en una procesión, como si fuese un atleta vencedor en las Olimpiadas. El ambiente general de la fiesta, con concursos de bebida, cierto trasfondo sexual, muchachas que tocaban la gaita y jarana en las calles hasta la madrugada, está exquisitamente plasmado en *El banquete* de Platón, concretamente en la dramatización de la fiesta que se organizaba después de la función.

El concurso de 431 a. C. fue asombroso, incluso para los atenienses. Se disputaron el premio las tragedias que enviaron los representantes de las tres grandes dinastías de autores de la ciudad. El primer premio fue para Euforión, hijo de Esquilo, quizá por un trabajo que evocaba algunas de las obras más famosas de su padre. En tercer y último lugar quedó el controvertido Eurípides, con el grupo de obras que incluía la que sigue siendo aún hoy su tragedia más célebre e impactante, *Medea*. Sabemos que Sófocles quedó segundo, pero no con cuál de sus tragedias, aunque es probable que entre ellas estuviera *Edipo rey*, su obra maestra. De ser así, no solo una, sino dos cumbres del repertorio universal se estrenaron, sin acabar de valorarse del todo, con tan solo unos días de diferencia en la primavera del fatídico año de 431 a. C., en que estalló la Guerra del Peloponeso. No es difícil entender por qué a un varón ateniense de la época clásica *Medea* debió de resultarle una obra provocadora. El personaje protagonista es la peor pesadilla de un marido ateniense hecha realidad, la madre no ciudadana de los hijos de Jasón que pone en peligro las ambiciones políticas del esposo en Corinto. Cuando Jasón decide abandonarla para casarse con la hija del rey, Medea mata a la princesa y al rey, y acto seguido a sus propios hijos. En el clímax de la tragedia se revela que la protagonista tiene un lado inmortal, porque huye a un refugio seguro en el carro volador que le deja su abuelo, el Sol (Helios). Para el público ateniense, el problema debió de radicar en el hecho de que el destino de Medea era Atenas, ya que se las había arreglado para conseguir una promesa de asilo del rey Egeo a cambio de consejos para curarle la esterilidad. Es comprensible que a los ciudadanos atenienses no les gustara ver a uno de sus antepasados míticos favoritos embaucado por una bruja bárbara de Corinto y que, para colmo, es una infanticida; pero..., como los griegos eran griegos, aunque *Medea* no ganara en el estreno, se convirtió casi de inmediato en un clásico, precisamente porque abordaba un problema eterno con un enfoque franco y agudo: no es solo una obra sobre la ruptura conyugal y la responsabilidad que implica ser padre o madre, sino un examen psicológico de cómo los seres humanos, al margen de su sexo, pueden llegar a matar a las personas que aman.

En las Dionisias de 431, el público tenía bien presentes los problemas que planteaban los corintios. Atenas había enfurecido a otros estados griegos, incluidos los corintios, durante las controvertidas operaciones militares. En 432 a. C., los espartanos convocaron una reunión de la Liga del Peloponeso para atender las demandas contra Atenas. Como consecuencia, declararon la guerra votando que apoyaban la moción que sostenía que los atenienses habían roto los términos del frágil acuerdo de paz entre ambos. De hecho, gran número de hoplitas y remeros atenienses participaban ya en el prolongado sitio de la colonia corintia de Potidea, en el norte de Grecia, donde Sócrates, que formaba parte de la expedición, salvó la vida a su discípulo Alcibíades. Con todo, la vida en Atenas cambiaría para peor. Poco después de las Dionisias, los tebanos invadieron Platea, a poco más de diez kilómetros de Tebas, pero aliada con Atenas. La cuestión se zanjó con una especie de victoria de los plateos, que ejecutaron sumariamente a ciento ochenta hombres y fijaron así el tono de las atrocidades y represalias de toda la guerra. Poco después, Arquídamo II de Esparta comenzó a invadir el Ática y ocupar las tierras de cultivo. Aunque los espartanos solo permanecían unas semanas después de cada escaramuza, representaban una amenaza suficiente para convencer a muchos atenienses de las zonas rurales de que aceptaran la política de Pericles, que abogaba por que se trasladaran con la familia, e incluso con los muebles, de sus granjas ancestrales a la ciudad, que se extendía hasta el puerto del Pireo. Los campesinos enviaron el ganado a islas amigas, pero el brusco desarraigo y verse encerrados intramuros produjo problemas emocionales graves a esa gente amante de la libertad que desde hacía siglos trabajaba en las llanuras abiertas del Ática. Muchos tuvieron que hacinarse en casas improvisadas en las torretas de las murallas.

A mediados de ese verano, los espartanos ya saqueaban las tierras de Acarnas, a pocos kilómetros de Atenas, y los atenienses no tuvieron más remedio que reaccionar. Los jóvenes empezaron a impacientarse con Pericles, que insistía en mantener a los desplazados dentro de la ciudad. Varias flotas atenienses zarparon con la misión de patrullar las aguas que rodeaban el Peloponeso, proteger Eubea y establecer o mantener alianzas con los gobernantes de Tracia y Macedonia. A finales del verano, cuando los espartanos regresaron para pasar el invierno, Pericles envió por fin una fuerza militar a Megara. La confianza de los atenienses en sí mismos nunca había sido tan grande, y así lo expresó Tucídides:

Eran diez mil hombres de guerra solo de los atenienses, sin contar tres mil que estaban en Potidea, y sin los moradores de los campos que se habían retirado a la ciudad, y que salieron con ellos, los cuales serían hasta tres mil, muy bien armados. Además había gran número de otros hombres de guerra armados a la ligera. Todos ellos, después de arrasar la mayor parte de la tierra de Megara, volvieron a Atenas.

Ese iba a ser el último invierno de gloria de Pericles. Elegido para pronunciar el discurso anual en el funeral público por los caídos en guerra, amigos y familiares dieron, durante tres días, el último adiós a los restos de sus seres queridos. Formaron el cortejo fúnebre los deudos —incluidas las mujeres que acompañaban los ataúdes de ciprés—, uno por cada tribu, además de un féretro vacío que representaba a los desaparecidos en combate. El cortejo serpenteó hasta el panteón público del Cerámico, donde Pericles, subido a una tarima, pronunció el discurso más influyente de la historia de Occidente. Su elogio de los valores democráticos y amor a la libertad, por los que habían dado la vida todos los muertos de guerra de aquel año, ha inspirado desde entonces innumerables panegíricos, incluido el discurso de Gettysburg, de Abraham Lincoln. Pericles se dirigió a los deudos de todas las clases sociales:

Tenemos un régimen de gobierno que no envidia las leyes de otras ciudades, sino que más bien somos ejemplo para otros que imitadores de los demás. Su nombre es democracia, por no depender el gobierno de pocos, sino de un número mayor; de acuerdo con nuestras leyes, cada cual está en situación de igualdad de derechos en las disensiones privadas, mientras que según el renombre que cada uno, a juicio de la estimación pública, tiene en algún respecto, es honrado en la cosa pública; y no tanto por la clase social a que pertenece como por su mérito, ni tampoco, en caso de pobreza, si uno puede hacer cualquier beneficio a la ciudad, se le impide por la oscuridad de su fama.

Sin embargo, el orgullo que los atenienses sentían por ellos mismos, por su ciudad y su vasto imperio, estaba a punto de enfrentarse al mayor desafío de la historia. Durante la primavera siguiente, cuando los espartanos volvieron a invadir el Ática, una epidemia temible que se transmitió por el agua corriente, y exacerbada por el hacinamiento en el que estaban confinados intramuros, entre las murallas de la ciudad, diezmó la población de Atenas. No consiguieron paliarla ni los médicos ni las plegarias a los dioses. Pericles y sus hijos legítimos murieron a causa de la peste. Tucídides, uno de los pocos que la contrajo y, a pesar de ello, sobrevivió, hizo una descripción espeluznante de los síntomas:

> Quiero hablar aquí de ella [la peste] para que el médico que sabe de medicina, y el que no sabe nada de ella, declare si es posible entender de dónde vino este mal [...] Hablo como quien lo sabe bien, pues yo mismo fui atacado [...] y vi los que lo tenían. [...] Los que estaban sanos, veíanse súbitamente heridos sin causa alguna precedente que se pudiese conocer. Primero sentían un fuerte y excesivo calor en la cabeza; los ojos se les ponían colorados e hinchados; la lengua y la garganta sanguinolentas, y el aliento hediondo y difícil de salir, produciendo continuo estornudar; la voz se enronquecía, y descendiendo el mal al pecho, producía gran tos, que causaba un dolor muy agudo; y cuando la materia venía a las partes del corazón, provocaba un vómito de cólera, que los médicos llamaban apocatarsis, por el cual con un dolor vehemente lanzaban por la boca humores hediondos y amargos; seguía en algunos un sollozo vano, produciéndoles un pasmo que se les pasaba pronto a unos, y a otros les duraba más. El cuerpo por fuera no estaba muy caliente ni amarillo, y la piel poníase como rubia y cárdena, llena de pústulas pequeñas; por dentro sentían tan gran calor, que no podían sufrir un lienzo encima de la carne, estando desnudos y descu-

205

biertos. El mayor alivio era meterse en agua fría, de manera que muchos que no tenían guardas se lanzaban dentro de los pozos, forzados por el calor y la sed, aunque tanto les aprovechaba beber mucho como poco. Sin reposo en sus cuerpos, no podían dormir.

El hecho de que él mismo hubiera padecido esa agonía debió de influir en la descripción, que no por ello es menos desapasionada. Si sabemos cómo fue padecer la peste a mediados del siguiente verano ateniense, es porque relató los acontecimientos en la segunda gran obra de historia de la Grecia clásica, su detallada *Historia de la Guerra del Peloponeso*. Conocía el ejemplo que había sentado Heródoto a la hora de escribir la historia unificada de una guerra, pero su actitud frente a la historia no fue la misma. Él mismo había sido general en esa guerra varios años después de la plaga, y seguramente escribió el libro cuando se retiró a Tracia, después de que lo condenaran al exilio en 424 a. C. Algo debió de sucederle en 411, año en que se interrumpe su relato.

Tucídides analiza las causas y consecuencias para la historia, pero su mayor legado es el tono trágico de la obra. Es directo respecto de las atrocidades que los seres humanos de ambos bandos fueron capaces de cometer y aborda sin rodeos la *Realpolitik*. Asume con franqueza que lo que siempre motivó a las ciudades-Estado griegas fue la conveniencia y el propio interés. Sabe que los Estados ricos y poderosos quieren seguir siéndolo, y se enfrenta con sinceridad al hecho de que los hombres son capaces de actos terribles cuando la competencia por los recursos escasos se vuelve insoportable. De ahí que Nietzsche lo admirase tanto:

> De la deplorable idealización de los griegos que el joven instruido en las humanidades clásicas se lleva a la vida como fruto del adiestramiento a que se sometió en el colegio, nada cura tan radicalmente como Tucídides. [...] [Él es] la gran suma, la última revelación de esa facticidad recia, severa y

dura que caracterizaba el instinto de los helenos de los primeros tiempos.[1]

En efecto, Tucídides, con su realismo pragmático, también podía retratar el sufrimiento mejor que ningún poeta. Lo que hace que su obra suene tan trágica, tan extrañamente moderna, es la continua insistencia en que los actos humanos deben explicarse teniendo en cuenta la psicología y la naturaleza humanas, «la cosa humana», el principio que él mismo llama *to antropinon,* no a partir de causas sobrenaturales. Según Tucídides, es el miedo o el amor de los dioses, o la fe en la adivinación, lo que a veces motiva a los seres humanos, pero para los sucesos históricos solo acepta explicaciones racionales y se ocupa de presentar pruebas y someterlas a un examen riguroso. En Tucídides, la Ilustración griega de los siglos VI y V alcanza su apogeo y la expresión que históricamente más influencia ha ejercido.

Tras la muerte de Pericles y durante todo el último cuarto del siglo V a. C., los atenienses sufrieron diversas catástrofes: la derrota frente a los espartanos, y dos grandes pérdidas, temporal una (la democracia) y permanente la otra (la mayor parte de su imperio). Como veremos, el inmenso derroche de recursos humanos fue otra de las consecuencias, ya que entre 411 y la ejecución de Sócrates en 399, se condenó a muerte a cientos de atenienses que se encontraban en lo mejor de la vida. Una vez recuperados de la peste, los habitantes de Atenas se reagruparon y vencieron en la batalla de Esfacteria (425 a. C.), a las órdenes del popular Cleón. Sin embargo, los espartanos los pusieron en aprietos en Tracia y, al cabo de siete años, lograron una victoria brillante sobre Atenas y sus aliados del Peloponeso, sobre todo los argivos, en la gran batalla de Mantinea, en el Peloponeso central. Los espartanos perdieron trescientos hombres, pero en el lado ateniense cayeron más de mil. Este suceso marcó el fin de las ambiciones atenienses en el Peloponeso y justificó la deci-

---

1. Cita tomada de Friedrich Nietzsche, *Cómo se filosofa a martillazos.* Buenos Aires, Longseller, 2003; traducción de Susana Aguiar. *(N. del T.)*

sión de mirar hacia el oeste con la intención de conquistar Sicilia. Si lo conseguían, sería un golpe maestro. Siempre habían codiciado Sicilia, en parte porque era predominantemente doria y, por lo tanto, proclive a apoyar a Esparta, pero también por sus tierras fértiles y la riqueza de su vida cultural, sobre todo en Siracusa, la ciudad más grande, dos factores que la hacían aún más atractiva.

Desgraciadamente para los ciudadanos de Atenas, el plan de dominar Sicilia acabó en una derrota total en 413 a. C. Alcibíades, el discípulo de Sócrates que debía comandar la expedición, se vio envuelto en un escandaloso incidente de vandalismo –la mutilación de unas estatuas de Hermes– y desertó a Esparta. Los comandantes atenienses cometieron entonces varios errores fatales que acabaron con la vida de decenas de miles de atenienses, y de los hoplitas y remeros aliados, abatidos en Sicilia, a lo que hay que sumar la ejecución de sus jefes. Los últimos siete mil cautivos enloquecieron de sed en unas canteras cerca de Siracusa y casi todos murieron de hambre y enfermedades. Como dijo Tucídides:

> Aunque sea cosa difícil explicar el número de todos los que quedaron prisioneros, debe tenerse por cierto y verdadero que fueron más de siete mil, siendo la mayor pérdida que los griegos sufrieron en toda aquella guerra, y según yo puedo saber y entender, así por historias como de oídas, la mayor que experimentaron en los tiempos anteriores, resultando tanto más gloriosa y honrosa para los vencedores, cuanto triste y miserable para los vencidos, que quedaron deshechos y desbaratados del todo, sin infantería, sin barcos, y de tan gran número de gente de guerra, volvieron muy pocos salvos a sus casas. Este fin tuvo la guerra de Sicilia.

La aniquilación de casi todos los varones en edad de combatir fue un golpe brutal para Atenas. Al cabo de dos años, una violenta sublevación de signo oligárquico acabó con la democracia e instauró un gobierno de apenas cuatrocientos hombres que, sin embargo, no tardó mucho en caer. Asumieron el poder cinco mil hombres hasta que en 410 a. C. se restituyó la democracia en medio de enconos, disputas y ejecuciones.

Los atenienses comenzaron entonces a ejecutar una danza de la muerte que culminó con su rendición a los espartanos en 404 a. C. El núcleo de la guerra se desplazó al Egeo oriental, donde los atenienses sufrieron derrotas humillantes en una serie de batallas navales; incluso su inesperada victoria en la batalla de Arginusas quedó ensombrecida por el altísimo número de bajas. Nadie había acudido a rescatar a las tripulaciones de muchos trirremes dañados y los hombres se ahogaron. Aunque ejecutaron sumariamente a seis de los ocho generales, los atenienses se encontraban en una situación desesperada: las ejecuciones habían sido, como mínimo, de dudosa legalidad, y hasta los demócratas más ardientes, además de acabar desmoralizados, dieron pruebas a sus adversarios de que la democracia no era más que el gobierno de la chusma, una percepción que se vio reforzada con la transformación de la ciudadanía ateniense. La mano de obra era tan escasa que los atenienses, siempre ingeniosos y abiertos a soluciones radicales, otorgaron la ciudadanía a todos los esclavos que habían participado en la batalla como remeros. En 405 a. C. sufrieron una nueva derrota naval y la Guerra del Peloponeso llegó a su fin. El régimen de los Treinta Tiranos, dócil con Esparta y con el feroz y obstinado Critias entre sus miembros, duró poco más de un año, hasta que los exiliados atenienses consiguieron volver y restaurar la democracia en 403. Atenas siguió siendo independiente hasta 338 a. C., pero nunca recuperó la riqueza y el poder imperial que había tenido con Pericles.

*

Los tres atenienses más significativos de la última década del siglo V a. C. y de las primeras del IV, y que nos permiten conocer los sucesos de aquellos años, están relacionados con el filósofo Sócrates. Uno fue Aristófanes, célebre autor de comedias, que sentía curiosidad por las ideas de Sócrates y formaba parte del mismo círculo social; los otros dos, Platón y el soldado e historiador Jenofonte, eran discípulos de Sócrates. Las experiencias del maestro entre 411 a. C. y su muerte en 399 ilustran la sucesión de crisis en que se sumieron los atenienses en esos años, y las reacciones de Sócrates a esa situación demuestran hasta qué punto su presencia, conducta y agudeza con respecto a los asuntos públicos pusieron a prueba los ideales de apertura, libertad de opinión y de expresión de los demócratas de Atenas.

Hijo de un cantero de clase media, Sócrates nació en pleno auge del imperio ateniense en expansión. Fue un ciudadano de Atenas que destacó por su lealtad y un soldado excelente que durante las décadas de 430 y 420 a. C. se distinguió por su valor en más de una batalla. Aunque para entonces ya era también naturalista y filósofo, relegó su interés por la física y la cosmología en favor del ejercicio de la filosofía. No cobraba por enseñar. A Aristófanes, más de veinte años menor que Sócrates, le fascinaban sus ideas y escribió al respecto una comedia, *Las nubes,* que se estrenó en 423 a. C. Aunque Sócrates afirmó más adelante que buena parte de los prejuicios que los atenienses tenían contra él se debían sobre todo a que en esa comedia se lo atacaba, cabe señalar que la crítica de Aristófanes al filósofo era suave en comparación con sus ataques a los políticos y generales. El autor de *Las nubes* es también uno de los invitados al *Banquete* de Platón, donde hace un discurso delicioso y es uno de los últimos dos bebedores que se queda despierto mientras Sócrates habla. De esa forma, Platón reconoció la capacidad intelectual de su invitado. A fin de cuentas, en sus diálogos ambos recurrían al humor para estimular la reflexión intelectual.

No cabe duda de que Aristófanes compartía las objeciones de Sócrates respecto de las posturas extremistas de los archidemócratas. En su obra más hermosa, *Las aves* (414 a. C.), satiriza la idea de que la salvación consiste en fundar comunidades nuevas en colonias muy lejanas, tal vez una crítica a toda la expedición siciliana que para entonces ya se había puesto en marcha. Las muertes que provocó el desastre de Siracusa en el año 413 son el telón de fondo de la huelga de piernas cruzadas de las mujeres y la ocupación de la Acrópolis en *Lisístrata* (411), aunque en *Las Tesmoforiantes,* estrenada el mismo año, se evita el tema político, un reflejo, quizá, de la tensión reinante en la ciudad. Aristófanes satiriza las ideas que se discuten en la Academia de Platón, pero que partieron de Sócrates, como el reparto «comunista» de la propiedad y el empoderamiento de las mujeres menos instruidas.

Era inevitable que Sócrates irritase a muchos personajes públicos. Como teórico político receptivo, no daba por sentado que la democracia fuese claramente la mejor forma de gobierno; también tenía muchas cosas positivas que decir sobre otros sistemas que funcionaban en Esparta, Creta e incluso en tierras bárbaras. En la Atenas democrática, que considerasen a alguien crítico del sistema, aunque fuera indirectamente, era jugar con fuego a pesar de que supuestamente se toleraba la libertad de expresión. Así y todo, Sócrates no corrió más peligro que otros destacados atenienses hasta 406, cuando ya era miembro del Consejo. Ese fue el año de la batalla naval de Arginusas, en la que murieron cientos de atenienses después de que los generales los abandonaran porque, según afirmaron, el mal tiempo había imposibilitado rescatarlos. Dio la casualidad de que Sócrates presidía la comisión en la que se propuso, de manera inconstitucional, que se acusara a seis generales en masa. El filósofo se negó, por una cuestión de principios, a permitir que se aprobara la propuesta y se enfrentó a las amenazas. Cuando ya no ocupaba el cargo, se procesó a los generales y los ejecutaron sumariamente.

Las consecuencias de la batalla de Arginusas quedaron reflejadas en *Las ranas* de Aristófanes, que se estrenó el año siguiente. Los atenienses tenían tan pocos recursos humanos que pidieron esclavos para que remaran hasta las islas Arginusas, prometiéndoles a cambio la libertad. Un gran número de esclavos recién liberados accedió así a la ciudadanía, una medida que Aristófanes alaba en la obra citada, aunque es cierto que también se queja de que la democracia aún no hubiera devuelto el derecho de voto a muchos hombres vinculados al golpe oligárquico de 411 a. C. El autor pide a los ciudadanos que forman el público, por boca del coro, que permitan regresar a todos los oligarcas exiliados. El público lo escuchó y efectivamente los readmitió, pero el resultado, bastante previsible, fue el régimen proespartano de los Treinta Tiranos. El carácter integrador de los atenienses se había llevado demasiado lejos y acabó por completo con la democracia. Aristófanes, cuyo derecho a escribir sátiras políticas mordaces dependía de que la constitución fuese democrática, tendría que haberlo sabido.

Se sospechaba que Sócrates estaba en muy buenos términos, demasiado buenos quizá, con el régimen de los Treinta Tiranos, si bien es sabido que se negó a entregarles a un hombre llamado León («el salaminiano» en la *Apología* de Platón) para que lo ejecutaran. Tras la restauración de la democracia, el filósofo se convirtió en blanco de sus enemigos políticos. Tampoco lo ayudó que lo asociaran al tirano Critias, profundamente impopular, que además era pariente de Platón, su mejor discípulo, ni su incorregible tendencia a hacer preguntas incómodas a sus conciudadanos, con las que a menudo humillaba en público a estadistas ambiciosos. Como consecuencia, lo acusaron de corromper a los jóvenes, no creer en los dioses del Estado e introducir nuevas divinidades. Lo condenaron a muerte por envenenamiento con cicuta. Una democracia más sólida habría podido tolerarlo.

Entre los seguidores más entusiastas de Sócrates se contaban varios jóvenes de la clase alta ateniense que se oponían a la democracia. Algunos habían participado en los golpes que la derogaron de forma provisional en 411 y 404 a. C. Uno de los miembros del grupo de discípulos de Sócrates era Jenofonte, de opiniones políticas antidemocráticas. Tuvo la suerte de sobrevivir. En las *Helénicas*, Jenofonte retoma la crónica de la Guerra del Peloponeso en 411, donde se interrumpe la de Tucídides. Como Platón, nos deja diálogos socráticos ambientados durante la vida del maestro, centrados más en cuestiones prácticas y éticas que en una filosofía más abstrusa. Como veremos en el capítulo siguiente, al igual que Critias y otros atenienses hostiles a la democracia,

212

Jenofonte admiraba la constitución espartana. Cuando lo desterraron, desertó a Esparta.

Platón, otro discípulo aventajado de Sócrates, también abandonó Atenas cuando ejecutaron a su maestro, pero regresó para fundar la Academia en cuanto volvió a imperar el espíritu abierto de la democracia. En sus diálogos se entremezclan todas las corrientes que constituían la Atenas democrática, una ciudad innovadora, híbrida y colorida. Como Sócrates no dejó nada escrito, no sabemos cuánto del Sócrates platónico, o del de Jenofonte, debe más a sus discípulos que a sí mismo.

Platón era hijo de una familia acomodada, un privilegio que le permitió tener el tiempo necesario para dedicarse al cuerpo y la mente. Antes de incorporarse al círculo de Sócrates, había estudiado con Crátilo, un filósofo de la escuela de Heráclito. Tenía antepasados distinguidos en ambas ramas de su árbol genealógico, y en los diálogos rindió homenaje a algunos familiares: a sus hermanos Glauco y Adimanto en *La República*, y a su tío materno, el antidemócrata Cármides, y a su tío abuelo, Critias, el tirano, en otras obras. Aunque en ningún diálogo se incluye a sí mismo como interlocutor, fue uno de los partidarios más incondicionales de Sócrates y participó en el intento de recaudar fondos para pagar una fianza que podría haberle salvado la vida. Muchas de las preguntas que formula ya las habían planteado pensadores anteriores a Sócrates o incluso algunos contemporáneos. Algunos de ellos, cuyas ideas se debaten y analizan en los diálogos, son atenienses (por ejemplo, el matemático Teeteto de Sunión), pero por lo general Platón retrata a un Sócrates cosmopolita que conversa con intelectuales de distintos lugares: el retórico Gorgias de Leontinos (Sicilia) y el sensacionalista Protágoras de Abdera, a quien hoy día llamaríamos politólogo.

Platón, que dedicó diálogos concretos a preguntas específicas sobre una amplia variedad de temas de reflexión, nos legó las bases de los textos canónicos de las ramas principales de la reflexión filosófica. Por ejemplo, en el *Teeteto* indaga sobre la naturaleza del conocimiento, y en *Fedón*, diálogo metafísico, define las *formas* ideales que constituyen la realidad fundamental. Han sobrevivido más de treinta de sus diálogos, en los que abordó sin tapujos la cuestión en torno a la esencia de la filosofía y, con valentía, se interesó por los grandes interrogantes de los griegos, en los que se basan hasta hoy las principales ramas de la filosofía occidental: ontología y metafísica, epistemología, ética y teoría política. Además de esas ramas básicas de la filosofía, otros campos también deben a Platón sus textos fundacionales, como son la crítica literaria y la estética (en el *Ion* y los libros II, III y X de *La República*). Sin embargo, en líneas generales, las doctrinas básicas de Platón tendrían hoy pocos defensores. Su filosofía es idealista porque negaba la supremacía del mundo material, el que los sentidos podían aprehender físicamente, y afirmaba que la realidad verdadera existía en un terreno inmaterial, que llamó el mundo de las «formas» o de las «ideas». Los materialistas como Demócrito y los epicúreos disentían, con el argumento de que el mundo material es condición *sine qua non* del pensamiento. Hoy nos cuestionamos la legitimidad de una división tan tajante entre el mundo del cuerpo y el de la mente, por no mencionar el concepto de que el mundo de las ideas es superior. El estudio sobre la base del conocimiento, si bien es una exposición brillante de la manera en que la retórica destroza la verdad, también se ve afectado por la hipótesis de que el enfoque que llamaríamos observación científica no sirve para comprender la realidad. Con todo, es muy posible que ese no fuese siquiera el criterio de Sócrates. Aristóteles, en su *Metafísica*, da a entender que las formas de Sócrates pueden, efectivamente, descubrirse si se investiga el mundo natural; en cambio, Platón *discrepa* de su maestro cuando dice que las formas están más allá de nuestra capacidad de comprensión como seres humanos. Por otra parte, la filosofía política de Platón, a pesar de los principios igualitarios que, en su opinión, deberían adoptarse en el seno de la exclusiva comunidad de «guardianes» de su república ideal, es despiadadamente elitista. Las ideas platónicas sobre arte y literatura conducen de manera inevitable a la estricta censura estatal que aplicaban oligarcas ilustrados.

Entonces, ¿por qué Platón sigue siendo tan importante? En primer lugar, porque sus diálogos están ambientados en el mundo esotérico de las conversaciones de élite que se mantenían en casas particulares, en general de familias privilegiadas, en una época en que la democracia se situaba a la defensiva. En segundo lugar, porque pintan un retrato fascinante de las figuras intelectuales más destacadas, incluido Protágoras, cuyas palabras, de no ser por Platón, se habrían perdido para siempre. En tercer lugar, porque fue un escritor brillante e innovador con una obra que es todo un *tour de force,* aun cuando al lector le interese poco la filosofía. Cabe señalar una vez más vez que, aunque Platón a veces reciclaba ideas ya elaboradas, sus hermosos textos han aportado a nuestra imaginación colectiva algunos de los elementos más exquisitos. *Timeo* y *Critias* nos han dejado la Atlántida, la legendaria ciudad perdida de Poseidón, con todos sus fantasmas hundidos en las profundidades, cerca de las Columnas de Hércules. En *Fedro* nos da la imagen del alma en forma de un auriga que trata de guiar a sus dos caballos alados hacia el pensamiento racional mientras una de las bestias se resiste a todo control. *La República* nos ofrece la alegoría de la «caverna tenebrosa» para explicarnos lo difícil que le resulta al ser humano entender el mundo que lo rodea. Las limitaciones de la percepción sensorial son tan grandes que podríamos considerarnos prisioneros encadenados en una caverna, capaces de ver solo las sombras que el fuego que tenemos detrás proyecta en una pared vacía, en lugar de percibirnos como los seres que producen esas sombras.

Así y todo, el legado más importante de Platón es el razonamiento filosófico que compone en forma de diálogo con final abierto y que obliga a los lectores a reaccionar, a estar de acuerdo o no con Sócrates y a pensar detenidamente por sí mismos. Los textos platónicos demuestran que, en la práctica, el pensamiento y la discusión son un proceso dialéctico: personas en desacuerdo pueden llegar a comprender sus respectivas posturas si dialogan y no se niegan a hablar. El diálogo socrático, tal como lo registra el ateniense Platón, ha ejercido una influencia incalculable, no solo en los métodos de enseñanza, sino también en la teoría y la práctica de la democracia.

La infantería espartana se enfrenta al ejército persa en la batalla de Platea, grabado del siglo XIX. *(Colección particular de la autora.)*

6. LOS INESCRUTABLES ESPARTANOS

La muerte autosacrificial del rey Leónidas y sus trescientos guerreros en la batalla de las Termópilas, las «Puertas Calientes» –también «fuentes calientes», por sus aguas termales–, es la imperecedera imagen de Esparta que ha llegado hasta nosotros. A finales del verano de 480 a. C., Jerjes, rey de Persia, marchó con su inmenso ejército hacia el sur, atravesando el país; hasta ese momento había encontrado escasa resistencia. Según Heródoto, que escribía sobre acontecimientos contemporáneos, Leónidas había decidido plantarle cara a Jerjes en las Termópilas porque le fastidiaba el rumor de que los espartanos, en secreto, se habían aliado con los persas, motivo por el cual quería poner a prueba la determinación de los demás Estados griegos. Es posible también que esperase refuerzos de Esparta antes de salir al campo de batalla. Aunque sus trescientos espartanos contaban con el apoyo de casi siete mil griegos de otras etnias, sus tropas seguían estando en penosa inferioridad numérica. Leónidas, que tenía nervios de acero, jugó durante días a esperar; su objetivo era desgastar los nervios de los invasores. Dieneces, su hoplita más valiente, echó mano del mordaz humor espartano para mantener alta la moral griega; según un rumor que circulaba esos días, los persas tenían tantos arqueros que eran capaces de tapar el sol con las flechas. Dieneces se limitó a replicar: «¡Pues libraremos la batalla en sombras!» Tras un violento combate que duró treinta y seis horas, los persas aniquilaron a Leónidas y Dieneces, y a casi toda la retaguardia, el núcleo duro de los hoplitas espartanos.

La imagen de los guerreros de Esparta contando chistes vitriólicos mientras se enfrentaban a la muerte resume la paradoja que caracterizó a esa ciudad-Estado. Los espartanos fueron los más militaristas y los más brutales de todos los griegos antiguos, pero también se hicieron famosos por su chispa. De hecho, Esparta fue una de las dos únicas ciudades-Estado de la antigua Grecia que, según se ha podido saber, construyeron un templo dedicado especialmente a Gelos, el dios de la risa. Uno de los nombres del territorio que los espartanos ocupaban en el Peloponeso era Laconia, o Lacedemonia, de ahí la letra Λ, lambda, en sus escudos, en lugar de Σ, sigma, y la raíz del término «lacónico», que entró en la lengua inglesa a finales del siglo XVI. Plutarco (46-120 d. C.) recopiló las *Máximas de espartanos* y las *Máximas de mujeres espartanas,* que en sus días ya circulaban en traducciones modernas; aún hoy las estudian los autores de discursos y los cómicos de micrófono, para quienes son los primeros ejemplos del desprecio compendiado con ingenio en una sola línea y que consigue acallar a los interlocutores más verborreicos: «¡Con escudo o sin escudo!», ordenó una madre espartana señalando el de su hijo cuando este marchó a la guerra; «¡Venid por ellas!», repuso Leónidas cuando los persas exigieron que sus espartanos entregaran las armas. En la *Ilíada,* un troyano que conoció a Menelao describe así el modo de hablar de este rey: «Pero cuando [Ulises y Menelao] hilvanaban ante todos discursos y pensamientos, Menelao, sin duda, pronunciaba de corrido ante el auditorio pocas palabras, mas muy sonoras, ya que no era muy prolijo ni divagador en razones; pues era además inferior en edad.» Como vemos, ya entonces se tenía a los reyes de Esparta por hombres parcos en palabras, y la *Ilíada* data del siglo VIII a. C.

Con todo, no hay humor negro que pueda explicar por qué Leónidas llevó a los espartanos a una derrota casi segura en las Termópilas, un paso estrecho en la costa oriental de la Grecia central con montañas infranqueables en la cara interior. Según Heródoto, Leónidas deseaba alcanzar la gloria y la inmortalidad para los espartanos, pero, actuando como lo hizo, también obedecía al oráculo que su pueblo había oído en Delfos. La sacerdotisa pitia había advertido que o los bárbaros conquistaban Esparta o un rey tendría que morir (en ese entonces Leónidas ya tenía más de cincuenta años). El rey llevó a las Termópilas solo a hombres que tenían hijos con vida, una decisión que muy bien podría haber tomado alguien que no albergaba grandes esperanzas de salir con vida y regresar a su patria. La razón por la que Leónidas eligió lanzarse a una muerte casi segura es una cuestión sobre la que se ha debatido mucho, pero pasando por alto un factor. Leónidas, como todos los espartanos, creía de verdad que descendía directamente de Hércules. Una marcha patriótica espartana hacía hincapié en esa ascendencia: «¡Eres del linaje de Hércules, el Invencible, ten valor, pues!» Fue en la cumbre del monte Eta, que se alza por encima del paso de las Termópilas, donde expiró violentamente el propio Hércules y pasó a formar parte del panteón olímpico. Cuando Leónidas y los demás jefes hoplitas se enfrentaron al ejército persa, estaban siguiendo espiritualmente a su progenitor más ilustre: no podrían haber elegido un lugar más auspicioso para morir.

Admirados por Maquiavelo, Samuel Adams y Adolf Hitler, y llevados al cine muy rentablemente en *300* (producción hollywoodense de 2006), los sardónicos, autoritarios, pero igualitarios espartanos de la clase gobernante han ejercido una influencia más duradera de la que ejercieron la mayoría de los griegos. Con todo, son el pueblo griego sobre el que menos se sabe o, mejor dicho, sobre el que menos se sabe *directamente*. Mientras que los dramaturgos, historiadores y filósofos atenienses nos hablan francamente en sus obras, las voces espartanas que se dirigen a nosotros sin mediadores son pocas. La influencia la ha ejercido, más que los espartanos reales e históricos, la *imagen* casi mítica de soldados insuperables con hábitos brutales, pocas palabras y humor cáustico, un retrato que ya circuló en la Grecia clásica.

La manera más rápida que tiene un lector moderno para comprender las líneas generales del mito espartano tal como se lo conoció en la Antigüedad, y que más tarde dio forma al Renacimiento, es leer la interesante *Vida* de Licurgo, incluida en las *Vidas paralelas* de Plutarco. Licurgo fue el primer legislador originario de Esparta, una figura, quizá, solo mítica. Lamentablemente, esa lectura no revelará hasta qué punto se basa en hechos reales el ameno, aunque tal vez ilusorio, cuadro que pinta Plutarco, un autor que ni siquiera era oriundo del Peloponeso y que escribió las *Vidas* siglos después de la supremacía de Esparta, en una época más pacífica, cuando la Laconia clásica ya era un parque temático nostálgico para los turistas romanos. Plutarco reconoce que de Licurgo no se sabe realmente nada. Así pues, ¿en qué medida contribuyeron los propios espartanos, consciente o inconscientemente, a modelar su imagen? ¿Y podremos acercarnos a la verdad, y cuánto, si diseccionamos meticulosamente el espejismo plutarquiano?

Además del silencio casi total de los espartanos, el problema más grave reside en que, a finales del siglo V a. C., los filósofos no espartanos se remitían a Esparta en sus debates sobre el sistema político ideal. Un ejemplo perfecto es Jenofonte, discípulo de Sócrates. El aristócrata ateniense había desertado a Esparta después de luchar con los espartanos en la expedición asiática (y en la retirada hacia el interior) de los Diez Mil, episodio que puso por escrito en la *Anábasis*. Según Jenofonte, la estabilidad del sistema que retrata la *Constitución de los espartanos* (la Gran Retra) promete satisfacciones; no obstante puede derivar de la imagen que ellos tenían de sí mismos y, por tanto, contener información exacta:

> Por esta fama particular y por la común, su patria y su linaje son dignos de elogio. Efectivamente, su ciudad nunca intentó abolir su poder por recelo de los honores presentes que recibían, y ellos, los reyes, nunca tuvieron mayores aspiraciones que aquellas que recibieron con la corona. En verdad, nin-

gún otro régimen democrático ni oligárquico ni tiránico ni monárquico se ha visto perdurar sin división.[1]

Esparta como ejemplo filosófico de Estado volvió a aparecer en el pensamiento utópico, un discurso en que el objetivo no es la *descripción* exacta, sino la *prescripción* política. La imagen utópica de Esparta la adoptaron con entusiasmo los primeros filósofos estoicos y, en el siglo III a. C., pudo influir en el autogobierno de esa ciudad-Estado.

Heródoto y Tucídides figuran entre los que sostienen que el carácter de los belicosos y mordaces espartanos tenía algo especial. No obstante, Tucídides recurre sistemáticamente a Esparta cuando cita la definición que los atenienses hicieron de sí mismos, por lo cual es muy posible que incluya cierto grado de exageración o un contraste binario que distorsiona el cuadro real. Por suerte, contamos con una fuente del siglo IV a. C. que puede ser razonablemente objetiva: Aristóteles. Aunque vivió muchos años en Atenas, era oriundo de Estagira, una ciudad del norte de Grecia en la órbita de Macedonia; la identidad de su ciudad-Estado no se basaba en una antítesis directa del estereotipo espartano. Asimismo, si bien fue discípulo de Platón, nunca lo sedujo el utopismo que caracterizó las opiniones sobre Esparta de Jenofonte y Critias, el cruel ateniense a quien los espartanos, al final de la Guerra del Peloponeso, escogieron para que fuese uno de los Treinta Tiranos. En cuanto erudito a quien de verdad agradaban las pruebas admisibles, lo que Aristóteles cuenta es más fiable. En su *Política* se muestra en desacuerdo con varias leyes relacionadas con los ilotas –los esclavos espartanos–, con las mujeres, la propiedad y la herencia. En particular, dice que los *éforos,* los cinco magistrados elegidos anualmente, eran aristócratas dados a la corrupción, un defecto que ponía en peligro a toda la comunidad.

1. Cita tomada de Jenofonte, *La República de los lacedemonios,* en *Obras menores.* Madrid, Gredos, 1984; introducciones, traducciones y notas de Orlando Guntiñas Tuñón. *(N. del T.)*

La *agogé*, el sistema pedagógico espartano, quedó legitimada gracias al desarrollo de un relato de la historia temprana que apuntaba a explicarla. A diferencia de los atenienses, que hacían hincapié en que procedían de tierras áticas, los espartanos reivindicaban su reino basándose en una leyenda de invasión violenta. Zeus los había llevado al Peloponeso; eran un ejército de ocupación. También les gustaba pensar que la fundación de las instituciones espartanas había sido la respuesta necesaria al caos y la discordia, y que no se las debía manipular ni alterar de manera alguna. Licurgo, descendiente de Hércules al que se suele situar en el siglo VIII a. C., creía en un oráculo de Delfos llamado su *retra*, que contenía las leyes fundamentales que hacían invencibles a los espartanos. En los escritos de Heródoto, el rey Demarato le dice a Jerjes que el amo de los espartanos es la ley y que ellos son los mejores soldados del mundo porque la acatan sin cuestionarla.

En la sociedad espartana había tres clases hereditarias. La más alta, la que formaban los ciudadanos, eran los espartiatas, un grupo en el que no había distinción de estatus –también se llamaban a sí mismos *homoioi*, «iguales»–. No obstante, se subdividían en tribus y vivían juntos en la «ciudad», formada por cinco pueblos. La condición de espartiata era necesariamente hereditaria; se consolidaba mediante la participación en la rigurosa formación que estipulaba la *agogé*, y se mantenía siendo miembro de un grupo de soldados que compartían el rancho y demostrando el comportamiento adecuado en combate. Si no satisfacían esos requisitos, podían perder la condición de espartiatas, ser objeto de humillación pública y ver anulados todos los contratos firmados con otros miembros de su clase. En Esparta, el sistema social, por peculiar que fuese, probablemente fue una reacción a la misma clase de crisis por el reparto de la tierra que en otras ciudades griegas desembocó en la instauración de tiranías y, posteriormente, en la democracia, pero adoptó una forma diferente, a saber, el surgimiento de un sentido de solidaridad y de igualdad interpares entre los miembros de la clase dirigente.

La solidaridad grupal se reforzaba mediante un complejo sistema interno de reparto del poder. Se suponía que siempre había dos reyes, es decir, una *diarquía* en lugar de una monarquía, instaurada para impedir que un solo rey acumulara demasiado poder. Menelao y Agamenón, los dos reyes peloponesios, pueden ser un reflejo mitológico de esa singularidad, aunque en realidad los diarcas no eran hermanos, sino que heredaban el trono como miembros de dos dinastías distintas, los Ágidas y los Euripóntidas, si bien es cierto que ambas se decían descendientes directas de Hércules, hijo de Zeus. Cuando no estaban en guerra, el papel principal de los reyes era religioso, pues ambos eran sacerdotes de Zeus. Hacían juramentos recíprocos con los éforos, electos una vez al año para la Asamblea ciudadana de Esparta, y se prometían respeto mutuo. Según numerosas fuentes, la lección que más en serio se tomaban los espartanos era: «gobernar y de la misma manera ser gobernados». Los éforos designaban a los magistrados y evaluaban su trabajo, aunque era la Asamblea la encargada de decidir si se embarcaban o no en una guerra.

No obstante, para extranjeros como Heródoto o Jenofonte, la característica más sobresaliente de la Esparta clásica era el poder de los ancianos. A Heródoto le sorprendió ver que los espartanos jóvenes y fuertes siempre cedían el paso en la calle a las personas de edad avanzada, y es posible que imperase la norma de que los jóvenes tenían que ceder el asiento a los mayores. La *gerusía,* como se llamaba el consejo espartano, se traduce precisamente como «Casa de los Ancianos». Solo los hombres de más de sesenta años eran elegibles como miembros de una institución formada por veintiocho *gerontes* más los dos reyes. Los ancianos actuaban como jueces en los juicios por delitos capitales.

*

El escueto esbozo de la historia de Esparta en relación con el resto de los griegos y los no griegos es, en realidad, bastante claro. Durante el siglo VIII a. C., los espartanos invadieron lo que más tarde sería el territorio de Laconia; poco a poco fueron sometiendo a todos los pueblos locales, incluidos los mesenios al oeste. En el siglo VII, Esparta llegó a ser la potencia militar terrestre más importante de toda Grecia. En la época de las guerras médicas ya dominaba todo el Peloponeso y era el líder reconocido de la defensa de Grecia contra los invasores persas. Esparta reivindicaba ese liderazgo enarbolando las magníficas actuaciones de su ejército, sobre todo en la batalla de Platea (479 a. C.), realmente decisiva para eliminar de una vez para siempre la amenaza persa a la Grecia continental. Cientos de años después, Plutarco aún se emocionaba al escribir las proezas de la falange espartana en Platea, su invencible frente de escudos y lanzas, al que comparaba con «un animal salvaje acorralado». Sin embargo, más adelante Esparta dejó de ser «invencible»: la rebelión de Tegea, apoyada por Argos, desestabilizó el poder lacedemonio en el Peloponeso. Más tarde soportó también un espantoso terremoto (464 a. C.) seguido de la rebelión en masa de los ilotas. Mientras tanto, Atenas construía su imperio..., y las tensiones entre las dos superpotencias griegas estallaron en la Guerra del Peloponeso. Tras vencer a Atenas gracias al apoyo financiero que les prestaron los persas, los espartanos disfrutaron de un breve periodo en el que gobernaron casi sin oposición el mundo griego. Fue la época de Agesilao II, que duró hasta la derrota en Tebas en 371 a. C. A mediados de siglo, el Estado militar más poderoso de Grecia había quedado «reducido al nivel de un mero camorrista del Peloponeso». En retrospectiva, es indudable que el reinado de Agesilao marcó el principio del fin del dominio de los espartanos, aunque se las ingeniaron para seguir siendo oficialmente independientes, incluso de Macedonia, hasta el siglo II a. C.

Sobre Agesilao versa la segunda biografía literaria más antigua que conocemos, obra de Jenofonte (la primera es la de Evágoras, rey de Salamina de Chipre, obra de otro autor ateniense, más o menos contemporáneo de Jenofonte, llamado Isócrates). Concebida como homenaje póstumo a Agesilao, el rey de Jenofonte no ofrece una valoración crítica y objetiva de sus logros tal como la podríamos encontrar en una biografía posterior. Con todo, el autor narra las triunfales campañas de Agesilao en Asia en la década de 390 a. C., cuando amasó una importante fortuna y supo desbancar, con la espada y la diplomacia, a dos de los hombres más capaces del imperio persa, los sátrapas Tisafernes y Farnabazo. El objetivo inicial de Agesilao había consistido en liberar del poder persa las ciudades griegas de Asia, y aunque los problemas más urgentes lo obligaron a abandonar esa línea de acción, consiguió reforzar el poder y la riqueza de Esparta gracias a sus expediciones a las satrapías de Frigia Helespontina y Lidia. La vívida prosa de Jenofonte, testigo directo por haber acompañado al rey en sus campañas, transmite la emoción que las tropas espartanas sintieron antes de la batalla mientras ultimaban los preparativos en Éfeso bajo la supervisión de Agesilao.

> Resultó un hermoso espectáculo. Muchos bajaron a competir, y dado que los contemplaban sus compañeros, había una gran rivalidad. Hubo, además, una carrera de caballos. Los jinetes debían galopar bajando por la ladera y, tras dar la vuelta en el mar, volver de nuevo hacia el altar. Y cuesta abajo la mayoría rodaban, pero al subir arriba por la fuerte pendiente, apenas podían ir al paso los caballos, así que había un gran bullicio, muchas risas y mucha animación.[1]

Artemisa, la diosa de Éfeso, también ocupaba, junto con Apolo, su hermano gemelo, un lugar destacado en la religión espartana.

Los espacios en blanco entre las fuentes problemáticas y el esbozo cronológico los llenan solo parcialmente las escasas

---

1. Cita tomada de Jenofonte, *Anábasis*. Madrid, Cátedra, 1999; edición y traducción de Carlos Varias. *(N. del T.)*

pruebas materiales. Laconia era casi tres veces más grande que el Ática, pero gran parte del territorio era demasiado montañoso para la agricultura. Extendiéndose como una ancha herradura en el sureste del Peloponeso, se prolongaba hacia el oeste formando la península de Mani; el callo oriental desciende hasta el cabo Malea, pero la lumbre llega hasta el norte de la región interior, donde se alzan los montes del Peloponeso central, y limitaba con la vecina Arcadia. Esparta propiamente dicha se encuentra en el fértil valle del Eurotas, con sus enormes cadenas montañosas a ambos lados; los picos más altos son los del Taigeto, la gran cordillera del Peloponeso, al oeste. Encerrados como estaban por los montes o el mar, y con solo un puerto de fácil acceso, los espartanos nunca sintieron la tentación de construir murallas o una acrópolis de una altura más que modesta. Ion de Quíos, poeta del siglo V, explicó así el porqué: «Esta ciudad laconia no tiene murallas, pero cada vez que una nueva guerra cae sobre sus regimientos, el Consejo dictamina y se ejecuta lo que ha legislado.» Del aislamiento topográfico se nutría la tendencia de los espartanos a su proverbial reserva y al conservadurismo social. Tampoco sintieron nunca la necesidad de construir una ciudad con un centro imponente, grandes obras arquitectónicas y edificios públicos y templos que impresionaran a los visitantes. Tucídides, que tanto admiró a Pericles, alma máter del programa urbanístico ateniense, apenas podía disimular su desdén por la arquitectura espartana, que, tal como la describió en el libro I de la *Historia de la Guerra del Peloponeso,* no tenía templos ni otros edificios «suntuosos»; también veía a Esparta como una serie de «aldeas dispersas» al estilo de la antigua Grecia.

La mayor parte de las ruinas de Esparta que se han conservado, incluido el teatro, datan de finales de la época romana. Lo que sabemos del periodo clásico griego sugiere que la conmemoración de las victorias militares fue el factor que más influyó en la política de obras públicas. Había en la ciudad una columnata imponente, construida en el siglo V a. C. con restos de las guerras médicas. Desde un punto de vista arqueológico, los santuarios de Esparta son una decepción; solo han sobrevivido los cimientos de la famosa Atenea del Santuario de Bronce, que los espartanos revestían de la cabeza a los pies con bronce procedente de las armas tomadas a los enemigos derrotados en el campo de batalla. La base del igualmente célebre templo de Artemisa Ortia, en la orilla oriental del Eurotas, permite intuir que en tiempos de Leónidas era un pequeño edificio dórico sin columnata y con un altar sobre el cual, bajo la atenta mirada de la sacerdotisa de la diosa, se flagelaba ritualmente a los jóvenes soldados.

Como muchos santuarios de Artemisa, el templo se había construido en carrizales cenagosos, repletos de animales que parecían acudir para honrar a la diosa de la caza. Con todo, las excavaciones de Ortia han arrojado hallazgos sorprendentes, además de retratos arcaicos en marfil en los que Artemisa aparece rodeada de pájaros y animales. Más de seiscientas máscaras de terracota de tamaño natural, utilizables aún hoy si se pasa un hilo por los agujeros que tienen a los lados y a la altura de la frente, nos obligan a cuestionar la idea de que, en el periodo arcaico, Esparta fuese un reino tan cerrado en sí mismo como dan a entender las antiguas fuentes escritas. Muchas de esas máscaras, con típicas arrugas en la frente y en su mayor parte grotescas, muestran una clara influencia de la imaginería canaanita, llevada quizá a Esparta desde Chipre por mercaderes fenicios. En Esparta nunca se ha explicado de manera satisfactoria el origen, muy probablemente oriental, del epíteto de Artemisa –Ortia, que podría significar «la erecta» y estar vinculado a una imaginería fálica ajena a la diosa.

Era en el templo de Artemisa donde las adolescentes espartanas interpretaban los fragmentos que se conservaban de sus *Parteneas* líricas (coros de doncellas), obra del poeta Alcmán. Solo ha llegado hasta nosotros un texto sustancioso, y leerlo es una experiencia fascinante. Comienza con un relato sobre Cástor y Polideuces, los héroes gemelos espartanos, pero, en el fragmento principal, el coro describe un ritual dedicado a una diosa

227

asociada con el alba y en el que toman parte los dos hermanos: ofrendan a la estatua una prenda de vestir aún sin estrenar. Los nombres de las doncellas nos permiten tener un contacto excepcional con mujeres espartanas reales: Nanno, Areta, Tilácide, Filila. Las oficiantes principales son Hagesícora y Agido, dos nombres que curiosamente significan algo así como «líder femenina». No solo reina una atmósfera homoerótica entre los dos grupos que toman parte en el ritual; también asistimos a competiciones humorísticas en las que abundan las bromas. La belleza de las muchachas se compara también con la de los caballos de carrera.

Otra canción de Alcmán describe la separación de una de las muchachas del grupo, Astumeloísa, «la que canta para la ciudad», cuando se prepara para casarse; tras la boda ya no podrá cantar con ellas. Esta beldad tiene una melena hermosa, y probablemente baila mientras las doncellas cantan en su boda. Es posible que resuenen ecos de Alcman y otros poetas líricos tempranos en un exquisito epitalamio de Teócrito, escrito en el siglo III a. C., sobre las nupcias de Menelao y Helena; interpreta la composición un coro de doce encantadoras doncellas espartanas que, a su vez, describen el ritual que van a ejecutar en un prado, al amanecer de la noche de bodas: colgarán, en las ramas de un plátano, hojas de plantas silvestres y un frasco de plata del que caen gotas de aceite de oliva, y en la corteza grabarán el nombre de Helena, en dialecto dorio.

Sin embargo, si nos alejamos un poco más aún de su ciudad, vemos que los espartanos sí tenían imponentes edificios religiosos. El santuario más famoso de Laconia se encontraba a unos cinco kilómetros al sur de Amiclas, y en el Museo Arqueológico de Esparta se exponen vestigios del patio exterior y de la muralla. Allí los espartanos celebraban dos festivales importantes, las Jacintias en honor de Apolo y del joven héroe Jacinto, y las Gimnopedias, en el que los reclutas desnudos ejecutaban danzas de guerra. Para diseñar y construir el complejo del templo, que tiene la forma de un enorme trono, los espartanos, pese a su fama de xenófobos, contrataron a un famoso arquitecto, Baticles de Magnesia, colonia fundada en la lejana Jonia. Baticles llevó a Esparta a sus propios constructores, a los que representó bailando en lo alto del «trono» de piedra que formaba el templo. La calidad artística de ese santuario, que más tarde Pausanias describió con detalle, pone en entredicho la idea de que los espartanos eran insensibles a las artes plásticas y la arquitectura. En el santuario se encontraron ofrendas del periodo arcaico, trípodes y estatuas, y también imágenes de las Gracias y de Artemisa, dedicadas por el propio Baticles. Las columnas del templo eran jónicas y dóricas.

Las esculturas en relieve eran asombrosas. La lista de Pausanias hace pensar en un manual de mitología griega, aunque predominan las figuras y temas caros a los espartanos: Menelao, los trabajos de Hércules y apasionados encuentros eróticos entre dioses y mortales. En el trono hay un pedestal del que se decía que contenía los restos mortales de Jacinto y, en el pedestal, una singular imagen cúltica de Apolo, considerada muy antigua; era una columna o un cono alargado, con una cabeza añadida, y los pies y las manos le conferían un aspecto ligeramente antropomórfico. La estatua llevaba casco, lanza y arco. Ver así a Apolo se parecía a mirar el rostro inescrutable de un enemigo hoplita con uniforme de bronce.

En Amiclas también se rendía culto a Agamenón y Casandra, adorada esta con su nombre alternativo, Alejandra. Al este de Amiclas, en las colinas de Terapne que se alzan junto al Eurotas, los espartanos adoraban a Menelao, el hermano de Agamenón, acompañado de Helena. Aún pueden verse las ruinas del monumento rectangular que ocupa una posición elevada y data del siglo V a. C., si bien conviene no olvidar que reemplazó a un altar más antiguo y que es posible que se reconstruyera después del terremoto de 464. También se encontró allí un frasco pequeño, un perfumero tal vez, dedicado a Helena por un tal Deinis en el siglo VII. En el siglo V, otro hombre, llamado Eutícrenes, llevó una ofrenda a Menelao, a saber, un gancho de carnicero hecho de bronce.

Algunas ofrendas son figuras de soldados, apropiadas tal vez para que las dedicaran hombres o mujeres que esperaban procrear hijos aguerridos. Muchas son estatuillas de animales, de plomo o de terracota, relacionadas con el papel de Helena como promotora de la fertilidad. Las pesas de los telares y los collares pueden haber sido ofrendas de mujeres: en la *Ilíada,* Helena es una tejedora excelente de grandes mantos «donde bordaba numerosas labores de troyanos, domadores de potros, y de aqueos, de broncínea túnica». Contamos también con importantes testimonios escritos en los que puede leerse que las mujeres sentían una intensa conexión psíquica con Helena de Terapne, encarnación suprema del atractivo erótico femenino. Heródoto cuenta la historia de un ama a cargo de una niña pequeña muy poco agraciada. La niñera solucionó el problema colocando regularmente a la cría ante la estatua de Helena. Un día, una mujer misteriosa –tal vez una manifestación de la propia heroína– acarició el rostro de la pequeña y anunció que sería la mujer más bella de Esparta. Desafiando todas las expectativas, la niña llegó a ser encantadora y se casó con un rey espartano.

En parte de resultas de la fama erótica de Helena, uno de los aspectos más polémicos del sistema espartano eran las mujeres, de las que solía decirse que habían gozado de mucha más libertad que otras mujeres griegas. Eran igual de ingeniosas que los hombres, y en las *Máximas de mujeres espartanas* de Plutarco ha sobrevivido una recopilación de sus breves y mordaces dichos. Las espartanas tenían mayor independencia económica que las mujeres de otras ciudades griegas, y eran titulares de propiedades a su nombre. Dado que muchos hombres espartanos vivían en las cantinas públicas, en la vida cotidiana controlaban menos a sus esposas e hijas que los ciudadanos de otras ciudades. Se decía también que las espartanas aparecían con frecuencia en público y que incluso hacían gimnasia, dejando el cuerpo al descubierto como los hombres, un hecho que puede reflejar el cultivo institucionalizado de la belleza, la fuerza y el atractivo sexual femeninos y, quizá, su independencia. Es probable que participaran en competiciones formales de lucha, en carreras y en lanzamientos de jabalina y disco: el imperativo era traer al mundo una clase gobernante de espartiatas lo más vigorosos posible. Las muchachas de Esparta se casaban más tarde que en otros estados griegos –donde la edad habitual era de catorce años o incluso menos–; las prescripciones de Licurgo, que datan del siglo VIII a. C., decían que el matrimonio debía celebrarse «en la flor del desarrollo físico, pues ello conduce al nacimiento de niños fuertes». En ese punto, los espartanos eran sensatos. La tasa de mortalidad de recién nacidos y de madres jóvenes en partos poco después de la menarquia era entonces, y sigue siéndolo hoy, más alta que cuando las parturientas tienen más de veinte años.

En *Lisístrata* de Aristófanes, estrenada en 411 a. C., el estereotipo ateniense de la mujer espartana irrumpe en escena en el personaje de Lampito («la Brillante»), una mujer de pechos hermosos y tan fuerte que podía estrangular a un toro. Cinisca, una princesa espartana, fue la primera mujer que ganó en una competición olímpica como propietaria y adiestradora de los caballos que participaban en concursos ecuestres, y lo hizo dos veces en la década de 390 a. C. La inscripción en que la princesa describe su estatua de vencedora, erigida en Olimpia, proclamaba orgullosamente: «Mi padre y mis hermanos son reyes de Esparta, pero Cinisca, vencedora de la carrera de carros de caballos de patas veloces, mandó construir esta imagen en la que me proclamo la única mujer de toda Grecia que ha recibido la corona.»

A las ingeniosas y atléticas mujeres de Esparta las preparaban para ser esposas y madres de espartiatas, y uno de los aspectos más singulares de la vida espartana era la ceremonia de la boda. El matrimonio era un asunto de Estado; a los hombres se los penalizaba si no se casaban o si lo hacían con mujeres demasiado viejas o de manera poco adecuada. En cambio, se recompensaba a los que traían al mundo hijos sanos. Un padre que engendraba tres niños estaba exento del servicio militar, y si eran cuatro, incluso se libraba de pagar tributos económicos

231

al Estado. El verbo que empleaban los novios espartanos que se agenciaban una novia significaba algo así como «apoderarse, incautarse de», y no está claro si ese secuestro era ritual o real. Los novios menores de treinta años, que vivían, como hemos visto, en los grupos públicos de militares, solo tenían permitido visitar a la novia a escondidas y copular en la oscuridad total. Es posible que la intención fuera aumentar la tensión sexual y engendrar más criaturas; según Plutarco, algunos hombres tenían hijos antes de saber cómo era la mujer a la luz del día.

Las prescripciones de Licurgo también fomentaban una alta tasa de natalidad en la medida en que autorizaban a la mujer joven de un hombre mayor a tener hijos de otro hombre siempre y cuando el marido estuviera de acuerdo; luego los hombres mayores adoptaban a esos hijos, una costumbre que mejoraba su prestigio. Polibio cuenta que las mujeres tenían hijos de tres o cuatro hombres, y que cuando un hombre había engendrado un número suficiente, se consideraba honorable que cediera su mujer a un amigo. Huelga decir que a los griegos patriarcales de otras ciudades-Estado les indignaba esa práctica, que podía considerarse la autorización legal de la libertad sexual femenina. Para Aristóteles, las mujeres espartanas podían darse todos los gustos sin que nadie las controlase.

Vista la incoherencia de las fuentes que abordan el tema de la homosexualidad, no es sencillo comprender los vínculos sexuales y afectivos de los espartanos. Plutarco supone que estaba muy extendida, pero Jenofonte, que había vivido una temporada en Esparta, da a entender que se instaba a desistir de cualquier manifestación física abierta de homosexualidad. Sería más fácil responder a esta pregunta si supiéramos más acerca de las Jacintias, festividades en honor de Apolo y Jacinto, el joven héroe espartano amante del dios. Jacinto murió en un accidente mientras entrenaba en el lanzamiento de disco, y el festival conmemoraba con rituales la vida, la muerte y la apoteosis del hermoso joven. En el santuario de Apolo en Amiclas se congregaba toda la clase ciudadana de Esparta, tanto los hombres como las mujeres, para celebrar el festival con juegos y sacrificios.

*

La sólida camaradería que reinaba entre los espartiatas quedó plasmada en los poemas de Tirteo, la única voz auténtica que aún podemos oír de los primeros tiempos de Esparta, aparte de la de Alcmán. Como este, Tirteo era probablemente espartano, aunque se dice que los dos habían llegado de otro lugar de Grecia; la idea de que Esparta produjera poetas pudo parecer incompatible con su militarismo. Tirteo compuso canciones patrióticas en metros aptos para la marcha, llamadas *embateria* o *enoplios*, términos que se traducen como «canciones para cargar en la batalla» y «cantos para hombres en armas», respectivamente. De este poeta se dice que compuso canciones para alentar a los espartanos en la guerra contra los mesenios, pueblo al que querían esclavizar. Se supone también que Leónidas recomendó a Tirteo diciendo que era «un buen poeta para poner a punto el valor de los jóvenes». Las composiciones «de batalla» de Tirteo celebran la victoria sobre los mesenios y la carga fiscal que los espartanos les impusieron, proclamando, en su canto I: «¡Oh, qué bello es morir por la querida Patria!» En el canto IV exhorta directamente a los jóvenes espartiatas en un día sediento de sangre: «A las armas volad, la tropa clame; quien no combata hasta dejar la vida, que sufra la derrota y vil se llame. [...] Al campo, al campo, empuñe la pesante lanza y junte valor bajo el escudo y al trabarse la lid entre delante.»[1]

Las composiciones de Tirteo preparaban emocionalmente a los jóvenes espartanos para su futuro militar. En un discurso ateniense considerado hoy una fuente clásica, el autor dice que

---

1. Estas citas de Tirteo están tomadas de *Anacreonte, Safo y Tirteo*, traducidos del griego en prosa y en verso por José del Castillo y Ayensa, de la Real Academia Española. Madrid, Imprenta Real, 1832. *(N. del T.)*

escuchar esas canciones era obligatorio para los reclutas. Según Plutarco, al menos, los niños (y probablemente también las niñas) se sometían a una revisión por parte de los ancianos en el momento de nacer; a los debiluchos se los señalaba de inmediato. La Constitución espartana de Jenofonte da más detalles: a los siete años, un varoncito espartano ingresaba en la enseñanza pública y convivía con otros niños, y todos estaban obligados a llevar un estilo de vida austero y a pasar por un duro entrenamiento encaminado a formar soldados excelentes con un sentido desarrollado de la vergüenza y la obediencia. Los controlaba un *paidónomo,* magistrado espartiata que supervisaba la educación (y también a un grupo de jóvenes selectos que, con sus látigos, aplicaban los castigos que él ordenaba). De todos modos, cualquier espartiata podía castigar a los hijos de otros hombres si lo consideraba oportuno. A los niños también les enseñaban a robar comida, pues se consideraba que así se volverían listos y agresivos, pero los castigaban si los pillaban en flagrante. Entre los veinte y los treinta años, los espartiatas ocupaban una posición intermedia. Podían dejarse crecer el pelo, pero seguían pasando las noches en un dormitorio estatal y todavía no se les permitía ejercer cargo alguno ni asistir a los debates de la Asamblea. Al final de ese periodo, los trescientos mejores soldados del año ingresaban en las tropas de élite del ejército. De los mayores de treinta años se esperaba que combatiesen hasta los sesenta y que siguieran entrenándose; la gimnasia era obligatoria. El castigo por negarse a ir a la guerra, o para los desertores, era la muerte. Algunas reglas son tan extrañas que probablemente son ciertas; por ejemplo, que a los espartiatas no se les permitía llevar una luz en la oscuridad para asegurarse así de que estaban siempre perfectamente alertas.

En todas las demás poblaciones de Laconia vivían los *perioikoi* (periecos, «los que habitaban en la periferia»), que nominalmente, y de una manera que no ha llegado a comprenderse bien, eran libres —es decir, no rebajados a la categoría de esclavos–, si bien seguían sometidos a la autoridad de los espar-

234

tiatas hereditarios. La tercera clase eran los esclavos (ilotas). Se decía que originalmente habían sido habitantes libres de un lugar llamado Helos y que luego los habían conquistado y esclavizado. Más tarde, los espartanos también conquistaron Mesenia y los mesenios engrosaron la población de ilotas; se les encargaban todos los trabajos agrícolas y tenían que entregar una parte considerable de lo que producían. Tirteo los comparó con burros «cargados con pesados bultos, obligados cruelmente a producir para sus amos la mitad de los frutos de sus campos». Los ilotas, más que de un individuo espartiata, eran propiedad estatal; solo el Estado podía emanciparlos, y de vez en cuando lo hacía, por ejemplo, como recompensa por una conducta leal en la guerra.

La vida del ilota era desdichada. Cada guerrero espartiata era responsable de disciplinar a los esclavos que trabajaban la tierra que le pertenecía, un sistema que conllevaba humillaciones y prácticas intimidatorias. Los ilotas vestían obligatoriamente un uniforme basto, túnica de cuero y gorro de piel de perro, y recibían por ley una cantidad fija de golpes al año, además de los que les correspondían por cualquier delito que cometieran, «para que no olvidaran nunca que eran esclavos». Por otra parte, si empezaban a verse demasiado fuertes físicamente, los ejecutaban e imponían una multa a su amo. Los espartiatas tenían incluso un ritual en que los éforos recreaban cada año la conquista de Laconia declarando la guerra a los ilotas; de ese modo, asesinarlos no se calificaría de acto impío o ilegal. Según Plutarco, el «servicio secreto» de los espartanos *(krupteia)* se encargaba con frecuencia de matar a ilotas, sobre todo a los físicamente fuertes.

La supremacía de los espartanos como fuerza armada no naval, que les permitió dominar no solo a los ilotas, sino también gran parte del mundo griego desde el siglo VII a. C. hasta mediados del siglo IV, se extendió también a su infantería, perfectamente entrenada y bien armada. La violencia de los combates entre las falanges de hoplitas ha producido, en el ámbito académico, un nivel idéntico de violencia en los debates. En efecto, ese método para zanjar conflictos no tiene parangón en otras sociedades conocidas de agricultores, como han protestado algunos historiadores, espantados por la sangrienta guerra hoplita. Por otra parte, algunos clasicistas de la línea dura abordan la cuestión de la guerra hoplita con aprobación indisimulada y sostienen que era una forma de duelo eficaz y estilizada, menos dolorosa que las guerras de persecuciones, sitios, emboscadas, campañas interminables y ejecuciones en masa que caracterizaban a otras formas antiguas de conflicto armado. Esta línea de razonamiento se justifica aduciendo que los hoplitas luchaban para defender su autonomía y sus privilegios cívicos: «Un ciudadano de una ciudad-Estado griega comprendía que la sencillez, la claridad y la brevedad de las batallas hoplitas definían íntegramente la relación con la familia y la comunidad de un hombre, el único día, de fecha incierta, que podría poner fin a su vida, pero también, sin duda alguna, dar significado a toda su existencia.» Sin embargo, incluso los griegos eran conscientes de que la guerra hoplita tenía algo especial, único, y hasta tal punto, que en Heródoto vemos a Mardonio, un general persa, decir que los griegos «son en la guerra la gente del mundo más falta de consejo, así por la impericia como por su cortedad. Decláranse la guerra unos a otros, salen a campaña, y para darse la batalla escogen la llanura más hermosa y despejada que pueden encontrar, de donde no salen sin gran pérdida los mismos vencedores, pues de los vencidos no es menester que hable yo palabra, siendo sabido que quedan aniquilados».

Mardonio no se equivocaba. Unos de los pocos relatos sinceros sobre las consecuencias de las batallas hoplitas lo encontramos en la descripción del campo de batalla que, en su obra *Agesilao*, ofrece Jenofonte, testigo ocular, tras un enfrentamiento entre Tebas y Esparta en 394 a. C.: «Al término del combate, se podía ver la tierra donde se enfrentaron empapada en sangre, cadáveres de amigos y enemigos que yacían unos junto a otros, escudos destrozados, lanzas rotas, puñales sin sus vainas: unos en el suelo, otros en los cadáveres, otros aún en las manos.» Tirteo describe la experiencia con detalles gráficos, aconsejando así al soldado: «Clávate en el suelo. Muérdete el labio y tu furor no ceda; aguarda el duro choque sin recelo, un ancho y grueso escudo te defiende. [...] Pero la diestra mano es la que ofende; blande tu lanza, y el penacho altivo sacude, y corre, y las falanges hiende.» Cada hoplita salía al campo idénticamente equipado con un escudo grande, pesado y convexo, una lanza con punta de hierro y una pica en el otro extremo, una espada corta, una pechera y un casco con cresta. Se alineaba lado a lado con sus camaradas en la formación rectangular llamada falange, con los mejores guerreros en la línea de frente y en la posterior. La línea de frente miraba fijamente a la del enemigo; las cabezas hoplitas, bajo los cascos crestados, eran aterrorizadoras. Cuando sonaba la trompeta, las falanges avanzaban y se atacaban entre sí con escudos y lanzas; era habitual que, al salir al campo, soltaran sus temibles y ensordecedores gritos de batalla tradicionales.

Después empezaba una violenta competición de empujones, y cada línea de frente de los hoplitas se abalanzaba sobre su adversario. El ataque con todo el cuerpo iba acompañado de lanzadas brutales. El himno hoplita de Tirteo continúa así: «Llega a las manos y descarga fiero sobre algún enemigo el ancha espada [...] o bien, la lucha singular trabada, opone pies a pies, escudo a escudo, y tu fuerte celada a su celada. Y estréchate a su pecho y del membrudo brazo su lanza desprender procura.»

El combate seguía hasta que un lado caía, cosa que con frecuencia no tardaba mucho en ocurrir; cada combatiente «con la rodilla hundida en el polvo y la lanza hecha pedazos», como dice un soldado de Esquilo. Si alguien rompía filas por cobardía o imprudencia, ponía al resto de sus compañeros en peligro mortal. Si la falange se veía obligada a girar y dejaba un flanco al descubierto, todos los que formaban ese lado quedaban en una posición sumamente vulnerable. El lado perdedor se daba por vencido cuando caían en combate demasiados hombres de la línea de frente y no los podía reemplazar por otros de la fila inmediatamente posterior, o cuando se veía rodeado u obligado a batirse en retirada. A veces luchaban con la espada y con uñas y dientes, como en la última resistencia que los espartanos de Leónidas opusieron en las Termópilas. A veces eran muy pocos, o ninguno, los enemigos derrotados que quedaban con vida.

La participación reiterada en esa clase de batallas pudo producir en los espartanos algo equivalente a lo que ahora se denomina síndrome o trastorno de estrés postraumático. En la versión que da Jenofonte del general espartano Clearco observamos, según Larry Tritle, veterano de la Guerra de Vietnam, «el primer caso conocido de TEPT [...] en la tradición literaria occidental». Jenofonte cuenta que Clearco escogió ir a la guerra, y que podría haber gastado su inmensa fortuna en actividades más propias de una época de paz en lugar de combatir en una contienda en la que no tenía interés personal alguno. Aventurero y temerario, Clearco se colocaba al frente de la tropa y solo se lo veía contento cuando combatía (de lo contrario, su aspecto era el de un hombre adusto y enfadado). De voz ronca, era incapaz de entablar relaciones personales y practicaba una disciplina brutal. Como si él mismo fuera su propia ley, no podía servir a las órdenes de nadie. En una ocasión, tras una disputa en el campamento a raíz de sus castigos desmesurados, perdió los estribos y estuvo a punto de iniciar una batalla de todos contra todos entre griegos amigos. Solo la intervención de Ciro, el comandante de los persas, consiguió que se serenase. No obstante, otros espartanos, incluido Leónidas, llegaron a una edad avanzada sin perder los cabales. Según el retrato que Tucídides pinta del valiente espartano Brásidas, tenemos la impresión de que era un líder de una inteligencia fuera de lo común, comprometido y con principios, que murió mientras llevaba a sus hombres al campo en 422 a. C. Pocos años después, el espartano Gilipo, gracias a su estrategia y su inspirada retórica, cambió el rumbo de la Guerra del Peloponeso y fue el artífice de la humillación de los atenienses en Siracusa.

El éxito de Esparta en la guerra hoplita estaba vinculado al fomento, mediante el humor, de la moral colectiva, y a sus valores cívicos internos y la habilidad para organizarse, profundamente igualitaria en lo que respecta a los varones del selecto grupo de espartanos libres. Reyes y comandantes arriesgaban la vida junto a hoplitas de menor rango. Todos los hombres espartanos libres llevaban ropas de exactamente la misma calidad y observaban estrictas restricciones en lo relativo al consumo de toda clase de bienes. Los años de entrenamiento y convivencia comunes, años en que combatían codo con codo en sucesivas batallas, fomentaban un espíritu de camaradería y de identidad colectiva sin parangón en ningún otro ejército de ciudadanos de las demás ciudades-Estado. Todo el que combatía de manera irresponsable o sin energías tenía que rendir cuentas ante la falange.

La solidaridad también se fomentaba mediante la rigurosa observancia de los ritos religiosos. Los militaristas espartanos eran devotos y supersticiosos a más no poder, dos rasgos que se explican mejor si se entiende que apuntaban a preservar la obediencia absoluta a unas leyes ancestrales. En mi opinión, también fue el motivo por el que Leónidas pudo tener una motivación espiritual para ir a las Termópilas, donde su antepasado Hércules había muerto en un monte cercano. Los espartanos reaccionaban a la muerte de todos sus reyes, no solo la de Leónidas, con gran solemnidad. Se multaba a los que no asistían al funeral de riguroso luto, y todos los asuntos relacionados con el gobierno se cancelaban durante diez días. También se tomaban muy en serio los presagios y la adivinación; nunca se embarcaban en una invasión o una batalla sin hacer todos los sacrificios necesarios, y no era extraño que decidiesen dar media vuelta si la interpretación de las entrañas de los animales sacrificados no los tranquilizaba lo suficiente. Los únicos dos hombres no espartanos que llegaron a ser ciudadanos de pleno derecho fueron un vidente profesional y su hermano.

Los espartanos también cultivaban con fervor la tradición del oráculo de Delfos. Dedicaron una categoría de funcionarios, los *pitioi,* desconocidos en los demás Estados griegos, para

239

que consultaran con Apolo y se ocuparan de los oráculos que recibían. La mayor parte de los grandes acontecimientos de su historia –por ejemplo, la *Retra* de Licurgo y la decisión de Leónidas de ir a combatir en las Termópilas– estuvieron vinculados a un oráculo de Delfos. Además, Leónidas marchó a las Termópilas inconstitucionalmente, sin la aprobación de los éforos que representaban a la Asamblea, que no veían con buenos ojos una campaña militar en plenas Carneas, las festividades de diez días dedicadas a Apolo. Los espartanos tenían en tan gran estima sus festivales que incluso los hechos militares cruciales pasaban a segundo plano para respetarlos, de ahí que la celebración de las Carneas de 490 a. C. impidiera a los espartanos ayudar a los atenienses en la batalla de Maratón. Paradójicamente, el festival en sí era una recreación carnavalesca de la vida en un campamento militar en el que los jóvenes solteros dormían en tiendas de campaña y recibían órdenes de un heraldo.

*

Ambivalencia es la única respuesta posible al comportamiento y las costumbres de los espartanos de la época clásica. El maltrato y la cínica explotación de los ilotas eran conductas repugnantes, como lo era también la brutal educación de los niños. No obstante, si el panorama que ofrecen las heterogéneas fuentes es fiable, es difícil no admirar su inteligencia e ingenio y, en especial, la ética de la igualdad, la lealtad mutua y la solidaridad que cultivó la clase gobernante, así como su disciplina y su valor. La libertad de las mujeres espartanas comparada con las de otras partes de Grecia también es un punto a su favor. No hay motivo para desconfiar de Aristóteles cuando nos habla de la existencia de una poeta espartana llamada Clitágora, pero la afirmación del filósofo Jámblico (también Yámblico de Calcis) en el sentido de que había varias mujeres espartanas que practicaban el pitagorismo es demasiado tardía (siglos III o IV d. C.) para ser fiable. En Esparta, hombres y mujeres actuaban en coros de canto y danzas que suponían todo un desafío; entre otros, Alcmán, que se distinguía por su capacidad para memorizar letras exquisitas. En la célebre belleza de sus caballos y mujeres se percibe una avanzada sensibilidad estética. En la Esparta clásica, la vida de los libres tenía momentos de desenfado y encanto, y estoy convencida de que fueron un pueblo mucho más culto y refinado de lo que su propia propaganda daba a entender. Las pruebas arqueológicas de los templos de Artemisa Ortia y Amiclas contradicen la opinión convencional de que los espartanos tenían aversión a introducir técnicas y conocimientos foráneos, y ellos mismos crearon excelentes esculturas y vasos pintados. Tampoco hay motivo para dudar de Platón cuando afirma que dos de los legendarios «siete sabios» de Grecia eran espartanos. Tampoco había nada intrínsecamente incompatible en el entrenamiento para la guerra y el disfrute de las célebres obras de la cultura griega tal como se hacía habitualmente en el resto de Grecia, y no es en absoluto imposible que el rey Cleómenes I, hijo de Anaxándridas II, viera con total claridad –por cruel que fuese– la diferencia entre espartiatas e ilotas en los términos poéticos que le atribuyó Plutarco en su recopilación de máximas espartanas. Al parecer, Cleómenes dijo: «Homero es el poeta de los espartanos, y Hesíodo el de los ilotas; pues Homero dio las indicaciones necesarias para combatir, y Hesíodo, en cambio, para labrar la tierra.»

Así y todo, los espartanos fueron unos griegos muy raros. Gracias a su inmensa llanura fértil en el interior, no vivieron obsesionados con la navegación, los viajes y el comercio, y tampoco los movía la curiosidad; de hecho, su cultura desalentaba las preguntas a las que los dioses o las leyes ancestrales no podían responder. Su estilo de vida ascético no fomentaba la búsqueda de los placeres sensuales. Aunque la libertad y la independencia tenían una importancia inestimable para ellos colectivamente, la vena beligerante común a la mayoría de los griegos se canalizaba en una dirección patriótica mediante la gimnasia y la instrucción militar. Aun así, compartieron la ma-

241

yor parte de las características que, en conjunto, definieron la mentalidad griega antigua. Su reconocimiento de las estructuras de un poder, digamos, puro y duro, y de la *Realpolitik,* implica sinceridad emocional. Adoraban los deportes de competición y honraban a los atletas vencedores tanto como a sus guerreros. A su manera particular, sucinta y saturnina, también fueron muy divertidos y, en ese sentido, unos hábiles artesanos a la hora de moldear la lengua griega. En efecto, su humor y sus proezas militares estaban profundamente entrelazados, pues reír ante el peligro es una de las formas más eficaces de mantener la moral colectiva; son muchos los célebres chistes espartanos concebidos para dar ánimos al oyente. El rey Agis decía, en broma, que los espartanos nunca preguntaban *cuántos* enemigos había, sino *dónde* estaban.

La seca frase espartana combina la sagacidad y la brevedad con un ingenio mordaz y, a menudo, una nota absurda. Cuando un médico alabó al rey Pausanias por haber alcanzado tan avanzada edad, el anciano repuso: «¡Eso se debe a que nunca lo he tenido a usted de médico!» Es posible que el dicho más gracioso de la literatura espartana sea la respuesta de Menelao a Hécuba en *Las troyanas,* tragedia de Eurípides, que por lo demás es un texto carente de humor. La vieja reina troyana quiere que castiguen a Helena; temiendo que esa beldad sin rival consiga, valiéndose de toda clase de ardides, volver a la cama de Menelao, Hécuba le ruega que no permita que su descarriada esposa vuelva a Esparta en su nave. «¿Por qué?», replica el hijo en tono grave. «¿Ha aumentado de peso?» Hécuba ve truncados sus planes al oír la cómica reacción de Menelao, que imagina de pronto a una Helena de Troya, ahora obesa, que podría hundir su buque de guerra en medio del Egeo. Eurípides sabía que el habla de Laconia era, más que fruto de un nivel inferior de educación, un estilo retórico en sí. Sócrates compartía esa opinión; los espartanos, dijo, «fingen ignorancia» y quieren hacernos creer que su superioridad se basa en su coraje y en su capacidad para el combate; pero incluso el espartano corriente, que a primera vista parece un ser mediocre, «al final suelta un comentario interesante, escueto, comprimido, como un lanzador de jabalina», e insistía Sócrates en que una ocurrencia lacónica puede ser tan profunda como para hacer que el que la escucha se sienta «tonto como un crío».

Alejandro corta el nudo gordiano *(Alexander hakt de Gordiaanse knoop door);* grabado de Theodor Matham (1627-1691), Rijksmuseum, Ámsterdam. *(Reproducido con permiso del museo.)*

7. LOS COMPETITIVOS MACEDONIOS

Durante un breve periodo que duró menos de dos décadas, enormes partes del mundo, incluido el territorio que ahora llamamos Grecia, vivieron unidas bajo el reinado de dos gobernantes sucesivos que hablaban griego: Filipo II de Macedonia y Alejandro III, conocido comúnmente como Alejandro Magno. Filipo y su hijo fueron los últimos de una larga línea de reyes de la misma familia que habían gobernado Macedonia durante siglos, los Argéadas, porque se decían oriundos de Argos. Sin embargo, antes de que la dinastía desapareciera, enseñaron a los griegos a intercambiar ideas, por ejemplo, la de imperio mundial. También tuvieron la mejor caballería de la historia de Grecia y desarrollaron la técnica del sitio, psicológicamente crucial para mantener el poder imperial a escala internacional. Tras las conquistas y la muerte de Alejandro, sus generales macedonios, llamados «los Sucesores», se repartieron el territorio y, tras mucho derramamiento de sangre, introdujeron las monarquías y cortes grecohablantes, que en todas partes se caracterizaron por tener un protocolo complejo y palacios suntuosos.

Los macedonios hicieron su entrada en la historia en el contexto de una competición. Hacia 500 a. C., Alejandro I se presentó para competir en los Juegos Olímpicos; para poder hacerlo, los jueces debían ratificar la etnicidad griega que el monarca reivindicaba, y finalmente acordaron que descender de habitantes de Argos, en el Peloponeso, legitimaba su deseo de competir contra otros griegos en el encuentro panhelénico más famoso de todos. Más de siglo y medio después, Filipo II, descendiente de Alejandro I, conquistó otros pueblos de la Grecia continental, y no solo en el estadio de atletismo, cuando venció en la batalla de Queronea (338 a. C.). Filipo encargó que se erigiera un monumento a Olimpia, demostrando así que ahora se consideraba rival no de otros griegos, sino de los dioses. En el edificio circular, llamado Filipeo, colocaron estatuas de Filipo, de Amintas, su padre, y de su hijo Alejandro, luego Alejandro III. Junto a ellos, iconos que representaban a Eurídice I, la madre de Filipo, y a Olimpia, la madre de Alejandro; pero esas estatuas e iconos estaban hechos, con algo más que un toque de arrogancia, de oro y marfil, los materiales reservados a las estatuas cúlticas de los dioses. El Filipeo no era exactamente un templo, pero el rey invitaba a los visitantes a que comparasen su poder, y el de su familia, con el de las divinidades.

Los macedonios elevaron la competitividad (la séptima de las diez características que definieron a los griegos antiguos) a un nivel literalmente feroz, un proceso que ya había empezado en el seno de la familia. Formaban la élite individuos dominantes que comprendían intuitivamente cómo adquirir, mantener y aumentar el poder. Como todos los gobernantes macedonios, Filipo y Alejandro nunca vacilaban en emplear una violencia despiadada, incluso contra los miembros de su familia y sus aliados. La aceptación general de la poligamia, con varias esposas y concubinas que rivalizaban a la hora de reclamar la herencia, aumentaba la actitud competitiva. La historia de Macedonia es una complicada saga de luchas intestinas dentro de los clanes dominantes. Distintas facciones, con frecuencia favorables a hermanastros que eran hijos del rey, intentaban descolocarse entre sí; las esposas e hijos rivales se consideraban desechables. Olimpia, la madre de Alejandro, pudo haber conspirado para matar a la «otra mujer» de Filipo, junto con su hijo (o hijos), después de que el rey muriese a manos de uno de sus siete guardaespaldas, y es posible también que tomase parte en la maquinación que concluyó con ese asesinato. La competición interna por el poder estaba profundamente arraigada en Macedonia, donde prevalecía el consenso general de que el sistema aseguraba la consolidación ininterrumpida del reino basándose en el principio de supervivencia de los más aptos.

Educado en la rivalidad entre esposas, hermanos y hermanastros, entre familias dinásticas y señores de la guerra, no sorprende que Filipo II y Alejandro III compitieran primero con las antiguas ciudades-Estado de Grecia y, luego, con el mismísimo rey persa. El problema inherente al gusto macedonio por la competición radicaba –al menos desde que Filipo ocupó el trono en 359 a. C.– en que nunca estuvieron satisfechos con lo que ya habían conquistado. Con los ojos siempre puestos en el siguiente peldaño, olvidaban a menudo cuidar los peldaños que ya habían escalado, un gusto por el riesgo que se manifestó más claramente en la enigmática figura de Alejandro, cuyas extraordinarias conquistas y ausencias constantes desestabilizaron y empobrecieron su distrito natal y el resto de la Grecia continental. Su muerte dejó en un estado de anarquía a todos los griegos y todos los pueblos bajo el imperio persa, vulnerables ahora a la destrucción masiva que provocaría la guerra de los Sucesores, cuyos descendientes siguieron matándose entre sí y practicando la endogamia durante varios siglos, hasta que en los siglos II y I a. C. los romanos se anexionaron todos los reinos objeto de sucesión.

En el presente capítulo situaremos las conquistas de Alejandro en el contexto del carácter y el estilo de vida distintivos de estos temerarios y belicosos habitantes del norte remoto de Grecia, amantes de alocadas juergas etílicas. Nos preguntaremos si Alejandro actuó movido por el sueño de un ideal pacífico, la fraternidad universal de los hombres, apoyándose en un instinto brillante para manipular la opinión pública, o movido por un bajo umbral de aburrimiento, por el alcohol y los delirios megalómanos. Nos preguntaremos también por los motivos de sus logros: su inmenso talento personal, heredado del padre, era la organización militar, pero también contó con el apoyo de su dura y ambiciosa madre. Tanto Filipo como Alejandro pudieron competir e imponerse definitivamente en el escenario mundial porque tenían dinero para financiar campañas militares e importar inteligencia de primera clase, no solo ingenieros punteros y expertos almirantes, sino también al filósofo Aristóteles, mentor de Alejandro. La última parte de este capítulo funciona como una coda a los logros de Alejandro y muestra cómo el espíritu inquieto y competitivo de los macedonios que lo sucedieron mantuvo gran parte del mundo bajo el control de los griegos a pesar de todas las luchas intestinas, e incluso siguió ensanchando los horizontes de Grecia.

*

Filipo siempre combatió al frente de sus hombres, y muchas veces sufrió heridas, incluida la pérdida del ojo derecho en el sitio de Metone (354 a. C.), pero la leyenda macedonia empieza realmente en 338 a. C., en la batalla de Queronea. En una llanura que se extiende a los pies del Parnaso, Filipo derrotó a dos respetables ciudades-Estado, Atenas y Tebas, rompiendo el corazón del orador ateniense Demóstenes, que había dedicado años a advertir a sus compatriotas que vendrían los macedonios. Alejandro, con solo dieciocho años, hizo gala de coraje y destreza en la batalla.

Todas las comunidades de la Grecia continental, con excepción de Esparta, acordaron aceptar las condiciones de un tratado cerrado en Corinto para formar una liga. Aunque se presentaba como un grupo de estados autónomos unidos por un tratado de paz, el objetivo de la liga era crear un nuevo ejército helénico enorme para lanzarse a conquistar el mundo, y todo ello bajo el control absoluto del rey tuerto de Macedonia y desde Pella, la capital. Cada Estado miembro de la liga debía aportar tropas y equipamiento militar. Entonces, ¿quiénes eran exactamente esos combativos nuevos amos de Grecia, a los que algunos de sus nuevos súbditos encontraban toscos y extraños? De hecho, sus adversarios griegos, incluido Demóstenes, los acusaban de bárbaros por la dificultad que para muchos representaba entender el dialecto macedonio, al menos tal como lo hablaban las clases no instruidas. Los comandantes macedonios preferían la lengua vernácula regional para comunicarse con las tropas. Sin embargo, una tumba descubierta en Vergina (la antigua Aigai, o Egas, sede de los reyes macedonios antes de que Arquelao I construyera Pella a finales del siglo V a. C.) demuestra que la mayoría de los varones macedonios tenían nombres griegos. Su dialecto era claramente griego, más próximo al dorio que al jonio, y tenía variantes específicas identificadas ya en la Antigüedad, incluida la pronunciación; de ahí la transliteración de la letra phi (f) como beta (b). El nombre femenino popular era Berenice, equivalente, por tanto, de Ferenice, «portadora de la victoria».

Aunque los macedonios compartían naturalmente algunos aspectos de su estilo de vida con sus vecinos tracios e ilirios, desde el punto de vista cultural eran griegos. El centro religioso más antiguo era Dion, cuya etimología demuestra que adoraban a Zeus, y un recipiente para libaciones descubierto en una tumba de principios del siglo V a. C. está dedicado a Atenea. Dioniso también era una deidad importante en la región, y mujeres de todas las edades tomaban parte en los ritos en su honor, vestidas de ménades y bajando corriendo por las laderas igual que en toda Grecia. Los macedonios tenían un ancestro en la genealogía prehistórica griega; Hesíodo llamó a ese antepasado Macedón y afirmó que sus descendientes vivían en una región montañosa «alrededor de Pieria y el Olimpo». Los hallazgos arqueológicos confirman que los macedonios ya tenían su centro allí antes de expandirse por el norte de Grecia, y ellos mismos afirmaban que la expansión había empezado cuando los antepasados de Filipo llegaron de Argos.

Los orígenes dinásticos de Filipo en el Peloponeso debieron de ser uno de los motivos por los que decidió conquistar Grecia, pero otro fue su temperamento. Inquieto y autocrático, nunca habría estado satisfecho dominando únicamente Macedonia y, tras dominar Grecia, en 336 a. C. ordenó la invasión de Asia enviando una avanzada de diez mil hombres, a las órdenes de Parmenión, general que gozaba de su confianza. Filipo sacó partido de la crisis de la monarquía persa tras el asesinato de Artajerjes IV y el acceso sorpresa al trono de Darío III, sobrino del rey. Más tarde, también Filipo murió asesinado en su patria, antes de poder reunirse con su ejército en Asia. A los veintidós años, su hijo heredó el trono y la guerra contra Persia, pero, antes de que pudiera encontrarse con Parmenión, acalló a todos los rivales demostrando que era tan invencible como su padre. Alejandro aplastó una rebelión incipiente en Tesalia; atacó a tribus que vivían en el norte y el oeste de Macedonia, en lo que ahora es Bulgaria, Albania y Serbia; cuando el ateniense Demóstenes alentó la rebelión en el sur y los tebanos atacaron la guarnición macedonia estacionada en su ciudad, Alejandro marchó hacia el sur y, con la ayuda inestimable de su general Perdicas, consiguió devastar Tebas. El joven monarca macedonio no quería perder el tiempo y la Liga Corintia no tardó nada en volver a transitar por el camino indicado.

Alejandro cruzó el Helesponto en mayo de 334, visitó Troya, donde mucho tiempo antes los griegos habían aplastado a Príamo y sus aliados asiáticos, y derrotó a un ejército persa junto al río Granico. Más tarde «liberó» algunas ciudades griegas del litoral asiático que se encontraban bajo dominio persa, tomó Frigia Helespontina y Sardis, y venció, tras duros combates, en Mileto y cerca de Halicarnaso. En ese momento, Caria era una ciudad crucial para su avance; esta satrapía rica y helenizada se había expandido bajo el reinado de Mausolo (377-353 a. C.), conmemorado junto con su hermana/esposa Artemisia en una de las siete maravillas del mundo, el imponente Mausoleo de Halicarnaso. Alejandro consiguió el apoyo de Caria nombrando única gobernante a Ada, la hermana menor de Mausolo, que se encariñó con el joven rey y lo adoptó oficialmente como hijo. Aunque Ada murió con cerca de cuarenta años, se ha descubierto una tumba que, según algunas fuentes, es la suya, y se ha reconstruido su aspecto a partir del esqueleto. El maniquí tamaño natural de la reina puede verse hoy en el Museo de Bodrum de Arqueología Submarina, donde la soberana mira impasible a los visitantes.

Seguidamente, el ejército macedonio avanzó hacia el sur, a lo largo de la costa, y fue ocupando sistemáticamente todas las ciudades portuarias para impedir que los barcos atracasen. También se anexionó toda la satrapía persa de Frigia tras vencer en Gordio (abril de 333 a. C.). Fue allí donde tuvo lugar el incidente más impactante de la carrera de Alejandro. En el templo de Zeus había un viejo carro de bueyes, ofrecido por un campesino llamado Gordias, nombrado rey después de cumplirse un oráculo según el cual el nuevo monarca llegaría en un vehículo así. El carro, dedicado a Sabazios (el rey frigio al que se identificaba con Zeus), estaba inmovilizado por un nudo complejo hecho de una tira de corteza. Los extremos de la tira no se veían. Alejandro, que no se equivocó al intuir que el carro y el nudo podían contribuir a legitimar su derecho a gobernar en Asia, cortó el nudo con la espada o quitó la anilla que lo sujetaba. Su profeta proclamó que de esa manera Zeus había indicado que aprobaba los objetivos de Alejandro; se supo también que un oráculo había predicho que el hombre que deshiciera ese nudo estaba destinado a ser el rey de Asia. El episodio del nudo gordiano ejemplifica la audacia de Alejandro —que debía de saber que su acción podía considerarse un ataque arrogante a un objeto sagrado—, pero también ilustra la confianza en sus convicciones, su talento para las relaciones públicas y su capacidad para el pensamiento lateral.

De allí se dirigió a Cilicia, donde tomó las puertas homónimas (un paso de montaña de la cordillera del Tauro) y también Tarso. No obstante, le opusieron resistencia. Darío III, que estaba preparando un gran ejército en Babilonia y Siria, le tendió una trampa a Alejandro, pero los macedonios vencieron gracias a la soberbia táctica que desplegaron en la trascendental batalla de Issos. Luego, Parmenión ocupó Damasco, donde se hizo con un suculento botín.

Con todas esas victorias en su haber, Alejandro comenzó a llamarse a sí mismo rey de Asia, y a sugerir que era, como mínimo, un semidiós. Avanzó a lo largo del Orontes y entró en Fenicia. Tras la rendición de Gaza y Egipto en 332 a. C., fun-

251

dó Alejandría en 331, después de visitar el oráculo del dios egipcio Amón y de declarar que era hijo de Zeus, una ofensa a los griegos tradicionales. Tenía que regresar para asegurarse Samaria y volvió a enfrentarse a los persas en la batalla de Gaugamela, en el norte de Irak, el 1 de octubre de 331. A pesar de la victoria, los macedonios seguían sin poder hacer cautivo a Darío III; pero de pronto Babilonia también se rindió al invencible Alejandro y lo nombró rey de la satrapía más extensa del imperio. Después de descansar apenas para tomar aliento, Alejandro tomó Susa en diciembre, Persépolis en enero de 330 a. C. y luego Pasagarda, hasta que finalmente consiguió que el sátrapa de Bactria asesinara a Darío. Todo el imperio persa cayó bajo el dominio del hijo macedonio de Zeus.

Con su avidez de conquistas inexplicablemente insatisfecha, Alejandro siguió avanzando hacia el este. Tardó dos años en someter Bactria y Sogdiana y en 327 a. C. invadió el Punjab, un territorio que lo tuvo ocupado durante tres años. Regresó a Susa en 324 y se dispuso a unificar el sistema fiscal, pero murió el año siguiente, posiblemente envenenado, y sin duda desmoralizado por la muerte de Hefestión, su general y amigo de toda la vida. Alejandro dejó inacabada la organización de la administración central que su enorme imperio tanto necesitaba. La versión antigua más convincente de la muerte de Alejandro se encuentra en la obra de Diodoro, historiador grecosiciliano. Diodoro cuenta que, aunque los adivinos ordenaron a Alejandro que realizara grandes sacrificios, el macedonio prefería divertirse con su séquito de oficiales «amigos», un círculo de lugartenientes de confianza, y tomó parte en una juerga en honor de su antepasado Hércules. Aunque los griegos solían diluir el vino con agua, esa noche Alejandro lo bebió puro y (como hacía a menudo) en grandes cantidades.

De repente soltó un grito estridente, como alguien al que le hubieran asestado un golpe violento; sus amigos lo levantaron y lo sacaron en brazos. Los ayudas de cámara lo acostaron y lo cuidaron con mucho celo, pero su sufrimiento no hizo sino aumentar. Llamaron a los médicos, pero ninguno pudo ayudarlo. No conseguían aliviar su malestar... Cuando tomó conciencia de que no sobreviviría, se quitó el anillo y se lo entregó a Perdicas. Sus amigos le preguntaron: «¿A quién dejáis el reino?» Y él contestó: «Al más fuerte.»

Con esas palabras, el moribundo provocó muchas décadas de caos y rivalidad entre los Sucesores.

Alejandro no hizo favor alguno a su patria combatiendo tan lejos y durante tanto tiempo. Sus campañas agotaron desastrosamente los recursos humanos. Antípatro, su regente, y Olimpia, su indomable madre, encabezaron una lucha agotadora por el poder, que marcó la vida en la corte. El reinado de Macedonia no benefició mucho a los griegos de la Liga Corintia, si es que los benefició en algo. Los macedonios se limitaron a instalar guarniciones en la mayor parte de las ciudades-Estado que llegaron a ocupar en el Peloponeso o, al menos, lo bastante cerca para mantener a los habitantes lo suficientemente intimidados y que no se rebelaran. Durante las campañas asiáticas, Alejandro se dedicó en muchas ocasiones a eliminar a otros griegos, mercenarios de los persas. La falta de interés en Grecia y los griegos es un factor de peso en las cuestiones relativas al carácter y las motivaciones de Alejandro y uno de los grandes interrogantes de la historia.

En y desde la Antigüedad se lo ha considerado un beodo megalómano, pero hay quien ve en él a un visionario que soñaba con una humanidad unida y en paz. A muchos macedonios les disgustaba que cultivara amistades entre los persas y los aliados; tampoco les parecía de recibo el protocolo de la corte (sobre todo, que se alentara a creer en la naturaleza divina del rey) ni su matrimonio de conveniencia con Roxana, la princesa bactria. Pero ¿quería Alejandro gobernar el imperio persa de manera tan autocrática como lo habían hecho los aqueménidas? Tal vez hubiera planeado una nueva organización tolerante y «multicultural», una sociedad mixta de gran diversidad étnica. Sin embargo, en general tiendo a opinar que era un personaje demasiado compulsivo –siempre demasiado encerrado en su situación inmediata– para reflexionar mucho sobre el futuro o sobre ideales utópicos. Tampoco hay pruebas de que su actitud fuese muy distinta de la de su padre. Filipo ya había concebido un proyecto para convertir la monarquía macedonia en algo grandioso comparado con los parámetros internacionales de la época, y su imitación consciente de la corte persa quedó reflejada en el arte y en algunos aspectos del ceremonial. Otros griegos pusieron su mejor arquitectura y su arte al servicio de los dioses en templos y santuarios, pero los macedonios derrocharon el dinero en sus palacios. La suntuosa tumba II del Gran Túmulo de Vergina, de la que se dice que es la sepultura de Filipo, imitaba la de Ciro el Grande en Pasagarda.

Asimismo, se olvida con facilidad que Filipo ya había ordenado invadir el imperio persa –dos años antes de que se le uniera Alejandro–, y que lo mismo había hecho el espartano Agesilao medio siglo antes. Los griegos nunca habían dejado de soñar con castigar a los persas por las invasiones de 490 y 480 a. C. Si no somos capaces de atisbar el verdadero yo de Alejandro es debido a que las fuentes son tardías: Diodoro Sículo (siglo I a. C.), Quinto Curcio (siglo I d. C.), Plutarco (siglos I-II d. C.), Arriano (siglo II d. C.), Justino (siglo III d. C.) y el imaginativo *Roman d'Alexandre* (siglo III d. C.), de autor desconocido, escritores que hasta cierto punto se nutrieron de fuentes antiguas, incluidas las versiones de algunos testigos presenciales, como Ptolomeo, general de Alejandro, su ingeniero Aristóbulo, su almirante Nearco y el misterioso Clitarco, del que poco sabemos si bien su biografía de Alejandro ya estaba acabada en 301 a. C. No obstante, también es poco probable que las fuentes originales sean objetivas, pues sirvieron a fines propagandísticos durante las guerras de los Sucesores. Quizá la cuestión más importante resida en saber si Alejandro creía realmente que tenía sangre divina, o si adoptó cínicamente ese eslogan para justificar ante sus supersticiosos súbditos algo que en realidad pudo haber sido un proyecto racional e ilustrado. Es casi imposible juzgar basándonos en las pruebas disponibles, como las nuevas monedas que mandó acuñar en

Damasco cuando necesitó ganarse el apoyo fenicio. En la cara, la cabeza de Hércules, pero con los rasgos faciales de Alejandro; en la cruz, Zeus, padre de Hércules y, supuestamente, también del rey macedonio. Hércules y Zeus fueron cuidadosamente escogidos, pues eran los griegos equivalentes de Melkart y Baal, los dioses fenicios. Pero ¿creía Alejandro que su persona era una reiteración espiritual, incluso la reencarnación, del héroe colonizador Hércules? Personalmente, sospecho que él mismo lo creía a medias. La clase gobernante macedonia del siglo IV a. C. se sentía muy autorizada por su vida interior religiosa, en la que el elemento predominante era la iniciación a un intensivo culto mistérico que les ofrecía un sólido sustento psicológico y un más allá beatífico en las islas de los benditos o en los Campos Elíseos. Para disfrutar de esa otra vida, el difunto tenía que haber llevado una vida honrada y estar preparado para dar ciertas respuestas a los jueces del inframundo, donde presidía Radamantis, cuando Hermes, el escolta de las almas muertas, lo llevara ante ellos. Una escena de uno de esos juicios puede verse en una tumba macedonia de Lefkadia, al sur de Pella; es la más grande de su clase que se ha encontrado y, probablemente, la sepultura de un comandante de Alejandro. Tras iniciarse en el culto mistérico, el recién llegado tenía acceso a textos crípticos que contenían las respuestas correctas; de hecho, en 1962 se descubrió un ejemplar, el llamado papiro de Derveni, en una necrópolis macedonia no lejos de Salónica. El papiro data de mediados del siglo IV a. C., por lo que puede considerarse el libro occidental más antiguo que ha llegado hasta nosotros.

Los oscuros y abstrusos fragmentos del papiro de Derveni abren una ventana asombrosa a las secretas convicciones religiosas de la élite macedonia; de ahí que la afirmación de Alejandro en el sentido de que era hijo de Zeus, y par de Hércules, parezcan menos peculiares. El texto habla de poderosos espíritus de venganza y sus avatares «bondadosos» y sostiene que prestar atención a las visiones oníricas puede liberar al iniciado del miedo al Hades. Habla también de oficiantes misteriosos *(ma-*

goi) que llevan a cabo los sacrificios «como si estuvieran expiando un castigo. Sobre las ofrendas vierten agua y leche, con las cuales hacen también las libaciones. Incontables y de múltiples bollones son las tortas que queman como ofrendas»[1] y contiene también un extenso comentario sobre un poema órfico más antiguo, con enigmas sobre adivinanzas, que hablan de Zeus y sobre cómo derrocó a su padre, de la relación entre el fuego y los demás elementos y de la Noche y sus profecías. Se analiza también la idea de que el sol puede equipararse a un órgano genital, y la versión órfica de la creación del cosmos, en la que desempeñaron un gran papel el Nous, el Destino y Zeus, dios al que se sitúa en el mismo nivel de Afrodita, la Persuasión y la Armonía. El mundo secreto de los iniciados en los misterios órficos era vibrante, enigmático y seguro de sí mismo. Si Alejandro fue uno de esos iniciados, y es muy probable que lo fuese, debió de vivir convencido de que disfrutaba de una condición especial en relación con lo divino.

*

Olimpia, la madre de Alejandro, oriunda del norte de Grecia y asociada, en las fuentes antiguas, con cultos esotéricos, desempeñó un papel decisivo en la meteórica carrera de su hijo. Las antiguas fuentes sexistas la presentan como una vieja arpía intrigante, pero en realidad lo que hizo fue luchar del lado de su hijo desde casi el momento en que lo trajo al mundo. No cabe duda de que las mujeres de la corte macedonia eran muy poderosas, aunque es difícil estar seguros del grado en que tenían acceso al poder oficial o si la cultura política de la corte significa simplemente que *oficiosamente* ejercían más presión en los asun-

---

1. Cita tomada de Alberto Bernabé, «Magoi en el Papiro de Derveni: ¿Magos persas, charlatanes u oficiantes órficos?», Madrid, Universidad Complutense; la traducción del papiro se encuentra en A. Bernabé, *Textos órficos y filosofía presocrática. Materiales para una comparación.* Madrid, Trotta, 2004. *(N. del T.)*

tos de Estado que las mujeres de la élite de la mayor parte de los demás Estados griegos. Con todo, las fuentes del siglo IV a. C. permiten atisbar el comportamiento de reinas y consortes: un discurso de la época, del estadista ateniense Esquines, muestra que Eurídice, la madre de Filipo II, buscó apoyos fuera de Macedonia para la reivindicación de su hijo a la sucesión. Eurídice fue responsable de al menos dos costosas estatuas en Aigai. Cratesípolis, esposa del general macedonio Poliperconte, ocupó el lugar de su marido cuando este murió asesinado en 314 a. C., y con su ejército sofocó una rebelión en la ciudad de Sición.

Los recursos psicológicos de que disponía Olimpia y otras mujeres quedó patente en 1986 gracias al descubrimiento de la llamada Tablilla de maldición de Pella (1986), donde se lee la maldición pronunciada por una mujer macedonia enterrada junto a un tal Makron entre 380 y 350 a. C. La mujer quiere casarse y tener hijos de un hombre llamado Dionisofon, pero le preocupa que se case con una rival llamada Tetima. La mujer encomienda a todas las otras solteras al espíritu del difunto y a los demonios, pero se ocupa especialmente de impedir que Tetima se interponga en su camino. Dice que va a enterrar la tablilla y que los demonios se asegurarán de que Dionisofon no se case hasta que ella la desentierre, pero da la impresión de que nunca lo hizo. Es probable que nunca sepamos si Dionisofon acabó casándose realmente con Tetima.

La contribución de la religión y de las maquinaciones de la supersticiosa Olimpia a los triunfos de Alejandro seguirá sin conocerse a ciencia cierta, pero al menos podemos estar seguros de que un factor fundamental en la consecución de esas victorias fue el dinero. Bajo el reinado de Filipo, los ingresos disponibles de la monarquía macedonia habían aumentado enormemente. El rey desarrolló, y mantuvo bajo el control de su familia, un nuevo proyecto de explotación minera, en concreto, los recursos naturales de oro y plata de sus dominios. De las minas obtenía hasta mil talentos de beneficios anuales. El impacto visual de los deslumbrantes muebles de la tumba de oro, y las coronas ornamentales, con sus racimos de bellotas, objetos todos encontrados en la sepultura doble de Vergina, donde supuestamente enterraron a Filipo, no pueden ser más ostentosos. Filipo también consolidó el poder económico poniendo en circulación dinero macedonio y expandió el territorio hacia las regiones boscosas del valle del río Estrimón; fueron casi ilimitadas las cantidades de abeto, pino y roble que se destinaron a mantener la creciente demanda de barcos. En Macedonia, los ríos principales ofrecían rutas por las que se podían transportar durante todo el año los maderos más grandes hasta los astilleros de la costa. Así pues, había recursos monetarios disponibles para financiar los gustos militares de los macedonios. Filipo estudió la célebre estrategia del ejército tebano e invirtió en la formación de una infantería profesional de campesinos, organizada según las diversas tribus, a la que dotó de las armas más modernas de la época. Los *hipaspistas,* soldados de la famosa guardia de infantería de los reyes macedonios, eran un cuerpo de élite de quizá tres mil hombres especialmente escogidos de entre *todas* las tribus; se los alentaba a pensar que eran la guardia personal del rey. Filipo también creó y comandó una caballería de nobles terratenientes que no tardó nada en convertirse en la más poderosa que el mundo occidental había conocido jamás, en parte por invitar a sus filas a jinetes de otras partes de Grecia a quienes les concedían tierras. Filipo eliminó el tradicional descanso de invierno del servicio militar; por lo visto, el monarca, con la esperanza de combatir aquí o allá todos los días del año, se negaba a moverse según los caprichos de las estaciones. Los macedonios también comprendieron la importancia de dominar los mares; Alejandro nunca habría podido conquistar a tal velocidad regiones tan extensas de Asia si Nearco, su almirante, no hubiera controlado los puertos de Anatolia, desde los que obligó a la flota persa a dar largos rodeos negándoles el acceso por mar a los territorios de su rey.

Bajo los reinados de Filipo y Alejandro se consolidó la relación entre guerra e ingeniería pesada, y la guerra de sitio pasó a favorecer al ejército atacante. La catapulta para lanzar flechas se había inventado en Sicilia a principios del siglo IV a. C., pero fue con Filipo o con Alejandro, que podían permitirse contratar a los ingenieros más prestigiosos del mundo, incluido Polieido de Tesalia, cuando se introdujo el muelle de torsión, con el que se logró aumentar el tamaño de los proyectiles que podían lanzarse mecánicamente: si antes eran piedras pequeñas, de pronto pasaron a ser rocas de ochenta kilos que, al impactar en el blanco, podían arrancarle la cabeza a un hombre o disolver todo un batallón. Los proyectiles podían lanzarse con precisión y repetidamente desde murallas defensivas. Junto con las enormes torres móviles y unos arietes de tamaño nunca visto hasta entonces, las temibles catapultas de los macedonios transformaron la experiencia tanto de los sitiadores como de los sitiados. La invención de la catapulta de torsión fue decisiva para el surgimiento de los imperios macedonio y romano.

Filipo y Alejandro también convirtieron el hábito griego de importar conocimientos y experiencia en una operación comercial metódica. Por ejemplo, Filipo invitó a griegos de regiones muy lejanas a entretener a la corte y mejorar su armamento. Nearco era en realidad hijo de un nativo de Creta al que el rey había invitado a establecerse en Macedonia, supuestamente para que lo asesorase en asuntos navales, pues los macedonios nunca habían sido grandes marinos. Los reyes de Macedonia habían comprado prestigio cultural desde finales del siglo V a. C., cuando invitaron a Eurípides, junto con otros atenienses famosos, a visitar el reino septentrional; Alejandro lo imitó invitando a grandes artistas que dieron realce a su imagen: Apeles, que pintó varios retratos de su mecenas y una serie de cuadros de diosas considerados obras maestras; el escultor Lisipo; Pirgoteles, grabador de piedras preciosas.

Con todo, el hombre más importante que ayudó a Macedonia a conquistar el mundo fue Aristóteles, tutor e inspirador tanto de Alejandro como de su confidente Hefestión. El gran filósofo subió el listón intelectual de una manera que aún sigue influyendo profundamente en la ciencia, la literatura, la filosofía y la teoría política. Es difícil imaginar un sostén más formidable y cosmopolita para Alejandro. Aristóteles era oriundo de

Estagira, en el norte de Grecia, originalmente una colonia fundada en el siglo VII a. C. por griegos jonios de la isla de Andros.

Desde el punto de vista estratégico, Estagira era más importante de lo que su tamaño podía sugerir, y había conocido a una serie de conquistadores, incluido el rey persa Jerjes, que la ocupó durante la invasión de Grecia. También había sido miembro de la Liga de Delos y, en consecuencia, aliada de Atenas, pero se había retirado en 424 a. C. para ponerse del lado de Esparta. Aristóteles nació bajo el reinado de Amintas III, el padre de Filipo, cuando su cada vez más poderoso vecino dominaba Estagira por el norte y el este. Filipo destruyó la ciudad en 348 a. C., cuando él y Aristóteles estaban en la treintena. El filósofo era casi contemporáneo de Filipo, nacido en 382, apenas dos años después que él. Dado que el padre de Aristóteles había sido médico de Amintas, parece inevitable que los dos niños se conocieran desde una edad muy temprana.

En su juventud, Aristóteles viajó a Atenas para estudiar con Platón en la Academia y vivió veinte años en la ciudad. Gran parte de su obra puede leerse como una respuesta a las ideas platónicas, aunque las diferencias son grandes. Aristóteles dejó Atenas hacia 348 a. C., justo cuando Filipo destruyó Estagira. Viajó por Lesbos y Asia Menor, pero en 343 aceptó ser el tutor del joven Alejandro. Ocho años después, en 335, Alejandro sucedió a Filipo en el trono, y ya controlaba Atenas cuando Aristóteles regresó para fundar su Liceo; se cree que fue allí donde escribió la mayor parte de sus muchos tratados. Por tanto, durante ocho de los años más importantes de la vida de Alejandro, este joven rey estuvo en contacto constante con el famoso pensador, con quien mantuvo un diálogo íntimo.

La contribución de Aristóteles, que no se limita a la filosofía occidental, sino a toda la historia intelectual, es incalculable. En particular, su *Metafísica* fue decisiva para el surgimiento de la filosofía árabe (*falsafa*) en el siglo IX d. C. y dio lugar a extensos comentarios del hispanoárabe Averroes (Ibn Rushd, siglo XII), cuya obra se estudia con gran interés en Occidente. No había componente del universo que no interesara a Aristóteles, ya fuera empíricamente discernible a los sentidos, ya se encontrase más allá de la superficie perceptible de las cosas. Todos sus escritos están unificados mediante los métodos de razonamiento que él mismo desarrolló y expuso en una serie de obras sobre lógica que los filósofos antiguos más tardíos compilaron y llamaron *Organon*. Los trabajos de Aristóteles monopolizaron toda la historia de la lógica filosófica hasta que en los siglos XIX y XX aparecieron las críticas de Gottlob Frege y Bertrand Russell. Los filósofos contemporáneos están rehabilitando muchos de los conceptos de la lógica aristotélica. Aún sorprende que Aristóteles tomase los métodos de razonamiento filosóficos de Platón y sus predecesores y tratara los sistemas inferenciales como tema de análisis en sí mismos; en suma, se interesaba no solo por aquello que hacía que el mundo funcionara como lo hacía, sino por los mecanismos exactos de los razonamientos en los que los pensadores basaban sus conclusiones sobre el mundo. La filosofía misma se había convertido en objeto del análisis filosófico.

Todas las obras de lógica preguntan por el modo en que hacemos deducciones (lo que Aristóteles llamó «silogismos») o inducciones a partir de las pruebas y la postulación de premisas. En sus otras obras, el filósofo de Estagira empleó esos sistemas de inferencia para examinar la naturaleza de otros fenómenos, y también aplicó categorías coherentes de explicación en todas las distintas ramas de la investigación, tales como la división cuádruple de las propiedades causales de las cosas, o las «cuatro causas», a saber, material, formal, eficiente y final. En el caso de una mesa de cocina, por ejemplo, la causa material es la materia de la que está hecha (madera); la causa formal es la forma que la convierte en mesa y no en otro objeto de madera; la causa eficiente es el agente que modeló la madera (el carpintero), y la final es el propósito, fin u objetivo *(telos)* para el que se construyó: ser un objeto sobre el que podamos poner los platos cuando nos sentamos a comer. La causa final ocupa un lugar crucial en lo que se conoce como teleología aristotélica; los cuernos de un animal son producto de la interacción de forma y materia, siem-

261

pre con un potencial inherente codificado en su interior para producir cuernos y cuyo *telos* es la defensa propia del animal.

Como hemos visto, el padre de Aristóteles ejercía la medicina, y no es casual que al filósofo se lo educara en esa tradición, pues fueron los hipocráticos quienes crearon el único estudio metódico de los cuerpos vivientes (siglo IV a. C.). Aristóteles llevó a cabo un estudio sistemático y amplio de los animales que también sirve para explicar y defender el método analítico propio que aplicó conscientemente. Hubo que esperar hasta el Renacimiento europeo para que volviera a aparecer una contribución comparable a la zoología. La fuerza de su inteligencia a la hora de inventar la zoología metódica a partir prácticamente de cero sigue dejando sin habla a los científicos. El anatomista británico victoriano Richard Owen dijo que la ciencia zoológica surgió de los desvelos de Aristóteles «casi, podríamos decir, como Minerva de la Cabeza de Júpiter, en un estado de noble y espléndida madurez».

Aristóteles se interesaba en la misma medida por la cultura. Sus manuales sobre retórica y poesía trágica analizan los componentes de ambas, pero tienen un elemento ético y son, a la vez, prescriptivos y descriptivos. Pueden mejorar el rendimiento de un orador público en formación o de un autor de tragedias porque no les permiten olvidar el objetivo al que apunta su arte: la persuasión en el caso de la retórica, pero, en el caso de la tragedia, conseguir que el público comprenda mejor ciertos temas dolorosos. Aristóteles debió de ayudar a Alejandro a convertirse en un orador excelente y amar la poesía, sobre todo la obra de Homero y las tragedias de Eurípides. Sabía de memoria parlamentos enteros de Eurípides y los recitaba en las fiestas, e incluso organizaba representaciones teatrales para sus soldados durante las campañas militares. Con todo, las obras de Aristóteles sobre ética y teoría política fueron, probablemente, las más útiles para Alejandro. En sus dos libros sobre ética, la *Ética a Nicómaco* y la *Ética a Eudemo*, Aristóteles plantea que la felicidad *(eudemonia)* o el «vivir bien» es el objetivo fundamental de la vida humana. La *eudemonia*, más que un estado abstracto, es una actividad, y la función de la vida humana consiste en practicarla. Vivir bien es sinónimo de vivir de acuerdo con la razón, de una manera cuidadosamente examinada, de conformidad con la virtud *(areté)*. La teoría política de Aristóteles fue una extensión de su posición ética a toda la comunidad o ciudad-Estado *(polis)*, pues la felicidad es el objetivo de la ciudad-Estado y su razón de ser. En la *Política*, el filósofo defendió la superioridad de los griegos y su derecho natural a gobernar a otros pueblos y esclavizarlos mediante la guerra, una filosofía política que conjugaba a la perfección las aspiraciones de Aristóteles.

*

La reacción de Aristóteles a la muerte prematura de Alejandro en 323 a. C. –huyó de Atenas a Eubea– ejemplifica el peligroso caos en que se sumió todo el mundo griego. El filósofo murió el año siguiente y no llegó a ver que los esbirros de su alumno, los otros hombres fuertes de la época en Macedonia, se embarcaban en una competencia feroz por hacerse con el mayor imperio que el mundo había conocido jamás. Los señores de la guerra que sobrevivieron a Alejandro, y luego sus hijos, se enfrentaron entre sí de manera casi ininterrumpida para controlar las distintas regiones de su imperio. Las dos generaciones, padres e hijos, se casaron con sus hermanas e hijas y tuvieron descendencia con ellas, creando así un escenario cada vez más complejo de alianzas y rivalidades dinásticas. En pocas décadas, esos macedonios consiguieron dibujar un mapa político completamente nuevo del Mediterráneo oriental, el norte de África y Asia que fijó los horizontes psíquicos y cartográficos de la temprana época helenística.

Tras la muerte de Alejandro, Perdicas pasó a ser el regente de todo el imperio –mientras Antípatro controlaba Grecia– y fue el guardián del hijo de Alejandro con Roxana. Tras una serie de maquinaciones, lo reemplazó Casandro, hijo de Antípatro. Casandro se deshizo de Olimpia e hizo asesinar a Roxana y al heredero. Con todo, sorprende que sus veinte años de reinado (316-297 a. C.) fueran relativamente tranquilos y prósperos.

Hemos de dar las gracias a Casandro por una de las más famosas imágenes antiguas, pues fue él quien encargó a Filoxeno el cuadro de Alejandro en la batalla contra Darío III de Persia, casi seguramente imitado más tarde en el exquisito «mosaico de Alejandro», también llamado «de Issos», descubierto en Pompeya: Alejandro, apretando la mandíbula con gesto resuelto y la mirada fija, carga, montado en su caballo de guerra castaño, contra el aterrorizado Darío, que gesticula impotente en su carro.

No obstante, en el resto de Grecia, el auge y la fragmentación del imperio macedonio dejaron un legado incierto. Zonas importantes de la Grecia continental quedaron expuestas a cambios frecuentes de gobierno. A partir de la muerte de Alejandro hasta que los romanos derrotaron a la Liga Aquea en varias ciudades-Estado del norte del Peloponeso (156 a. C.), la vida se caracterizó por la inestabilidad. Las guerras de los Sucesores duraron cuatro décadas; luego, en la década de 270 a. C., Pirro de Epiro, descendiente de la familia de Olimpia y, por tanto, emparentado con Alejandro, invadió el Peloponeso. Entre las décadas de 260 y 240 a. C. se produjeron varios intentos de comunidades peloponesias para rebelarse contra el dominio de los macedonios; en la década de 220, Esparta intentó revivir su obsoleto imperio sin conseguirlo.

Ptolomeo, el general en que Alejandro más confiaba, se concentró en su objetivo, ser rey de Egipto, donde fundó la longeva dinastía ptolomeica (véase el capítulo 8). Al cabo de dos años, Perdicas, el regente, murió asesinado a manos de sus propios oficiales. Uno de esos asesinos, Seleuco, sería más tarde Seleuco I Nicátor («el Vencedor»). Aunque empezó controlando la satrapía de Babilonia, rica pero insignificante desde un punto de vista militar, Seleuco tardó años en dominar la región, pero en 302 a. C. ya eran suyos, hasta el valle del Indo, los territorios que había conquistado Alejandro. Además, fundó diez ciudades en lo que ahora es Turquía y Siria, entre ellas, Seleucia Pieria, en la costa, base para las operaciones navales, y Antioquía como centro del poder. Aunque no consiguió extender ese imperio hacia el oeste ni recuperar Macedonia y Grecia propiamente dichas, Seleuco I fundó una dinastía y un imperio que se jactaba de tener un alto nivel de refinamiento y cultura griegas y que perduró hasta 63 a. C.

Sin embargo, Antígono I, el más temible de esos prodigiosos macedonios, nunca abandonó el deseo de conquistar el mundo. Nacido en 382 a. C., fue contemporáneo de Filipo, aunque le sobrevivió varias décadas. A Antígono lo llamaban el Tuerto *(Monóftalmos)* porque, como Filipo, había perdido un ojo. Tras apartar a casi todos los demás Sucesores, murió a la asombrosa edad de ochenta y un años combatiendo contra la alianza que estos habían formado en la batalla de Ipsos; con todo, no hay que olvidar que había salido de la primera de las guerras de sucesión en posesión de Siria y Asia Menor, y que en 307 a. C. su hijo Demetrio había tomado Atenas y Chipre. Antígono fue el primero de los Sucesores que se proclamó rey (306 a. C.). En 302, él y Demetrio anunciaron la renovación de la Liga Panhelénica, que integraba la mayor parte del sur de la Grecia continental que el monarca ya controlaba.

Demetrio era tan intimidante como su padre. Dado que Rodas se había negado a ayudarlo en su fallido intento de derrocar a Ptolomeo de Egipto, sitió la isla durante un año con máquinas de asedio que el mundo nunca había visto hasta entonces; por ejemplo, la llamada Helépola, «conquistadora de ciudades», una torre con ruedas de la que se dice que tenía unos cuarenta metros de altura. El sitio de Rodas fue un proyecto ambicioso incluso para Demetrio. Se trataba de una ciudad magnífica y estratégicamente crucial; fundada a finales del siglo V a. C., según el diseño en retícula del prestigioso arquitecto y planificador urbanístico Hipodamo de Mileto, tenía como mínimo cinco puertos, y su proximidad a Asia atraía a un gran número de mercaderes, que la convirtieron en una ciudad próspera. A pesar de sus amenazadoras máquinas de guerra, Demetrio acabó retrocediendo y los rodios lo celebraron construyendo una estatua colosal de Helios, su dios preferido, casi tan alta como la torre de Demetrio. Desde el santuario principal de Helios en el lado este de la resplandeciente acrópolis, el Coloso de Rodas dominaba los puertos y el mar; pronto pasó a ser una de las siete maravillas del mundo. No obstante, cabe decir que Demetrio se había ganado a pulso su título, Poliorcetes («el Sitiador de Ciudades») y siguió aterrorizando a sus enemigos. Consiguió hacerse con Macedonia recurriendo al asesinato y el caos, y acabó derrocando a la dinastía de Antípatro. Posteriormente, Demetrio libró una serie interminable de batallas contra Pirro de Epiro, que se había visto obligado a abandonar Macedonia en 288 a. C., pero su reinado consolidó allí el control de los Antigónidos hasta que los romanos vencieron a su descendiente Perseo en 168 a. C.

La satrapía de Tracia, incluidas las ciudades cercanas al Helesponto, se había asignado inicialmente a Lisímaco, otro íntimo de Alejandro, que había destacado, y no poco, en las batallas que libró en la India. Lisímaco reforzó su poder combatiendo contra las tribus bárbaras que habitaban en los límites de su territorio y llevando su influencia hasta Asia Menor y Pérgamo, su ciudad preferida. Después de la batalla de Ipsos (301 a. C.), cuando uno de los Sucesores se alió contra Antígono, Lisímaco recibió todo el reino de Anatolia, pero, a diferencia de Ptolomeo en Egipto, no consiguió fundar una dinastía a pesar de tener hijos de dos de sus tres esposas y otro de una concubina. En una intriga cortesana excepcionalmente sucia, Agatocles, su hijo mayor, fue acusado de traición por la madre de tres de sus otros hijos. Esa mujer poderosa era nada menos que Arsínoe, hija de Ptolomeo I. Lisímaco, hombre malvado y de carácter difícil, mandó que arrestaran a su prometedor heredero y que lo asesinaran en la cárcel. La viuda de Agatocles escapó con sus hijos a la corte de Seleuco, y Lisímaco tuvo que hacer frente a levantamientos de varias de sus ciudades en Asia Menor. Arsínoe huyó con sus hijos. La crisis alcanzó su punto culminante en 281 a. C., en la batalla de Corupedio, donde murió Lisímaco, a esas alturas ya totalmente desacreditado.

Así pues, no hubo dinastía lisimáquida. ¿Quién iba a suceder a Lisímaco? El hombre que se encontraba en el lugar apropiado en el momento oportuno era su exgeneral Filetero, hijo de madre asiática y de un griego llamado Atalo. Lisímaco lo había nombrado comandante de Pérgamo, pero Filetero se había pasado a las filas de Seleuco. La famosa dinastía que gobernó desde Pérgamo fue, por tanto, la atálida. Filetero reinó desde 281 hasta 263 a. C. Como no podía tener hijos (a causa de un accidente que afectó a sus genitales en la infancia), adoptó a su sobrino, que, al morir, lo sucedió como Eumenes I, segundo rey atálida de Pérgamo.

Esos fueron los actores claves en las intrincadas, sangrientas y peligrosas guerras de los Sucesores en Egipto, Asia, Macedonia, Tracia y Grecia. Con todo, el legado directo más interesante del proyecto imperial de Alejandro se manifestó más hacia el este, en Bactria (un territorio hoy repartido entre Afganistán, Uzbekistán y Tayikistán), donde había dejado más de trece mil jinetes y soldados de infantería. Según la costumbre, esos soldados se casaban con mujeres locales, fundando así un Estado griego étnicamente híbrido. Los griegos de Bactria se sentían confinados, pues el lugar era una plaza fuerte sin salida al mar que protegía a Irán contra las tribus nómadas del este. En el siglo III a. C. se habían instalado allí más colonos griegos. Hacia 228, la satrapía de Bactria se independizó del imperio seléucida y un griego llamado Eutidemo de Magnesia (ciudad de Anatolia junto al río Meandro, hoy Menderes) se erigió a sí mismo en rey. En 189 a. C., su hijo Demetrio lo sucedió en el trono e inició contactos diplomáticos con los gobernantes del nuevo imperio maurya, con capital en Pataliputra (cerca de la actual Patna, junto al Ganges). Después de atravesar las montañas del Hindu Kush que separan el norte de Pakistán de Afganistán, los griegos se adentraron en la India y, en un extraordinario proceso de fusión cultural indogriega, ocuparon territorios del noroeste.

Menandro I, general de Demetrio, se casó con la hija de este y llegó a ser el más renombrado de los reyes bactrios en la India. Reinó durante tres décadas a mediados del siglo II a. C., probablemente desde su base en Sagala (ahora Sialkot, en la zona del Punjab al norte de Pakistán). Es probable que Menandro naciera y se criara como griego en Bactria, pero las monedas que se acuñaron durante su reinado, con hermosos retratos de cabezas griegas e inscripciones tanto en griego como en karosti (un antiguo alfabeto indio), se han encontrado en lugares tan septentrionales como Cachemira, en Kabul al oeste y, al este, en Mathura (hoy en Uttar Pradesh, India).

Finalmente, Menandro se vio obligado a regresar a Bactria, pero había impresionado a los budistas indios tanto como había fascinado antes a los griegos. Así pues, se constata un paralelismo asombroso entre la división tradicional de los restos incinerados de Buda en ocho partes, una por cada uno de los ocho reinos del norte de la India, y el relato que ofrece Plutarco en los *Preceptos políticos* sobre lo que ocurrió tras la muerte de Menandro: «Sin embargo, cuando un tal Menandro, que había gobernado gentilmente a los bactrios, murió más tarde en el campamento, las ciudades celebraron sus funerales por consenso; pero cuando se disputaron sus reliquias no les resultó fácil llegar a un acuerdo para repartirse sus cenizas, de las que todos debían quedarse con una parte idéntica, y para que todos le erigieran monumentos.» El personaje de Milinda (nombre pali de Menandro) aparece en el *Milinda Pañha* («Las preguntas del rey Milinda»), uno de los libros budistas más antiguos, escrito en pali en el noroeste de la India hacia 100 a. C. Tiene la forma de un diálogo en prosa, no muy distinto de los platónicos, en los que un sabio y guía espiritual llamado Nagasena convence a Milinda, a la manera de Sócrates, de la solidez de la fe budista. Como han señalado los especialistas en la cultura indogriega, abrazar el budismo habría sido un acierto estratégico para un monarca en la posición en que se encontraba Menandro I. Tras su muerte, lo sucedieron la reina Agatoclea y Estratón I Sóter, si bien al cabo de cuatro décadas llegaron al oeste de la India nuevos conquistadores procedentes de Asia central. Así se puso fin a la dinastía bactriana griega.

El descendiente más pintoresco de los imperialistas macedonios fue Mitrídates VI Eupator, rey del Ponto (134-63 a. C.), que opuso resistencia al poder de Roma. Con excepción de Aníbal, Mitrídates fue el enemigo más temible de los romanos, y una estrella de los escenarios del siglo XVIII, protagonista de óperas de Scarlatti y de Mozart. Su trayectoria vital fue de por sí dramática, pues solo llegó al poder después de que su padre muriese envenenado y de que su madre conspirase contra él para favorecer a su otro hijo. Mitrídates llevó el imperio póntico a niveles sin precedentes, hasta abarcar regiones costeras del norte, el este y el sur del Mar Negro y partes de Anatolia. Imponente en tierra y en mar, mantuvo una armada poderosa. Durante la primera de las tres guerras mitridáticas, en las que desafió al imperio romano en expansión (88-84 a. C.), ocupó la Capadocia y Asia Menor y llegó a imponer su autoridad en ciudades tan occidentales como Atenas, donde gobernó por mediación de un magistrado vasallo.

Mitrídates ocupó el trono durante más de cincuenta años y se enfrentó a generales de la talla de Sula, Lúculo y Pompeyo. Durante la primera guerra, autorizó la matanza de ochenta mil romanos e italianos en Asia. Ganó la segunda (83-81 a. C.) derrotando al general romano Murena, que había invadido el reino póntico con la intención de poner a raya a Mitrídates. En la tercera y última guerra (73-63 a. C.), puso en jaque a los romanos al otro lado del Mar Negro y en Armenia antes de que Pompeyo consiguiera poner a Armenia bajo control romano. No es de extrañar, pues, que sobre Mitrídates circularan historias divertidas y de tintes casi legendarios. Por ejemplo, se decía que había inventado un antídoto, hecho con más de cincuenta ingredientes, eficaz contra cualquier clase de veneno. Cuando su madre intentó matarlo obligándolo a montar un caballo peligroso, no murió. Se supone que en la adolescencia llevó una vida casi salvaje, endureciéndose y alimentándose de los animales que cazaba. Sobrevivió también a un rayo. Se contaba que era capaz de controlar una cuadriga de dieciséis caballos y que sus guardaespaldas eran un caballo, un toro y un ciervo.

De ascendencia persa y macedonia, Mitrídates se aprovechó de esa mezcla para reforzar su aspiración a ser un nuevo héroe de la unificación greco-persa. Su nombre significa «regalo de Mitras»; afirmaba que por parte de padre descendía del zoroastriano Darío I; cuando era aconsejable desde un punto de vista estratégico, y para relacionarse con algunas tribus del este, se presentaba como persa. Por otra parte, afirmaba descender directamente de Alejandro Magno y se ocupaba de que lo reconocieran también como heredero de la misión imperial. Como Alejandro, alentaba a los artistas y diseñadores de monedas a identificarlo con Dioniso, Hércules y Perseo, y también con Pegaso, su caballo alado; aunque Perseo era todo lo griego que se podía ser (se lo consideraba el fundador de Micenas), su nombre había llevado a Jerjes a identificarlo como antiquísimo antepasado de los persas.

Al principio, Mitrídates hizo hincapié en su grecidad para unir a las ciudades-Estado griegas del Ponto contra los escitas y otras tribus del Mar Negro. Hacia 108 a. C., se presentó como compatriota para defender a los griegos del Quersoneso táurico (ahora Sebastopol). A medida que fue cosechando victorias, se presentó como el liberador de los helenos, sometidos por los opresores caciques romanos, hombres incultos y venales. No fue difícil mantener esa propaganda cuando los propios romanos confirmaron que era verdad. Durante su guerra contra Mitrídates, Sula provocó una oleada de indignación por haber ordenado la confiscación de objetos sagrados del santuario de Delfos (llegó incluso a desmontar algunos para facilitar el transporte).

Sintiéndose como en casa en el Mar Negro, Mitrídates alentó a la corte a disfrutar de la fusión de elementos griegos y persas. En su gobierno, la mayoría de los altos cargos y burócratas eran griegos cultos, pero entre los pueblos que gobernaba el equilibrio era el inverso. Con todo, Mitrídates se aseguró de dejar claros sus deseos a todos y cada uno de sus súbditos; en palabras de Plinio el Viejo: «Mitrídates, rey de veintidós naciones, las administraba en sus lenguas, [...] sin un intérprete.» Con todo, este prodigioso políglota también quería que lo viesen como amante de la cultura intelectual griega, e invitó a su salón a expertos en poesía, filosofía e historia. Lo fascinaba la farmacología, sobre todo los venenos y sus respectivos antídotos, y se carteaba sobre el tema con médicos famosos, tanto de lugares cercanos como remotos.

Cuando finalmente Pompeyo consiguió que se pusiera a la defensiva, Mitrídates se retiró de su capital (Panticapeo, la actual Kerch), donde se enfrentaba a la rivalidad de sus propios hijos. Antes de que el menor traicionara a su anciano padre en favor de los romanos, Mitrídates ya se había ocupado de mandar asesinar al mayor. Sin embargo, el rey del Ponto no era hombre que se dejara encadenar por Roma, donde el victorioso Pompeyo no dudaría en exhibirlo en un desfile triunfal. Se cuenta que intentó suicidarse sin conseguirlo, ya que durante muchos años se había inoculado deliberadamente varias clases de venenos en pequeñas dosis, de ahí su título no oficial, el Rey del Veneno. Decidido a no dejarse derrotar, ordenó a su leal guardaespaldas galo Bituito que lo matara con la espada. Lo enterraron en Sinope, donde había nacido hacía más de siete décadas.

Aunque esos reinos tan exóticos gobernados por autócratas herederos del belicoso esbirro macedonio de Alejandro tardaron varios siglos en desaparecer, los griegos y romanos antiguos miraban con asombro la breve supremacía de Macedonia. Dionisio de Halicarnaso, historiador griego que trabajó en la Roma de Augusto, preguntó cómo los macedonios pudieron llegar a detentar tanto poder cuando «habían tardado tanto en deshacerse de sus harapos y se los conocía como pastores, hombres que solían luchar contra los tracios por los campos de mijo», y también cómo habían podido vencer a los griegos, llegar a Asia y conquistar un imperio que se extendía hasta la India. No obstante, apenas unos cientos de años después, comenta Dionisio, «el que pasaba por Pela no veía rastro alguno de una ciudad, aparte de un montón de restos de cerámica». La ascensión y caída de Macedonia ya habían entrado en el ámbito de la leyenda y la hipérbole.

Grabado del siglo XIX: Vista de Alejandría con una reconstrucción del faro. Adaptación libre de *El faro de Alejandría,* obra de Johann B. Fischer von Erlach, en *Entwurf einer historischen Architektur,* Leipzig, 1725, lámina 9. *(Colección particular de la autora.)*

8. REYES-DIOSES Y BIBLIOTECAS

La excepcional generación de macedonios belicosos que, con Alejandro, conquistaron el mundo –Ptolomeo, Antígono el Tuerto, Antípatro, Seleuco– sobrevivió y fundó los reinos helenísticos en que vivieron la mayor parte de los griegos hasta la conquista romana. La competición incesante por el poder que caracterizó a esos estadistas-soldados evolucionó hasta convertirse en una competición de siglos entre ellos y sus descendientes por el gobierno del imperio más poderoso del mundo. Los Sucesores dedicaron riquezas incalculables a la creación de capitales fabulosas, ornamentadas materialmente con edificios deslumbrantes y culturalmente con los mejores pensadores y artistas que el mundo griego podía ofrecer. La búsqueda de la excelencia que siempre había caracterizado a los griegos, al menos desde los primeros días de los centros de culto panhelénicos y la institución de las competiciones atléticas, pasó a ser, casi, la mayor preocupación de los nuevos y ricos reyes helenísticos. En el Egipto ptolomeico, el deseo de destacar dio lugar a la obsesión de ser superlativo en todo –alojando también a la mayor comunidad de intelectuales del mundo, centrada en la principal maravilla de la erudición en la Antigüedad, la legendaria biblioteca de Alejandría–. La biblioteca era una clase completamente nueva de institución, donde la tarea de reunir todo el conocimiento universal se consideraba condición previa para maximizar los nuevos avances en todos los ámbitos del empe-

273

ño intelectual: literatura, historia, filosofía, matemáticas y lo que ahora llamamos ciencias puras y aplicadas. En este capítulo analizaremos el papel de la biblioteca como medio para fomentar las ambiciones de la familia ptolomeica, la dinastía más poderosa en ese momento; los pensadores que atrajo; la calidad de las ideas y los escritos que surgieron en ella, y los estímulos que ofrecía la competición con centros rivales de excelencia cultural en Atenas y Pérgamo.

*

El término «helenístico» se empleó originalmente en inglés como equivalente de «helénico» o «griego», pero en 1678 ya describía concretamente a los judíos grecohablantes de Alejandría. Luego, llegó misteriosamente a designar todo el periodo de cultura griega desde la muerte de Alejandro en 323 a. C. hasta la de Cleopatra en 31 a. C. Los cuatro principales reinos helenísticos que surgieron de las guerras de los Sucesores fueron el Egipto ptolomeico, Grecia bajo dominio macedónico, Pérgamo bajo la dinastía atálida y el vasto imperio con base en Siria y gobernado por los seléucidas. Las familias que encabezaron esas monarquías eran despiadadas, autocráticas y dadas al autobombo; entre sus súbditos desapareció cualquier rémora de los antiguos ideales griegos de autogobierno y suficiencia individual. De los diez ingredientes necesarios para la receta de grecidad, la aversión a la autoridad se vuelve mucho menos visible en la época de los reinos helenísticos, aunque los griegos siguieron exhibiendo en abundancia los otros ingredientes –y no solo la búsqueda de excelencia, sino también la curiosidad, la risa, el virtuosismo verbal y el gusto por el placer–. Fue también la época de gloria del poderío marítimo griego, con barcos magníficos y buques mercantes que salían y entraban sin cesar en los modernos puertos del Mediterráneo.

Egipto fue el reino helenístico más estable, y también el territorio donde era más evidente la búsqueda de la supremacía intelectual, encaminada a crear una ciudad que superase a todas las que el mundo había visto hasta entonces. Ptolomeo I de Egipto fue un monarca pragmático. Tenía casi cuarenta y cuatro años cuando murió Alejandro, a cuya sombra siempre había vivido. Fue el primer sucesor que se dio cuenta de que el imperio de Alejandro no se podía mantener; sin embargo, se negó a dejar escapar su única oportunidad de hacerse con el poder supremo. Tras convertir Egipto en su propia satrapía casi en el mismo momento de la muerte de Alejandro, se mantuvo firme y fue razonablemente conservador, prefiriendo siempre consolidar su dominio en Egipto más que intentar expandirlo a regiones más lejanas. Su recompensa: fue el primero de una larga dinastía de reyes-faraones griegos de Egipto, ocupada en garantizar que a él y sus herederos se los adorase como a dioses y que se pondrían los cimientos del mayor logro erudito y cultural de la historia del Mediterráneo.

Ptolomeo compartía con Filipo II y Alejandro III Magno el talento para las relaciones públicas. En efecto, alimentando el rumor de que era hijo ilegítimo de Filipo, sugería que era hermanastro de Alejandro, sobre cuyas campañas escribió una historia con la intención de reivindicar su aspiración al reino de Egipto y de mejorar su propia reputación como intelectual y estadista-soldado. Fue Ptolomeo quien robó el cadáver de Alejandro cuando lo llevaban a Macedonia y lo ocultó en Menfis, Egipto, en 322 a. C. Más tarde lo trasladó a una tumba espléndida en Alejandría, donde llegó a ser una verdadera atracción turística. Fue en Menfis donde Ptolomeo se enteró de la existencia de Apis, el dios buey, adorado allí por los egipcios junto a Osarapis, al que los griegos llamaban Serapis, y no tardó mucho en construirle un templo imponente en la nueva ciudad de Alejandría, donde fundó un culto sintético que agradaría tanto a los griegos que llegaban a Egipto como a los propios egipcios. También encargó una estatua en la que Serapis se fusionaba con Zeus y Hades.

Ptolomeo frustró las tentativas de otros sucesores, que aspiraban a derrocarlo o desestabilizar las fronteras de su reino. Se alió con Chipre y llegó a controlar Cirene, en Libia, y apoyó a

Rodas durante todo el sitio de Demetrio Poliorcetes, hijo de Antígono. En 305 ya ostentaba el título de rey. Los rodios, siguiendo el consejo del oráculo de Zeus-Amón en Libia, le concedieron honores divinos y el título de Sóter («el Salvador»), y él los aceptó. Tampoco puso reparos cuando le erigieron un altar en su honor, el Ptolomeon. No es importante saber si personalmente creía en su propia divinidad; lo que sí sabía era que reinar por derecho divino lo ayudaría a conservar el poder y a convertir Alejandría en el centro cultural más imponente del mundo.

Este artero macedonio se casó con dos mujeres de su país natal y tuvo hijos con ambas. Cuando tuvo que designar heredero, se decantó por Ptolomeo, hijo de Berenice, aunque era doce años menor que Ptolomeo Cerauno, hijo de Eurídice. Así pues, lo sucedió Ptolomeo II (Filadelfo). Vista la serie de nombramientos característicos de la obsesión de los Ptolomeos con llevar a Alejandría a los expertos más prestigiosos que se podía comprar con dinero, Ptolomeo II no podía haber recibido mejor educación. Sus tutores fueron nada más y nada menos que el incomparable poeta Filetas de Cos y Zenódoto de Éfeso, experto mundial en los textos homéricos y primer director de la biblioteca de Alejandría.

Para los Ptolomeos, reinar era un negocio familiar. Ptolomeo I decidió gobernar conjuntamente con su bien instruido hijo desde 285 a. C. hasta su muerte en 283, cuando fue deificado oficialmente. La Liga de los Isleños del reino ptolomeico expuso en Delos una inscripción en la que prometían enviar una delegación a los sacrificios de Ptolomeo en Alejandría, coronarlo con oro y formar atletas que compitieran en los nuevos juegos ptolomeicos creados en su honor. Los griegos, que una vez le habían dicho al rey de Persia que no se postraban ante meros mortales, habían aprendido a adorar a un griego como a un dios y, acatando las órdenes del rey, también adoraron a Berenice.

La naturaleza divina de los siguientes monarcas egipcios fue más fácil de aceptar gracias a que cada generación recicló el nombre de Ptolomeo y solo una reducida serie de nombres para niñas que podrían llegar a ser reinas, incluido Cleopatra. Para mantenerlo todo aún más dentro de la familia, a mediados de la década de 270 Ptolomeo se divorció de su primera esposa (la macedonia Arsínoe I) y dio un paso inaudito casándose con su hábil hermana, Arsínoe II, a la que se conoció, como posteriormente a él, como Filadelfo, «que ama a su hermano o hermana». El rey mandó acuñar monedas en las que aparecían como cogobernantes y que subrayaban la semejanza entre los rasgos faciales de ambos. Una nueva estética empezó a combinar elementos egipcios y griegos en los retratos de la familia reinante. El Metropolitan de Nueva York alberga una exquisita estatuilla de Arsínoe II, de piedra caliza, en un estilo que fusiona de un modo asombroso postura, peinado y traje egipcios con una cornucopia, elemento que los escultores helenísticos griegos usaban para simbolizar la cabeza de un dios. Cuando la reina murió en 220, Ptolomeo II, como no podía ser de otra manera, declaró divina a Arsínoe II y a los padres que compartía con ella.

Lo sucedió su hijo Ptolomeo III Evergetes («Benefactor»), que reinó de 246 a 222 a. C. El tercer Ptolomeo escogió una esposa que no pertenecía a su familia directa, Berenice de Cirene, ciudad libia, para consolidar allí la influencia egipcia creando una superpotencia norteafricana. La reivindicación de Berenice a una condición sobrehumana se reafirmó incluso en vida de esta reina gracias al (absurdo) rumor de que algunos cabellos que se había cortado y dedicado en el templo de Afrodita se habían convertido en una constelación visible, conocida hasta hoy como *Coma Berenices,* la Cabellera de Berenice. El hombre que identificó ese grupo de estrellas como los mechones de la reina fue Conon de Samos, astrónomo de la corte; el responsable de escribir el ingenioso pero penosamente lisonjero poema que conmemoró esa transformación fue Calímaco, hombre increíblemente listo y principal consejero literario del monarca; como la reina, era oriundo de Cirene.

Otros diez Ptolomeos fueron ocupando sucesivamente el

opulento trono egipcio entre 222 a. C. y la caída del reino ptolomeico a manos del imperio romano casi dos siglos después.

Algunos se casaron con sus hermanas y gobernaron al alimón con ellas; otros llegaron al trono siendo aún niños y vivieron atrapados en el fuego cruzado entre regentes ambiciosos, tías, tíos y funcionarios de la corte. La híbrida cultura política grecoegipcia de la Alejandría helenística que fomentaron fue sin duda alguna magnífica, pero sigue siendo desconcertante. Para los estudiosos acostumbrados a la tendencia polemizadora y meritocrática de la literatura griega arcaica y clásica, la manera en que los Ptolomeos se presentaban a sí mismos como reyesdioses y los matrimonios entre hermanos y hermanas, a la manera de los faraones, eran repelentes; con todo, los festivales y los servicios que crearon fueron asombrosos. El carácter de su presencia pública alcanzó su máxima representación en la grandiosa procesión –mejor dicho, serie de procesiones– que tuvieron lugar durante el reinado de Ptolomeo II, probablemente en 275 o 274 a. C. El desfile celebraba la naturaleza divina de los padres de Ptolomeo, pero identificando a toda la familia como descendientes, por mediación de Alejandro, el conquistador del este, de nada menos que Dioniso.

No ha de extrañarnos, por tanto, que los griegos creyeran a Alejandro cuando afirmaba tener a Dioniso como antepasado. En la tragedia *Las bacantes,* que Eurípides escribió tal vez en Macedonia, hacía mucho tiempo ya que Dioniso había dicho que había dejado atrás «los campos auríferos de los lidios y los frigios, las altiplanicies de los persas asaeteadas por el sol y los muros bactrianos, pasando por la tierra de crudo invierno de los medos y por la Arabia feliz, y por toda la zona del Asia que a lo largo del mar salado se extiende con sus ciudades de hermosas torres, bien pobladas por una mezcla de griegos y bárbaros».[1] Estas palabras debieron de sonar como inconfundibles anuncios de las conquistas de Alejandro. A su vez, los

1. Cita tomada de Eurípides, *Tragedias* III. Madrid, Gredos, 1985; traducción de Carlos García Gual. *(N. del T.)*

Ptolomeos reconcibieron sistemáticamente los viajes de Dioniso como una secuencia de anexiones coloniales que llegaron hasta la India. En el centro de la procesión, un gargantuesco festín dionisiaco público en un pabellón construido *ad hoc:* ciento treinta divanes para el banquete, columnas que parecían palmeras y una cubertería y una vajilla relucientes, con oro y plata y joyas engarzadas, esperaban a los afortunados comensales. Decoraban el pabellón estatuas de mármol de animales y cuadros encantadores. Toda la ciudad se cubría de flores, con pimpollos a los pies de todos los asistentes y formando guirnaldas para coronarlos.

En la procesión desfilaba una estatua de Dioniso de tres veces la altura media de un hombre, con un séquito de muchachas y sátiros vestidos de púrpura y escarlata, algunos de ellos montados en asnos. Los seguían carros tirados por animales estrafalarios. A Dioniso, en una carroza tirada por ciento ochenta hombres, lo introducía su sacerdote junto con trípodes de la victoria para las competiciones de atletismo. Lo seguía una cabalgata interminable de carrozas: una de ellas llevaba un enorme odre hecho de pieles de leopardo, del que el vino manaba sin cesar a lo largo del recorrido. Y más y más carros alegóricos con animales exóticos..., antílopes, elefantes, búfalos, avestruces, cebras, camellos y leones. El poder militar del rey se demostraba con el desfile de casi sesenta mil soldados de infantería y veintitrés mil jinetes, todos luciendo armadura. «Nada en exceso» era uno de los lemas del templo de Apolo en Delfos; por lo visto, no era el mantra de los Ptolomeos, que entendieron las políticas de escala como ningún pueblo griego anterior a ellos. Ptolomeo IV encargó un enorme galeón con cuarenta bancos de remos y una tripulación de cuatro mil remeros y cuatrocientos marineros; en las cubiertas superiores podían viajar tres mil soldados armados. Esa nave gigantesca nunca se hizo a la mar; solo se concibió para exponerse públicamente en la ciudad. Con todo, el hecho mismo de su concepción demuestra que cada generación de Ptolomeos quería superar a sus antepasados y no escatimaba esfuerzos.

Sin embargo, el galeón de Ptolomeo IV, aunque fuese un mero adorno, reflejó una verdad de la economía marítima helenística. A finales del siglo IV a. C. se habían empezado a emplear barcos mucho más grandes, con cuatro y cinco filas de remos. En la batalla de Salamina (Chipre, 306 a. C.) entre Ptolomeo I y Demetrio Poliorcetes, se habían enfrentado flotas fabulosas con barcos de cuatro cinco, siete y hasta diez bancos de remeros. A partir de entonces se constató un crecimiento exponencial del tráfico marítimo de mercancías y se documentaron muchísimos más naufragios de este periodo de la historia griega antigua que de cualquier otro. Los Ptolomeos exportaban toneladas de cereales e importaban cantidades equivalentes de vino y aceite de oliva, dos artículos que los griegos siempre necesitaban. El comercio en el Mediterráneo oriental lo facilitaba el uso extendido de monedas acuñadas según un valor común.

Ese gusto por lo enorme lo había establecido Ptolomeo I, cuya deificación fue el origen de la gran procesión. El monarca soñaba con construir la ciudad más grande que el mundo hubiese visto jamás y, también allí, la biblioteca más grande. Alejandría se edificó según un modelo reticular, con murallas, altares y la tumba de Alejandro cerca del centro. La espléndida zona de los palacios, el Bruquión, ocupaba una cuarta parte de la ciudad e incluía el famoso museo, la biblioteca y, tal vez, el Sarapeo (templo para el culto de Serapis). Ptolomeo también ordenó la construcción del espigón que conectaba la ciudad con la isla de Faros, de casi un kilómetro y medio de longitud, creando así dos puertos, uno en cada extremo. En el extremo oriental de Faros, donde las aguas eran profundas y rocosas, se ubicó el famoso faro, que se construyó en 297 a. C. De conformidad con la política macedonia de pensar en grande, la torre medía casi ciento veinte metros de altura; los tres pisos principales eran de brillante piedra blanca. Las placas reflectantes proyectaban la luz a través de muchas millas náuticas, anunciando así a las naves que llegaban de los cuatro puntos cardinales que entraban en el principal centro de civilización del orbe. Esa maravilla del mundo estaba dedicada a los Dioses

Salvadores: el más que humano Ptolomeo y su esposa preferida, Berenice, aunque el apodo también se aplicaba a Zeus y varios otros dioses del Olimpo. Posidipo, el poeta invitado de los Ptolomeos, oriundo de Pella, la capital ancestral del reino macedónico, celebró así en un epigrama la construcción del faro: «El hombre que navega veloz sobre las olas puede ver toda la noche el gran fuego que arde en lo alto de la torre.»

Desde principios de la década de 1990, dos equipos franceses rivales de arqueología submarina han fotografiado cientos de objetos de la Alejandría ptolomeica, tanto en las aguas del puerto como cerca de este. Uno de ellos es un trozo de una estatua de Poseidón que pudo encontrarse junto al faro. Hay también columnas corintias, trozos de mampostería, obeliscos y esfinges. Algunos de esos objetos datan de una fecha tan temprana como el reinado de Ramsés II (siglo XIII a. C.), lo cual demuestra que a los reyes griegos de Alejandría, siempre a la moda, les gustaba adornar sus ciudades con antigüedades locales. Pueden discernirse también los contornos de los astilleros, pero no tenemos más remedio que seguir imaginando el aspecto de los soberbios edificios públicos de la Alejandría ptolomeica, incluido el faro. Para hacernos una idea de la estética fabulosa y gigantesca, tenemos que dirigir la mirada hacia otros edificios de los monarcas helenísticos, sobre todo el gran altar de Pérgamo, en el noroeste de Turquía, construido en el siglo II por Eumenes II y su sucesor Atalo II. El altar ocupaba una posición destacada en una terraza debajo de la ciudadela y era el edificio de mármol más grande y más importante de la ciudad. Así y todo, está lejos de ser único, pues toda la acrópolis se diseñó para impresionar a los visitantes. Entre los otros edificios de Pérgamo destacan un templo y un teatro de Dioniso, un altar dórico donde los ahora divinos atálidas podían adorarse cómodamente, un templo de Atenea con una biblioteca, y una gran plaza del mercado.

El altar era el sitio de los sacrificios y las quemas de ofrendas que definieron la religión pagana griega, y probablemente estaba dedicado a Zeus y Atenea. La referencia más antigua a este altar se encuentra en la Biblia (Apocalipsis 2, 12-13), donde Pérgamo es el lugar del trono de Satanás, descripción probablemente inspirada por el mítico y grotesco bestiario con pies de serpiente. Lo destruyeron los primeros bizantinos en el siglo VII o VIII d. C., cuando necesitaron piedras para construir fortificaciones que les servirían para defenderse de los invasores árabes. A finales del siglo XIX, las excavaciones que organizó el Museo de Berlín sacaron a la luz fragmentos del altar, que sigue expuesto en el Museo de Pérgamo de la capital alemana, donde verlo deja literalmente sin aliento. De más de treinta y cinco metros de ancho y casi la misma profundidad, el creyente se acercaba al altar por una imponente escalinata frontal. La sensación de enormidad la realzan psicológicamente los temas épicos de los frisos en relieve: la batalla entre los dioses y los gigantes (la Gigantomaquia) y las aventuras de Télefo, hijo de Hércules y fundador mitológico de Pérgamo. El friso de la Gigantomaquia, de trescientos setenta metros de largo, es el friso antiguo griego más extenso que se ha conservado, con excepción del friso del Partenón.

La Alejandría helenística poseía glorias arquitectónicas parecidas que, por desgracia, no han sobrevivido. No obstante, las ambiciones intelectuales desencadenadas de los Ptolomeos siguen resonando; empezaron a hacerse realidad a principios del siglo III a. C., en el momento en que Demetrio de Falero, estadista ateniense exiliado, atracó en el puerto de Alejandría para asesorar a Ptolomeo sobre la biblioteca. Demetrio era un destacado discípulo de la escuela de Aristóteles y, por tanto, tenía el prestigio que los Ptolomeos ansiaban para su proyecto, consistente en trasladar a Alejandría todas las conquistas intelectuales. Demetrio supervisó el programa de compra de libros que sus mecenas financiaron. «Exploradores» con dinero ilimitado en los bolsillos recorrieron las librerías de los grandes centros culturales, incluidos Rodas y Atenas. Los activos puertos de Alejandría vieron cómo se confiscaban los libros encontrados en los barcos que atracaban allí. La ciudad se quedaba con los originales, y solo devolvían ejemplares hechos al dictado y a toda prisa por legiones de amanuenses. Demetrio imitó, a una escala mayor, la organización del Liceo aristotélico, con su comunidad de eruditos y su dedicación a las Musas, y estructuró las colecciones de la nueva biblioteca según el sistema que Aristóteles había empleado en la suya. No es de extrañar que a veces los antiguos dijeran que fue el propio Aristóteles quien enseñó a los reyes egipcios griegos a gestionar una biblioteca. La biblioteca estaba ubicada dentro del recinto de las Musas, es decir, el Museo. Los edificios, que limitaban con el puerto y el complejo palaciego, tenían una pasarela y un comedor para los eruditos que trabajaban en el Museo. La tumba de Alejandro formaba parte del complejo y permaneció allí hasta la llegada de los romanos. En consecuencia, no estaba lejos de las colecciones de libros y del trabajo de edición: la conservación de los restos mortales del hombre que había llevado el helenismo a regiones del mundo a las que nunca había llegado simbolizaba así, físicamente, la preservación y la adulación de los textos literarios del helenismo.

*

Uno de los primeros intelectuales que disfrutaron del patrocinio de Ptolomeo fue Euclides, autor de los *Elementos,* tratados fundamentales sobre matemáticas y geometría que aún hoy siguen ejerciendo su influencia en esos campos. Para supervisar la administración de la biblioteca y sus actividades académicas, el rey llamó al docto gramático Zenódoto de Éfeso, en el suroeste de Turquía, especializado en la edición de los textos homéricos. Bajo el reinado de Ptolomeo II se invitó también a la figura literaria más prestigiosa asociada con la biblioteca, el poeta libio Calímaco de Cirene, quien afirmaba tener sangre real por descender de Bato I, el fundador de la ciudad. Calímaco era un hombre de letras en el sentido más amplio de la palabra. Sabía más que nadie sobre literatura griega antigua, y aunque nunca lo nombraron para dirigir la biblioteca, también es el fundador de los sistemas de catalogación; las clasificaciones de Calímaco, basadas en géneros, fueron tan influyentes en la antigüedad como el sistema decimal de Melville Dewey, creado en 1876, en las bibliotecas de hoy. Los ciento veinte volúmenes de sus *Pinakes* (tablas) eran una lista en prosa, con comentarios, del fondo completo de la biblioteca (según se decía, medio millón de rollos); cada rollo estaba clasificado por género, con indicación del nombre del autor, del número de líneas y una cita de los párrafos iniciales. Solo eso podría considerarse el trabajo de toda una vida, pero Calímaco escribió otras obras de consulta en prosa, incluido un estudio del vocabulario o las máximas de Demócrito, uno sobre las ninfas y otro sobre las maravillas del mundo. Sin embargo, no se limitó a categorizar y organizar toda la literatura en griego que los exploradores de los Ptolomeos podían comprar con el dinero casi sin límite de que disponían; sus muchos poemas contribuyeron a ampliar considerablemente esa literatura.

Calímaco, junto con sus discípulos y colegas, alteró el curso de la poesía occidental. Su proyecto cultural fue inmenso: se trataba de crear una nueva ola de literatura griega que hundiera sus raíces en la cultura literaria que ahora se conservaba en la biblioteca, pero básicamente apartándose de ella, pues debía centrarse en la vida en el norte de África ptolomeico. Estaban escribiendo para monarcas que alentaban el culto a deidades egipcias, Serapis/Osiris e Isis, y también a los dioses griegos. El propio Egipto fascinaba a la corte; estimulado por los primeros dos Ptolomeos, y probablemente también por el tercero, el sacerdote egipcio bilingüe Manetón escribió una extensa historia de Egipto empleando fuentes en ambas lenguas; las partes que se han conservado siguen siendo una fuente incomparable para la cronología egipcia. Pero los poetas del nuevo e inmenso reino greco-egipcio desarrollaron un estilo poético que, paradójicamente, detestaba lo ampuloso. Todo en la cultura ptolomeico era grande, excepto su estética literaria. En ese contexto cultural, Calímaco encabezó (y llegó a simbolizar) el movimiento que se apartaba de la literatura que, como elemento central, tenía enjundiosas cuestiones éticas, filosóficas y cívicas.

En cambio, la poesía alejandrina celebró el régimen ptolomeico o adaptó obras canónicas de la literatura en formas intrincadas e innovadoras, o habló sobre otros poetas y la naturaleza de la poesía misma. Junto con el contenido, la poesía helenística cambió la forma, lo cual no significa que abandonara las antiguas estructuras métricas y de género, de hecho, jugó con ellas sin cesar, creando nuevos efectos mediante la yuxtaposición de elementos antiguos. El cambio importante se registró en la escala y el contenido. Tal vez resulte sorprendente que aparentemente los Ptolomeos no pidieran a los poetas que patrocinaban que escribieran extensos poemas épicos que glorificaran sus hazañas y su ascendencia, aunque a Calímaco le encargaron que compusiera una obra, un epilio quizá (epopeya en miniatura), para celebrar el matrimonio de Ptolomeo II con su hermana biológica.

Calímaco y su círculo de literatos, todos sin excepción leales a sus acaudalados mecenas, se interesaron por crear versos elegantes y lapidarios, de tonalidades complejas y con alusiones eruditas, en las que importaba, y mucho, encontrar el *mot juste* ejemplar. Esos escritores cultivaron una complicidad, un estilo, una elegancia particular, el atractivo del claroscuro, de la asimetría estudiada y una sensibilidad refinada. Su poesía fue una fusión nada sencilla de elementos tradicionales y experimentación, como si hubieran querido deconstruir todos los clásicos literarios griegos para crear una caja de ladrillos de juguete –metros, dialectos, tropos, expresiones– para volverlos a montar en formas novedosas. Los poemas de Calímaco eran tan densos, eruditos y crípticos que incluso los lectores de una generación posterior a su muerte necesitaban ayuda para entenderlos. Los poetas de Alejandría aspiraban a producir un efecto «sutil» *(leptos)* y, en cierto modo, travieso. Les gustaba usar palabras propias de la poesía antigua en contextos nuevos e inesperados en los que no valoraban la continuidad, pero sí las voces repentinas y disonantes y los cambios inesperados en la perspectiva, el tema y el timbre. Calímaco empezaba sus *Aitía* (Orígenes) con un manifiesto literario dirigido a los críticos que se habían quejado porque no escribía «un poema aburrido e ininterrumpido, en miles de versos y con reyes y héroes».

Calímaco fue también un pionero en la concepción del poeta y su relación con su arte. Sus *Himnos* y *Epigramas* han llegado hasta nuestros días. Sus seis *Himnos* son poemas muy elaborados en los que alaba a Zeus, Apolo, Artemisa, el santuario de Apolo en Delos, Atenea y Deméter. Estilísticamente, combinó el aparato formal de los *Himnos homéricos* con alusiones que solo tienen sentido en el contexto del imperio ptolomeico; aun así, estaban compuestos para interactuar entre sí ingeniosamente como una experiencia de lectura y, en consecuencia, deben considerarse el primer libro poético que ha llegado hasta nosotros. Los *Epigramas* incluyen una serie de exploraciones chispeantes y concisas de temas eróticos, originales en su comparación del amor y el sexo con la experiencia de la poesía: «Odio el poema cíclico, aborrezco el camino que arrastra aquí y allá a la muchedumbre», dice Calímaco, igual que abomina «del joven que se entrega sin discriminación»,[1] y por «cíclico» ha de entenderse la poesía de los sucesores de Homero. No es de extrañar que los grandes poetas amorosos latinos –Catulo, Propercio y Ovidio– lo admirasen.

Los fragmentos de otros poemas de Calímaco, sobre todo *Hecale,* sugieren que hemos perdido obras innovadoras. Para mí, esta poesía, al menos en la forma fragmentaria en que podemos leerla, es exasperante. Me gustaría saber mucho más acerca de las experiencias subjetivas de Calímaco, en especial porque sugiere que fue durante su infancia en Cirene cuando recibió la visita de Apolo y se hizo poeta. En sus fascinantes *Aitía* dice que apenas empezaba a crecerle la barba cuando soñó que, cual Hesíodo africano, se mudaba de Libia al monte Helicón. El poeta contemplaba el mundo por un caleidoscopio en el que se mezclaban los mitos, el realismo y el estereotipo literario, todos

1. Citas tomadas de Calímaco, *Epigramas* I-XV. Introducción, texto, aparato crítico, traducción y notas de Luis Alberto de Cuenca. Madrid, Gredos, Suplementos de «Estudios Clásicos», 2.ª serie, n.º 6, 1974. *(N. del T.)*

igualmente válidos en cuanto modos de ver. Por ejemplo, en la breve epopeya *Hecale* disfruta ofreciendo una descripción bastante *kitsch* del encuentro entre una campesina vieja y pobre de las colinas de Atenas y el joven y gallardo Teseo. Calímaco era un favorito de la familia real, y su refinada poesía estaba concebida para leerse durante los recitales que se organizaban en palacio más que para ser objeto de estudio en la biblioteca. El tiempo libre de los macedonios griegos que gobernaron Egipto desde Alejandría, así como los recursos de la biblioteca, dio lugar a experimentos de recreación literaria. La corte disfrutaba de entretenimiento en vivo, desde representaciones de tragedias en grandes festivales hasta números cómicos de tono subido. Nuestra imagen del teatro alejandrino cambió en 1891 tras descubrirse en Fayum un papiro con nueve breves piezas cómicas, los «mimiambos» de Herodas, que debieron de interpretar, posiblemente sin máscara, actores especializados en la imitación de personajes de los bajos fondos que al parecer divertían mucho al autor: ardientes amas de casa, vendedores de consoladores al por menor y prostitutas. Una categoría de actor especialista era un joven que imitaba a hombres afeminados y travestis. El segundo mimiambo de Herodas es una parodia de la intervención, ante un tribunal, de un rufián travestido que afirma que el hombre al que acusa ha atacado a una de sus prostitutas y destrozado el burdel, pero el texto en sí es una parodia inmejorable de algunos de los discursos más famosos de Demóstenes y, por tanto, debieron de encontrarlo particularmente divertido los miembros de un público masculino culto, formados todos en las obras maestras de la retórica. Para recitarlo bastaban diez minutos, y en manos de un hábil imitador de travestis podía trascender su complejidad intelectual para ofrecer, al menos a un público que compartía sus piedras de toque culturales, momentos desopilantes.

El poeta helenístico con mayor impacto en la cultura occidental desde el Renacimiento es Apolonio de Rodas, cuya epopeya *Las argonáuticas* inmortaliza la historia de Jasón y el vellocino de oro. Dos películas famosas han asegurado que la obra de Apolonio penetrase en estratos profundos de la cultura popular universal a través del nuevo medio del siglo XX, el cine. *Jasón y los argonautas* (1963, dirigida por Don Chaffey) se benefició de los efectos especiales revolucionarios del animador Ray Harryhausen. Por su parte, *Medea* (1969), de Pier Paolo Pasolini, recurrió a la cultura bárbara retratada en la epopeya para criticar el imperialismo cultural de Occidente.

Apolonio respondió al contexto egipcio del nuevo reino feliz de Ptolomeo incorporando alusiones egipcias en las aventuras de sus argonautas. Alejandro Magno había sido declarado hijo del dios egipcio supremo Amón-Ra, sincretizado con el griego Zeus. El culto de Amón-Ra lo fomentaron los primeros Ptolomeos, cuyas monedas daban a entender que cada uno de ellos descendía de ese dios. Según Apolonio, el vellocino de oro, que la serpiente vigilaba en el lejano Mar Negro, emitía una luz dorada, y a un público griego-egipcio le habrá recordado las representaciones populares de Amón-Ra como un carnero con cuernos dorados y una serpiente en la frente. El dios viajaba en una mágica barca solar que tenía poderes oraculares e invitaba a establecer un paralelo con el *Argo* en que navegaba Jasón y su quilla, profética porque estaba hecha de madera de roble procedente del oráculo de Dodona.

El genio de Apolonio queda patente cuando elige hacer llegar a sus argonautas, después de muchas penalidades, a un lugar del norte de África cercano a Cirene, la patria de su rival Calímaco. El autor da a entender que allí el mar es demasiado peligroso y que la tierra es inhóspita, tan seca y poco acogedora como los poemas de Calímaco. Los argonautas sucumben a una depresión catatónica hasta que unas ninfas y Poseidón los ayudan a salir. Siguiendo las instrucciones de llevar el *Argo* hasta aguas navegables, tardan diez días durísimos, hasta tal punto de tener que cargar con la barca a hombros por el norte del Sáhara.

El reino ancestral de Macedonia nunca había sido conocido por sus poetas nativos, pero cuando aparecía uno lo llamaban invariablemente de Alejandría, donde debía promocionar los valores ptolomeicos. Posidipo de Pella alabó la estatua de bronce de Filetas de Cos, poeta y tutor de Ptolomeo II, y dio las gracias al benefactor que la donó al Museo: «Ptolomeo, Dios y Rey por igual.» En 2001, el mundo clásico se asombró con la publicación de más de cien epigramas de Posidipo, descubiertos poco antes en un papiro en Milán. Algunos están dedicados a profecías, estatuas, tumbas, monumentos a la victoria y a gente que murió en el mar o que se han curado de tal o cual enfermedad. Los *Lithika*, un grupo de poemas sobre las piedras, revelan que el imperio marítimo ptolomeico estaba bajo la protección de los dioses. Con todo, los pensamientos del poeta macedonio a veces regresan a las escarpadas tierras de su patria; por ejemplo, en un epigrama manifiesta el deseo de que, tras morir a una edad que espera sea avanzada, se lo recuerde en el mercado de Pella con una estatua que lo retrate leyendo un rollo de papiro; en la otra vida seguirá la senda sagrada que tomaban todos los macedonios iniciados en los misterios, la que llevaba hacia Radamantis, juez de los muertos en el Hades.

Si los poetas querían evitar las alabanzas a los Ptolomeos, tenían que huir de la historia y la realidad. En los *Idilios* de Teócrito, otro contemporáneo de Calímaco, los ejemplos pastorales han sido admirados precisamente por ese motivo. Son los primeros poemas bucólicos que emplean el entorno como marco formal para hablar de la vocación del poeta a un nivel casi abstracto; su influencia se dejó sentir en el género pastoral de las artes visuales y la ópera, así como en la poesía bucólica, a través de las *Églogas* de Virgilio y de *Dafnis y Cloe,* la novela pastoral griega de Longo. Sin embargo, de igual importancia para la historia de la poesía han sido la forma y el tono estético de los *Idilios,* composiciones de extensión media que dan la impresión de ser un diálogo y combinan una simplicidad superficial con la falsa inocencia y la nostalgia. Ese aspecto de Teócrito lo elogiaron poetas de los siglos XVIII y XIX, incluidos Leopardi y Tennyson.

El *Idilio XV* de Teócrito, ambientado en Alejandría, narra la visita de dos mujeres griegas a la exposición que Arsínoe II ha preparado en palacio para el festival de Adonis. El poema incluye la interpretación de un aria por una cantante y un despliegue visual, pero la primera escena realmente vívida nos invita a entrar en la casa de ciudadanos particulares de Alejandría y nos presenta a un par de jóvenes esposas muy parlanchinas. Praxinoa, la anfitriona, tiene un bebé, rasgo típico de la literatura de esa época. Los consumidores helenísticos eran aficionados a las estatuillas de terracota de sátiros que cuidaban niños, de niñeras y esclavos con bebés en brazos. La comedia que gustaba a esos griegos helenísticos no era la escandalosa parodia satírica de Aristófanes, sino una nueva clase de drama doméstico, cuyos argumentos solían girar en torno a recién nacidos abandonados e identificados gracias a las cunas. Incluso el mundo épico de Apolonio nos presenta a Aquiles como una bonita criatura en brazos de la mujer del centauro Queirón despidiendo al *Argo* en su viaje legendario, y a Eros distrayendo a su madre con juegos infantiles.

La sentimentalización de la primera infancia es un rasgo peculiar de la cultura helenística y compendia su fascinación con la miniatura y lo travieso, así como su cobarde huida de la política, asunto de adultos. Por otra parte, puede leerse como un reflejo de los cambios reales en las aspiraciones de la familia griega. En ese vasto mundo, en ciudades donde los griegos a menudo eran la minoría y, sin embargo, la clase gobernante, ¿llegaron los niños a desempeñar un papel distinto en la vida pública y la imagen que esta tenía de sí misma? Las familias reales, interesadas en legitimar la supremacía de sus propias dinastías, hablaban de sus hijos más públicamente y fomentaban lo que hoy llamaríamos «valores familiares». Cuando Ptolomeo III y su esposa inscribieron una dedicatoria en un templo de Isis, prestaron clara atención a sus «pequeños».

El predominio alejandrino en la producción literaria de la época helenística no fue en absoluto exclusivo. Alejandría estaba en el centro de una red de ciudades griegas cultas y aliadas con ella, incluidas no solo Rodas y Pella, sino también Cos y Siracusa, asociadas con Apolonio, Posidipo, Filetas y Teócrito, respectivamente. Sin embargo, una poeta de la que no tenemos motivo alguno para pensar que alguna vez visitó Egipto fue Nosis de Locros Epicefirios, una ciudad del sur de Italia aliada de la Siracusa de Teócrito. Los epigramas de Nosis (siglo III) revelan el mundo psicológico que compartían las mujeres de su comunidad. Algunos de esos textos describen las dedicatorias de mujeres en los templos locales de diosas y alaban los encantos eróticos que Afrodita (refundida atípicamente, en Locros, con Perséfone) ha concedido a las celebrantes. En otro poema, se ruega a Artemisa, la diosa guardiana de la vida biológica de las mujeres, que ayude a una mujer en los dolores del parto. La feminidad del mundo de Nosis, un rasgo que la iguala a Safo, es enigmática porque una fuente antigua sugiere que la nobleza de Locros remontaba su ascendencia por vía materna, cosa absolutamente rara en una ciudad griega. En los poemas de Nosis, la relación madre-hija ocupa un lugar primordial. En otro poema, la autora describe el manto de lino que tres generaciones de mujeres de la misma familia (Nosis, su madre y su abuela) tejieron para Hera. En otro, el motivo es el retrato de una niña llamada Tamareta: su *cachorra* menea el rabo cuando ve el rostro pintado de su dueña.

*

Nosis había leído a algunos poetas anteriores, incluidos dramaturgos de Siracusa y Safo, pero ¿preguntaron los antiguos alguna vez si la existencia de bibliotecas como la de Alejandría podría ser realmente una desventaja para la escritura surgida de la cultura que había creado esas colecciones, por no decir perjudicial para la salud emocional y espiritual? La respuesta es: «Sí, unos pocos.» En lo que respecta a la historiografía, una voz temprana se alzó con fuerza contra el uso de las bibliotecas por los escritores. Fue la voz de Polibio, un griego que (como veremos en el capítulo siguiente) destacó en Roma en el siglo II a. C. y viajó continuamente. En su extensa *Historia general*, Polibio criticó a un historiador griego anterior, Timeo de Tauromenio

(Sicilia), que pasó cuatro décadas en bibliotecas atenienses escribiendo los cuarenta volúmenes de su monumental historia de los griegos. Polibio tiene al menos dos objeciones que hacerle a Timeo, una política y otra más personal y edípica, pero, aun así, lo que dice sobre las bibliotecas revela un aspecto del debate al que raramente tenemos acceso. Polibio se queja de que Timeo prefería leer libros a interrogar a los testigos, porque para eso tenía que viajar a los lugares donde había tenido lugar la historia.

Investigar basándose solo en libros es algo que puede hacerse sin ningún riesgo ni dificultades; solo hace falta ocuparse de tener acceso a una ciudad en la que abundan los documentos o de tener una biblioteca a mano. Después, solo hay que dedicarse a las propias investigaciones practicando un reposo absoluto y comparar las versiones de distintos autores sin exponerse uno mismo a riesgo alguno. Por el contrario, la indagación personal requiere un trabajo riguroso y grandes gastos, pero es sumamente valiosa y la parte más importante de la historia.

Polibio tenía razón: ¿cuántos no hemos visto alterada nuestra perspectiva sobre un poema o un hecho histórico al visitar un lugar relacionado con ellos o al hablar con un testigo ocular? La manera experimental en que el viajero Heródoto y el soldado Tucídides escribieron historia, en una época anterior a las bibliotecas y con pocos predecesores en el campo de la historiografía, habría peligrado si nunca hubieran salido de Atenas.

En cambio, si hablamos de poesía en lugar de prosa, también había unos cuantos que creían que las bibliotecas no siempre eran beneficiosas para la calidad artística de las nuevas obras. El más famoso de entre estos autores fue el poeta satírico Timón de Fliunte (cerca de Corinto), que pasó algunas temporadas en Asia Menor y luego en Atenas. Contemporáneo de los grandes poetas y eruditos helenísticos −Teócrito, Calímaco, Apolonio−, este Timón, de pensamiento independiente, despreciaba el proyecto de editar a Homero que impulsaron los literatos de Alejandría. Cuando le preguntaron por la mejor manera de obtener el texto homérico «puro», repuso que la única sería «encontrar los viejos ejemplares, no los que contienen correcciones modernas».

Timón, a quien Alejandría no apoyaba económicamente, expresó con sarcasmo sus puntos de vista sobre la gran biblioteca en otra de sus famosas salidas, que tradicionalmente se ha traducido así: «Son muchos los que se alimentan en el populoso Egipto garabateando papiros, riñendo sin cesar en el *tálaros* [la pajarera] de las Musas.» La brillante imagen de Timón se entendía a menudo como una caricatura de los versificadores alejandrinos, considerados unos poetastros asalariados, pero enjaulados, sugiriendo que estaban censurados por el lápiz azul de los autocráticos Ptolomeos. Es verdad que esos bardos, que se preciaban mucho de su arte, trataban sus discrepancias en los poemas, pero la famosa imagen de la jaula es una traducción incorrecta de *tálaros,* objeto con forma de fuente y hecho de ramitas trenzadas, más parecido a un nido que a una jaula. La imagen remite, más bien, a pollitos que se pelean en el nido, intentando, cada uno de ellos, piar más fuerte que el otro para sacarle la mejor tajada a sus padres ptolomeicos. El término *tálaros* se refiere a menudo a cestas de trabajo de las mujeres, donde guardaban la lana para el tejido, cosa que también da a entender que esos poetas dependientes del poder se habían afeminado: los poco viriles, los que gozaban de apoyo económico en la biblioteca de Ptolomeo y se zampaban la comida del monarca, estaban todos garabateando papiros, pero también, por voluntad propia, pugnando por atenciones y estipendios. Es posible que Timón contrastara esa sumisión y esa producción poética «dócil» con sus sátiras, mucho más independientes y, por así decir, sin pelos en la lengua. Curiosamente, quitando esas lamentables citas, sus obras no han llegado hasta nosotros, quizá porque no había en la Antigüedad suficientes bibliotecas que creyeran que valía la pena copiarlas para la posteridad. Ojalá lo hubieran hecho.

¿Podríamos haber conocido mejores composiciones poéticas de esos hombres si no hubieran vivido tan inmersos en los libros de la biblioteca, por no decir tan centrados en alabar a la monarquía que la financiaba? En la primera época de Alejandría, lo estético y lo político llegaron a estar entrelazados, y de una forma totalmente nueva, precisamente por tener a disposición todos esos textos antiguos. El peso de la tradición literaria helénica influyó, y no poco, en la poesía del nuevo orden político. Los poetas helenísticos de esa generación fueron, en cierto modo, pioneros, y llevaron la poética y la búsqueda de efectos tonales a un nivel sin precedentes; sin embargo, la innovación de la poesía griega cesó casi por completo, y prácticamente tan rápido como Ptolomeo llevó a los mejores poetas de su imperio al cuartel general de Alejandría. Los únicos géneros en que los avances experimentales siguieron siendo perceptibles fueron la epopeya y el epigrama, pero eran formas antiguas que Homero y Simónides de Ceos habían llevado a la perfección varios siglos antes.

La poesía helenística griega es frecuente objeto de discusión. Si ha disfrutado de un resurgimiento entre algunos investigadores recientes, ha sido, entre otras cosas, por la moderna fascinación poscolonial con las formas híbridas, la migración y las diásporas, que ha renovado el interés por el proyecto ptolomeico de crear en Egipto una nueva metrópolis griega, con todo el sincretismo cultural que implicaba adoptar la religión autóctona egipcia y sus prácticas ceremoniales. Con todo, hay otro motivo, este de índole estética. Podría decirse que nuestra propia estética posmoderna está demasiado soldada a formas literarias del pasado; por ejemplo, en cine hemos entrado en una época de nostalgia, de *remakes* y pastiches de viejas películas —y lo mismo ocurre con los programas de televisión—, como si se hubieran secado las fuentes de la creatividad. Nuestra actual obsesión con reciclar artefactos heredados nos pone inevitablemente en contacto con los alusivos y pseudoarcaicos *Himnos* de Calímaco o con la respuesta caprichosa y gótica que Apolonio dio a Homero con la Argonáutica.

Me he acercado peligrosamente al punto de afirmar que el surgimiento de las grandes bibliotecas literarias acabó con la innovación de la poesía griega, y debo subrayar que las bibliotecas también fueron esenciales para el desarrollo de muchos géneros prosísticos –geografía, tratados científicos, biografía, ensayo moral–. El tercer director de la biblioteca de Alejandría fue Eratóstenes (oriundo de Cirene, como Calímaco), un geógrafo sin rival que calculó la circunferencia de la Tierra con un margen de error de ochenta kilómetros. La gran biblioteca, si bien al final pudo ahogar la experimentación en la poesía griega, fue un estímulo fundamental para la poesía latina. En 30 a. C., cuando murieron los últimos Ptolomeos que ocuparon el trono egipcio –Cleopatra VII y Ptolomeo César (Cesarión), el hijo que tuvo con Julio César–, los romanos ya se apropiaban sistemáticamente de la cultura griega, adaptándola a su lengua y su civilización. Ninguno de los célebres poetas de finales de la Roma republicana y augustea –Catulo, Propercio, Virgilio, Horacio, Ovidio y Tíbulo– podría haber logrado tanto sin las luces de la Grecia alejandrina.

*

Alejandría marcó también en otras ciudades la moda de la biblioteca helenística. En Pérgamo, los Atálidas, que competían con los Ptolomeos por el prestigio cultural, fundaron su propia y magnífica biblioteca, mencionada siempre como una de las mayores colecciones de libros de la historia. Igual que los Ptolomeos, los monarcas de Pérgamo sabían que el dinero permitía comprar los accesorios de la excelencia artística. Atalo I quería comprar la isla de Egina, donde se conservaban célebres obras de arte, y pagó a los etolios (los propietarios de la isla) treinta talentos para quedarse con ella. Los Atálidas también cortejaron a las escuelas filosóficas de Atenas, e invitaron a Pérgamo a varias de sus celebridades. La mayoría declinó la invitación, tal vez por desprecio a la dinastía gobernante, a la que tenían por advenediza, o porque los Atálidas no ofrecían salarios equivalentes a los que pagaba la dinastía rival en Alejandría. Sin embargo, Crates de Malos, filósofo estoico y renombrado especialista en Homero, aceptó el cargo de director de la biblioteca de Pérgamo, y bajo su dirección la institución consolidó su fama. Aunque desde Aristóteles ningún intelectual griego había dudado seriamente de que la tierra era esférica, Crates fue el primero en construir un orbe esférico –un globo terráqueo– para mostrar la ubicación de las masas de tierra conocidas.

Con todo, Alejandría se aferró a su reputación de semillero de la investigación y los descubrimientos científicos. La lista de lumbreras que trabajaron allí es interminable. En el siglo III a. C., Bolos de Mendes (ciudad situada en el este del delta del Nilo) llegó con conocimientos avanzados de alquimia y llevó a cabo experimentos con metales. Filón de Bizancio escribió un extenso tratado de mecánica en el que analizó las palancas, la construcción de puertos, máquinas de guerra, aspectos de la neumática, máquinas para sitios y autómatas. Además de exclamar *¡Eureka!* tras descubrir, mientras tomaba un baño, el principio de la hidrostática, Arquímedes de Siracusa, que residió en Alejandría, inventó el tornillo que lleva su nombre –una versión mejorada del tornillo de bombeo–, que permitía extraer el agua de una embarcación, dando así un gran salto adelante en la técnica de la irrigación. En el campo de la óptica, mejoró la comprensión de las parábolas (secciones de conos) y las aplicaciones prácticas de sus propiedades focales y reflectantes. De Samos llegó Aristarco, el «Copérnico de la Antigüedad», que infirió, a partir de su estudio sobre los solsticios, la hipótesis de que el sol estaba fijo en un lugar y la tierra giraba en torno a él. Asimismo, propuso, para la posición de los planetas, una secuencia que contiene cierta verdad: colocó en primer lugar la Luna, seguida de Mercurio, Venus, el Sol, Marte, Júpiter y Saturno. En realidad, más que inferencias, Aristarco empleó cálculos para evaluar el tamaño de los planetas y las distancias que los separaban entre sí. En el siglo siguiente, Hipsicles hizo más avances astronómicos en Alejandría adoptando el sistema babilónico de división del círculo en 360 grados que aún seguimos empleando en nuestros transportadores. Por su parte, el geógrafo e historiador Agatárquidas de Cnido escribió un trabajo fundamental sobre el ecosistema del Mar Rojo.

Durante el periodo helenístico, los griegos llamaban *astrología* tanto a la astronomía como a la astrología propiamente dicha, pues creían que los fenómenos físicos invariables de los cuerpos celestes afectaban al mundo siempre cambiante de los humanos tal como esos cambios se experimentaban en la tierra. Arato de Solos compuso un poema de tema meteorológico, titulado *Fenómenos,* en el que describió las constelaciones en términos alusivos y mitológicos. A Eratóstenes de Cirene, director de la biblioteca de Alejandría desde alrededor de 245 a. C., debemos una obra compleja, *Catasterismos* (transformaciones de personajes mitológicos en estrellas o constelaciones), en la que expuso los supuestos orígenes mitológicos y las características observables de las principales constelaciones. Asimismo, escribió tratados sobre los métodos que podían aplicarse para medir la tierra y explicar la existencia de signos anteriores de vida marina. A la vista de la propaganda regia de los Ptolomeos, Eratóstenes fue lo bastante valiente para quejarse de que las aventuras indias de Dioniso se habían inventado meramente para dar brillo a la reputación de Alejandro Magno.

El principal astrónomo de la Antigüedad fue (y su nombre puede confundirnos) Claudio Ptolomeo, heredero directo de la tradición de Eratóstenes, aunque no de la dinastía ptolomeica. Inspirándose en los trabajos de astrónomos anteriores, pero añadiendo sus propias mediciones de los cuerpos celestes, cambió la manera de pensar el universo físico. El *Almagesto,* nombre árabe de su tratado de astronomía (conocido más correctamente como *Mathematiké Syntaxis),* se basaba en observaciones tan metódicas que, incluso en el siglo XVI, Copérnico seguía adoptando las cifras de Claudio Ptolomeo para todo lo relacionado con la órbita de Venus. Sin embargo, las observaciones de Ptolomeo no se quedaron en meros datos, pues las empleó para sostener que los intrincados movimientos de las estrellas y planetas eran mecánicos y repetitivos; en una palabra, advirtió que si se registraban escrupulosamente todos los movimientos celestes, sería posible predecir, por ejemplo, cuándo tendría lugar un eclipse, una idea que lo distingue de sus contemporáneos y pone de relieve su originalidad. Recientemente, los especialistas han estudiado papiros sobre astronomía procedentes de los antiguos vertederos de la ciudad griega de Oxirrinco, situada en el interior de Egipto: los textos demuestran que otros astrólogos de la época ptolomeica seguían sin ser capaces de calcular la posición de los planetas empleando teoremas geométricos y continuaban ofreciendo predicciones muy poco exactas, basadas en sumas y restas de periodos de tiempo, un método que habían adoptado de sus predecesores babilónicos.

Atenas, el antiguo centro neurálgico intelectual, no desapareció del todo durante la época helenística. Alejandría la superó en literatura y ciencia, pero, en filosofía, el papel puntero de Atenas nunca se enfrentó a un desafío serio. Teofrasto, que tras la muerte de Platón se relacionó con Aristóteles, fue un botánico y polímata extraordinario, sucedió al gran filósofo al frente del Liceo en 322 a. C., donde la enseñanza y la investigación continuaron hasta el siglo I a. C. La Academia de Platón evolucionó hasta convertirse en el centro de la corriente escéptica, y Epicuro, de ascendencia ateniense, fundó su Jardín cerca de Atenas en 306 a. C. Del cinismo de Diógenes surgió el estoicismo, el enfoque filosófico y vital más popular de la Antigüedad. Aunque Zenón, fundador del estoicismo, era oriundo de Citio (Chipre), y a pesar de que se rumoreaba que era fenicio y no griego, fue en Atenas a finales del siglo IV a. C. donde empezó a enseñar en el llamado Pórtico pintado *(Stoa Pecile)*, una especie de galería de arte pública con columnas dóricas y jónicas, de la que se derivó el nombre de su corriente filosófica. *La República,* su obra más famosa, postula el igualitarismo y ciertos ideales de cuño comunista.

No obstante, el principal género ateniense, la tragedia, perfeccionado con la democracia, se alejó por completo de su ciudad natal. Las tragedias helenísticas ya no las escribieron atenienses, sino dramaturgos de todo el mundo griego, para que se representaran en los nuevos festivales helenísticos, como los juegos ptolomeicos en honor de los reyes-dioses de Alejandría; no obstante, en la comedia Atenas conservó su preeminencia, si no en las representaciones, al menos sí en cuanto a la composición. Aunque tenía rivales, el comediógrafo helenístico más importante fue el ateniense Menandro, que a finales del siglo IV a. C. y a principios del siglo III ganó muchos premios en festivales locales. Es posible que Ptolomeo I invitara a Menandro a Alejandría, pero el escritor se negó a ir. Le gustaba su casa, en el Pireo, donde murió mientras nadaba.

El impacto de Menandro en la Antigüedad fue enorme. Sus obras se pusieron de moda en la Roma de Augusto. En Egipto se han encontrado papiros de Menandro en abundancia, lo que demuestra lo extendida que estaba su lectura; en mi opinión, también se representaban allí. En un tratado atribuido a Plutarco, en el que se compara a Aristófanes y Menandro, leemos: «De todas las obras bellas que ha producido Grecia, Menandro hizo de su poesía la más ampliamente aceptada en teatros, conversaciones y cenas, tanto para leer como para la enseñanza y las competiciones teatrales.» En los banquetes se recitaban parlamentos de las obras de Menandro, y Plutarco sugirió que, en una cena, leerlo era adecuado por no ser demasiado erótico: ¡así alentaba a los hombres a estar satisfechos con su matrimonio! Quintiliano, profesor romano de retórica, recomendaba a sus alumnos de oratoria el estudio de los textos de Menandro.

La influencia de Menandro en la comedia desde el Renacimiento, aunque profunda, fue subterránea: las obras leídas, representadas e imitadas por los humanistas y sus discípulos por toda Europa fueron las comedias latinas de Plauto y Terencio. La *Comedia de los errores,* de Shakespeare, absorbía elementos de *Los dos Menecmos,* también conocida como *Los gemelos,* de Plauto, y de *Andria,* de Terencio, pero esos comediógrafos de la República romana adaptaron escenas y a veces argumentos enteros de los originales griegos de Menandro y sus pares, escritos en Atenas un siglo antes. Las comedias de Menandro que han llegado hasta nosotros no se descubrieron hasta el siglo XX, demasiado tarde para que ejercieran en la cultura occidental una influencia directa equivalente a la de otros grandes nombres de la literatura griega antigua. Con todo, los papiros descubiertos, sobre todo el *Díscolo*, han servido para reforzar la afirmación de que Menandro fundó la «comedia costumbrista» europea.

En consecuencia, es a la Atenas helenística a la que debemos conceder la supremacía en la filosofía y la comedia. Sin embargo, es innegable que la Alejandría helenística dejó en la historia una impronta más profunda. Los hombres que trabajaron allí, fueran oriundos de Sicilia, Macedonia, Cirene o Egipto, compartieron muchas de las cualidades que definieron la mentalidad pagana griega a lo largo de los siglos. Su relación con el mar tomó un nuevo rumbo con las transformaciones económicas; siguieron siendo elocuentes, ingeniosos y competitivos, y buscaron el placer y la felicidad. Con todo, los griegos helenísticos necesitaban ajustarse a una monarquía autocrática; de ahí que desapareciera su vena rebelde junto con, al menos, parte de su honestidad psicológica. Afortunadamente, los Ptolomeos apoyaron a los individuos de mente inquisitiva y analítica siempre y cuando no trataran cuestiones abiertamente políticas, y en la biblioteca les ofrecieron un lugar ideal para llegar a los límites del conocimiento.

Alejandría continuó atrayendo durante siglos a pensadores brillantes. Entre los intelectuales griegos sobre los que hablaremos en el capítulo siguiente figuran algunos que vivieron en Alejandría o la visitaron. Todos se nutrieron de la cultura compendiada en esa biblioteca incomparable. Gracias a ellos, Alejandría contribuyó de manera inestimable a modelar nuestros paisajes mentales internos. Sin embargo, la Alejandría física no sobrevivió tan bien. Partes de la biblioteca resultaron dañadas muchas veces, a manos de Julio César y de obispos cristianos mucho antes de la llegada de los árabes (siglo VII d. C.). El 21 de julio de 365 de nuestra era, un terremoto y un tsunami destrozaron casi todas las obras arquitectónicas de la ciudad. El terremoto tuvo su epicentro bajo el agua, cerca de Creta, pero poco después, como escribió el historiador Amiano Marcelino, «peligros temibles, tales como no se cuentan en ninguna fábula o historia antiguas, se propagaron de repente por todo el mundo». En Alejandría, los temblores y los vientos que siguieron fueron tan violentos que barcos enteros, escupidos por el mar, aterrizaron en las azoteas de la ciudad. La mayor parte de los últimos restos visuales de la ciudad de ensueño ptolomeica y greco-egipcia, residencia de las mejores inteligencias y de la mayor colección de libros que el mundo había visto jamás, acabaron borrados del mapa para siempre.

Galeno operando, grabado de C. Warren creado
originalmente para ilustrar la *Cooke's Pocket
Edition of Sacred Classics,* Londres, 1796.
(Colección particular de la autora.)

9. INTELIGENCIA GRIEGA Y PODER ROMANO

A mediados del siglo II a. C., los habitantes de la Grecia continental no tuvieron más remedio que aceptar la dominación romana. Bajo el reinado de Perseo, su último monarca, el antaño glorioso reino de Macedonia cayó ante Roma en la batalla de Pidna (168). Los hechos los narró el historiador griego Diodoro Sículo en su *Biblioteca histórica*. Si bien aceptó la ascensión inevitable de Roma, tenía sus reservas en cuanto a la cultura y el comportamiento romanos. La ambivalencia de sus contemporáneos griegos quedó plasmada en su obra, salpicada de elogios formularios de las virtudes romanas, aunque entre líneas pone al descubierto otra historia. Por ejemplo, el relato sobre el castigo de Perseo —en Italia— tras su derrota mientras el general romano Emilio Paulo celebra el triunfo.

Las adversidades a las que tuvo que enfrentarse Perseo fueron tan graves que sus tribulaciones parecen obra de la ficción. Sin embargo, y a pesar de tantos sinsabores, no quería morir todavía. Antes de que el Senado tomara una decisión sobre el castigo que le aplicarían, uno de los magistrados de la ciudad lo encarceló, junto con sus hijos, en Alba, una prisión subterránea y más pequeña que un comedor, oscura y fétida por la gran cantidad de hombres que allí cumplían pena condenados por delitos capitales, pues en esos días Alba era la cárcel a la que mandaban a la mayoría de los que cometían esos delitos.

Dado que eran tantos los confinados en un espacio tan reducido, esos desgraciados empezaban a parecerse a animales, y puesto que tan asquerosamente se combinaban la comida y todo lo que afectaba a sus funciones corporales, la pestilencia que recibía a cualquiera que se acercase a ellos era insoportable.

Al final, a Perseo lo enviaron a una Roma un poco menos bárbara, donde, dice Diodoro crípticamente, su estado de ánimo mejoró «por cortesía del Senado».

Dos décadas más tarde, los romanos completaron la conquista de Grecia anexionándose el Peloponeso. En la batalla de Corinto (146 a. C.), el ejército republicano romano aniquiló a la rebelde Liga Aquea, que bajo el magnífico general Filopemén, el «último griego», había luchado por la autonomía griega. Los romanos arrasaron la hermosa ciudad portuaria, símbolo tradicional del comercio, del poder marítimo y del culto religioso. Polibio, historiador oriundo de Arcadia y testigo de las consecuencias de la destrucción de Corinto, habló con desprecio de unos soldados romanos tan zafios que tiraron al suelo obras maestras de la pintura griega, incluidos dos retratos mundialmente famosos de Dioniso y Hércules, para usarlos como tableros de ajedrez.

La carrera de Polibio (200-118 a. C.) ilustra la actitud griega para con Roma. El historiador, que añoraba los gloriosos días de libertad, estaba convencido de que la cultura griega superaba a todo lo demás. Sin embargo, cualquier patriotismo sentimental quedaba atenuado por su admiración de la eficiencia romana, la fascinación con la historia de Roma —plasmada en el brillante relato sobre las guerras púnicas—, por los vínculos afectivos con amigos romanos y el deseo de paz a costa de casi todo. Aunque su padre fue leal a la Liga Aquea, Polibio era un soldado y un hombre realista que sabía apreciar la calidad del ejército romano. Durante la conquista de Grecia había apoyado (aunque sin aprobarla) la política de cooperación con Roma contra Macedonia, pero en 167 a. C., poco después de la muerte de Filopemén, lo hicieron rehén y lo enviaron a Italia, donde tuvo la suerte de que lo nombrasen tutor de los hijos de Lucio Emilio Paulo. Uno de esos niños era Escipión Emiliano, el mismo que, de adulto, consiguió la famosa victoria de Roma sobre Cartago. Escipión llevó a Cartago a su tutor, del que hemos recibido una versión inestimable del asedio y la destrucción, narrada por un testigo ocular. Su amistad con Escipión le cambió la vida y, entre otras cosas, le permitió pedir que, tras la toma de Corinto, se tratara a los griegos con cierta indulgencia. Después le encargaron que supervisara la transición del Peloponeso al nuevo régimen, tarea que llevó a cabo con tacto y competencia, aunque probablemente sin entusiasmo.

Con todo, en un sentido importante, Polibio nunca dejó de defender a Grecia. En sus escritos predomina la entrañable versión de la resistencia final de la Liga Aquea. Este noble aqueo, considerado el inventor de la historia universal, también fue un orfebre de la palabra. Su estudio de las constituciones políticas ayudó a modelar el mundo moderno e influyó en las ideas de una serie de pensadores fundamentales, desde Charles de Montesquieu hasta los padres fundadores de los Estados Unidos, sobre todo John Adams. A pesar de todas las características que definieron a los griegos, en los siglos de la Roma imperial lo que realmente cristalizó fue el dominio de la palabra escrita y hablada.

Diodoro y Polibio fueron solo dos del extraordinario grupo de intelectuales que escribieron en griego bajo dominación romana, incluidos el biógrafo Plutarco y el estoico Epicteto. De sus logros hablaremos en el presente capítulo. Impresas por primera vez en Italia y en lo que ahora es Suiza a principios del siglo XVI, y traducidas a lenguas modernas poco después, las obras de esos escritores nos dejaron imágenes vívidas e insuperables del mundo antiguo: el cartaginés Aníbal cruzando los Alpes con sus elefantes, el desafiante suicidio de los judíos de Masada, la colosal estatua de Zeus en Olimpia y la revuelta de los esclavos que encabezó Espartaco. Bajo el poder romano, un sinnúmero de hermosos vocablos griegos antiguos quedaron plasmados en cientos de libros que podemos leer aún hoy y que trataron sobre todos y cada uno de los aspectos de la vida. Esos autores conquistaron el mundo no con las armas, sino con las palabras que con tanto virtuosismo escribieron en papiros. No solo se especializaron en historia, sino también en medicina, en el culto en los templos, arqueología, geografía, filosofía, autoayuda y distintos géneros de ficción. Nos hablaron de sí mismos y de sus vibrantes experiencias personales, y gracias a sus textos podemos conocer ese periodo de la historia con una inmediatez y una intensidad imposibles de encontrar para ninguna época anterior.

*

Algunas historias de la Grecia antigua terminan con la caída de Corinto, pero bajo el poderoso imperio romano los griegos siguieron siendo tan griegos como siempre; de hecho, vivir bajo el control administrativo de un pueblo no griego los hizo sentirse más orgullosos de su herencia. Tampoco escribieron solo para lectores griegos; lo que hicieron fue colonizar la mente de sus dominadores romanos. No hubo casi ningún aspecto de la cultura literaria, artística, filosófica o científica que los romanos no adaptaran o adoptaran de sus inteligentes vecinos. Algunos aristócratas romanos desarrollaron una manía ridícula por todo lo griego. Polibio cuenta, en tono desdeñoso, que Aulo Postumio Albino, cónsul en 151 a. C., «se había propuesto, casi desde la infancia, adquirir una cultura griega y hablar la lengua griega. [...] Llegó al extremo de intentar escribir un poema en griego y también una historia seria; en el prefacio rogaba a sus lectores que lo disculpasen si, como romano, no tenía un dominio completo del griego y del método de los griegos para tratar esos temas». El poeta romano Horacio lo expresó mejor que nadie en sus *Epístolas*: «*Graecia capta ferum victorem cepit*» («la Grecia conquistada a su fiero vencedor conquistó...»). Fue en ese periodo cuando se consumó la conquista definitiva de la mentalidad occidental por parte de los griegos antiguos, así como la elaboración final de los paisajes mentales que seguimos habitando hoy. Hay más de una clase de colonización, y la hegemonía cultural tiene efectos más duraderos que la dominación política. En palabras de Diodoro, «es solo mediante el discurso que un hombre puede ejercer ascendiente sobre muchos».

Además de estar destinados a inspirar a los especialistas de sus respectivos campos cuando, en el Renacimiento, se redescubrieron las copias manuscritas, esos escritores que con tanto virtuosismo supieron expresarse compartieron varias características. Para empezar, todos fueron prolíficos –fue la época de las historias en muchos volúmenes y del manual enciclopédico–; emplearon la misma prosa griega; en 300 a. C., incluso los macedonios, en su reino original, empleaban, para las inscripciones de sus monumentos, la *koiné* ([lengua] común), una versión del griego ateniense que había llegado a ser el dialecto estándar que los griegos hablaban en todo el mundo. En las ciudades de los Sucesores, casi todas bajo dominación romana, la *koiné* era, por tanto, la lengua oficial, y tenía que dominarla todo aquel que aspirase a tener un negocio o hacer carrera en la administración pública, un hecho que motivó a hablantes nativos de arameo, sirio, fenicio y nubio a aprender griego rápido y bien. Incluso antes de que Alejandro cruzara el Helesponto, un educador ateniense llamado Isócrates ya había escrito el *Panegírico,* texto en el que abogaba por una campaña panhelénica contra los persas y definía lo que significaba ser griego. A los griegos, decía Isócrates, no los unía la sangre, sino la *diánoia,* la razón discursiva, un estado de ánimo que solo podía alcanzarse educándose en la cultura griega *(paideusis),* no mediante tal o cual proceso natural. A los que poseían esa mentalidad, perfeccionada gracias al programa de estudios oficial, especialmente las epopeyas griegas y la retórica, los llamaban *pepaideumenoi,* «los cultos». No era necesario que la lengua materna fuese el griego, aunque, si era la segunda lengua, dominar el plan de estudios era tarea ardua. Varios de los escritores que aquí se mencionan, incluidos el historiador judío Josefo y el satírico sirio Luciano, no hablaban griego en casa.

Otra característica común a esos escritores era el haber viajado mucho. Procedían de distintas partes del mundo grecohablante, y este capítulo, que ha comenzado con Diodoro Sículo y Polibio de Arcadia, pasa a continuación al norte de Turquía y el Mar Negro antes de poner rumbo, pasando por lugares como Jerusalén, hacia las ciudades de la antigua Siria. Los famosos escritores en griego bajo el imperio romano recorrieron sus ciudades para exponer los resultados de sus investigaciones en conferencias públicas. A menudo los llaman los Segundos Sofistas, por ser una nueva versión de la figura griega clásica del filósofo viajero. Eran auténticos virtuosos, tanto a la hora de pronunciar sus discursos como cuando se sentaban a ponerlos por escrito para que circularan en una prosa convincente. Varios de ellos trabajaron una temporada en Roma y adquirieron experiencia en los círculos próximos a los emperadores. Eran intelectuales famosos.

El que más destacó fue Galeno (129 d. C.-hacia 200 d. C.), el médico de la Antigüedad más célebre después de Hipócrates; su carrera es una ventana inmejorable a la cultura imperial romana. Había nacido en el seno de una familia griega acaudalada de Pérgamo, siempre una de las ciudades griegas de Asia más complacientes con Roma. Hijo de un arquitecto, tuvo la mejor educación imaginable para su época; su futuro profesional se decidió después de que su padre soñara que Asclepio, el dios griego de la curación, le ordenaba que mandara a su hijo a estudiar medicina. Galeno no se entendía bien con la madre, cuyo temperamento exaltado el joven y desapasionado intelectual no compartía. El padre murió cuando él tenía dieciocho años, y el hijo se aficionó a viajar y estudiar en el extranjero. Pasó cuatro años en Alejandría (153-157 d. C.) y leyó todas las obras de escritores médicos que cayeron en sus manos.

Su primer avance profesional llegó en 157, cuando lo nombraron, en Pérgamo, médico de los gladiadores del Sumo Sacerdote de Asia, luchadores que tomaban parte en el culto imperial; tratándolos, Galeno perfeccionó su conocimiento de las heridas, y ganó el deseado puesto operando en público a un mono: una incisión en el estómago del macaco dejó al descubierto los intestinos, y Galeno desafió a otros médicos presentes a que volvieran a ponerlos en su lugar e hicieran las suturas necesarias. Ninguno recogió el guante. En una ceremoniosa primera persona del plural, recordó:

Tratamos al mono haciendo gala de nuestra capacidad, nuestra formación y nuestra destreza. También cortamos, deliberadamente, muchas venas grandes, permitiendo así que la sangre manara libremente, y llamamos a los médicos más ancianos para que tratasen al animal, pero no tuvieron nada que decir. Seguidamente, nosotros sí lo hicimos, y dejamos claro a los intelectuales presentes que [los médicos] con unas habilidades como las mías deberían ocuparse de los heridos.

De Pérgamo, Galeno pasó a Roma, donde finalmente se estableció y trabajó para los emperadores Marco Aurelio (y su hijo Cómodo) y Septimio Severo.

Este emprendedor médico griego convirtió la cura de enfermos en una especie de competición. Una vez lo llamaron para que tratase a un esclavo con heridas en el pecho que ningún otro médico había conseguido curar. Galeno le extirpó el esternón y, en un procedimiento espectacular, dejó al descubierto el corazón, tras lo cual el paciente se recuperó. Cuando otro médico negó que los riñones tuvieran algo que ver en la excreción de orina, Galeno organizó una vivisección pública de un animal macho en la que le ató los riñones y el pene, sopló en la vejiga y, pinchando el tubo que conectaba los genitales a la vejiga, consiguió que el animal liberase un chorro de orina.

Fue un médico tan aclamado y tan apto para promocionarse a sí mismo que despertaba la envidia de sus rivales, los cuales hicieron circular rumores acusándolo de charlatán. Al final, se sintió obligado a someterse a un examen público de sus teorías anatómicas, una difícil prueba que duró varios días. En el Templo de la Paz, otros médicos lo retaron varias veces en público a que defendiera sus descubrimientos. Galeno les respondió con su escalpelo y demostraciones prácticas con pacientes y cadáveres de animales, numeritos inevitablemente sangrientos y teatrales. De ese modo consiguió defender su reputación, si bien la experiencia hizo que se volviera más crítico que nunca respecto de otros colegas a los que consideraba incompetentes o avariciosos y nada científicos. Entre sus principales contribuciones a la medicina cabe citar el método sistemático de diagnóstico, la identificación de las causas, los síntomas y pronósticos de una enfermedad, descritos y razonados en los catorce volúmenes de su monumental tratado *Sobre el método terapéutico*. Con todo, no hay que olvidar tampoco sus adelantos en los conocimientos de anatomía y el diagnóstico por evaluación del pulso. De hecho, sus revisiones eran tan complejas que pudo enorgullecerse por el caso de una enferma rica (a la que se le alteraban los pulsos): la palpación le permitió diagnosticar no una enfermedad física, sino un encaprichamiento de la mujer con un bailarín llamado Pílades.

Galeno nunca se casó ni tuvo hijos; era adicto al trabajo. A pesar de haber heredado una fortuna personal, fue increíblemente prolífico. Escribió al menos quinientos tratados de los que han sobrevivido más de ochenta; sus obras constituyen más de la mitad de todo el corpus de la medicina antigua y un porcentaje considerable de todas las obras griegas antiguas que podemos leer hoy. Galeno llevó la antigua tradición de la medicina racional griega a niveles sin precedentes, y también dio forma a muchas ideas sobre medicina en el mundo árabe y en Occidente. Sus obras se tradujeron al árabe en el siglo IX, y posteriormente al latín. En traducción latina, varias de ellas formaron, a finales del siglo XIII, los textos nucleares del currículo médico europeo básico. Cuando los manuscritos griegos comenzaron a aparecer en Europa en los siglos XV y XVI, pudo inferirse, a partir de un estudio comparativo de las tradiciones textuales, un cuadro más detallado de los métodos incomparables de Galeno.

Por otra parte, su insistencia en un método científico basado en la observación empírica y la disección es especialmente admirable si se la compara con la visión religiosa de la medicina que seguían compartiendo muchos de sus contemporáneos. Una actitud más típica fue la de Elio Arístides, también un griego culto del oeste de Asia, gran sofista y maestro del arte de la declamación. Durante el imperio romano, la declamación, o recitado en directo, de complicados discursos sobre un tema prescrito, como el elogio de un individuo o de una ciudad, era una forma artística popular. Nacido cerca de la Propóntide (Asia Menor), Elio Arístides fue uno de los declamadores más viajados de la Antigüedad: recorrió Asia, el norte de África, Grecia e Italia. Superestrella de la retórica, gracias a sus apariciones públicas consiguió a menudo que la gente, orgullosa por la visita del orador a su ciudad, le erigiera monumentos; con todo, hoy se lo conoce principalmente como el enfermo que nos dejó incontables detalles sobre sus aflicciones médicas y padre fundador del género de las memorias personales. Obsesionado con su salud, padecía una hipocondría extrema; en sus fascinantes *Discursos sagrados* describió sus sensaciones, tanto psíquicas como físicas, sobre todo mientras buscaba una cura en la elegante Esmirna, su ciudad de adopción, que alardeaba de contar con hermosos baños alimentados por el río local; uno de ellos, situado entre el puerto y el mercado antiguo, comenzó a excavarse en 2002.

Arístides estuvo muy unido a Esmirna. Tras el terremoto de 178 d. C., intercedió en nombre de la ciudad ante Marco Aurelio, y con tanta persuasión que el emperador se emocionó hasta las lágrimas y financió la reconstrucción de la ciudad. Los habitantes de Esmirna le demostraron su gratitud ofreciéndole tentadores cargos honoríficos, pero el orador solo aceptó ser sacerdote de Asclepio, el Esculapio latino, un cargo que conservó hasta la muerte, que le sobrevino a una edad más avanzada de la que él mismo había anticipado.

Han llegado hasta nosotros cincuenta discursos de Elio Arístides, alabanzas a dioses, hombres y ciudades, así como dos tratados de retórica, pero son sus *Discursos sagrados* los que nos permiten oír con una inmediatez incomparable la voz de un individuo griego. Escrita en la edad mediana, después de recuperarse de una afección inexplicable que le duró de los treinta a los cuarenta años, la colección estaba pensada como una ofrenda a Asclepio, a cuyo culto dedicó la vida; según creía Elio, lo había ayudado a curarse. Sin embargo, los discursos son más que nada la obra de un orador talentoso que mantiene fascinado al lector, moviéndose entre la compasión por sus sufrimientos y el asombro ante las manifestaciones de la divinidad, que describe con delicadeza y sobrecogimiento. Elio Arístides es nuestro mejor testigo de la experiencia personal de la devoción religiosa pagana en el mundo griego antiguo.

Los *Discursos sagrados* también son interesantes desde un punto de vista médico porque contienen descripciones detalladas de síntomas tal como el enfermo los experimentaba:

> Un catarro brutal me agobiaba de día y de noche. Tenía palpitaciones y apenas podía respirar. Pensé, a veces, que poco me faltaba para morirme, pero no sabía de dónde sacar fuerzas para llamar a alguno de mis cuidadores. A duras penas podía tragar algunas comidas. Tampoco podía estar tumbado, por lo que tenía que pasarme la noche sentado con la cabeza apoyada en las rodillas y cubierto con ropa de lana u otras telas que me abrigasen.

Arístides también describe con todo lujo de detalles los tratamientos que recomendaban los médicos. Entre otros, intervención dietética, purgantes varios y sangrías. No obstante, el principal punto de interés es el aislamiento psicológico de Arístides mientras soportaba ataques de fiebre y dolores, y sus muchas visiones de Asclepio y demás signos de los dioses. En una ocasión, cuando acababa de regresar a Esmirna, se le aparecieron Asclepio y Apolo; el primero, de pie junto a su lecho, le aseguró que no se trataba de un sueño, sino de una visita real:

> Al mismo tiempo, me ordenó que bajara al río que fluye delante de la ciudad y me bañara [...] Estábamos en la mitad del invierno y hacía un terrible viento norte y un frío glacial. [...] Se agregó también una abundante multitud [...] y todo era visible desde el puente.[1]

---

1. Citas tomadas de Elio Arístides/Luciano de Samosata, *Discursos sagrados. Sobre la muerte del peregrino. Alejandro o el falso profeta*, Madrid, Akal, 1989; edición de M.ª Giner Soria. *(N. del T.)*

No está de más señalar que no todos los que presenciaron el baño de Arístides acudieron precisamente para prestarle su apoyo. Nuestro autor prosigue:

Cuando llegamos al río no hubo necesidad de que nadie nos animara [...] Arrojé mis vestidos, no me hizo falta recibir fricciones y me lancé donde el río era más profundo. Después, como si estuviera en una piscina llena de agua agradable y templada, pasé allí un rato bañándome y mojándome todo. Y cuando salí toda mi piel tenía color rosado y sentía el cuerpo ligero. Se produjo un gran clamor entre los que estaban allí y los que iban llegando, que gritaban esta aclamación tantas veces repetida en los himnos: «¡Grande es Asclepio!»

Tras el chapuzón, Arístides se sintió mejor, en un estado de «placidez indescriptible», razón por la cual decidió dedicarse en cuerpo y alma al culto del dios.

Su convicción religiosa resplandece en el relato sobre la recuperación de la peste que asoló Esmirna después de que él finalmente encontrase una cura para su propia y rebelde enfermedad. Todos sus esclavos murieron, y él mismo estuvo tan enfermo que los médicos no dudaban de que moriría, pero Asclepio no abandonó a su sacerdote y protegido, al que volvió a visitar en un sueño en el que se le apareció junto con Atenea, que llevaba la égida exactamente como se la ve en la famosa estatua de Fidias. La diosa le dijo que no se diera por vencido, y le recordó que también Ulises y Telémaco habían superado muchas duras pruebas. Y que se purgase con miel del Ática y comiera hígado de oca y pescado. Pero Arístides no se recuperó completamente de la peste «hasta que murió uno de mis hermanos de leche, el más digno de estima. [...] Así recuperé la vida por permiso divino después de este suceso que se produjo como una especie de trueque».

La impresión general que deja la lectura de los *Discursos sagrados* es caótica. A menudo parece que Arístides era un hombre fantasioso, un neurasténico mentalmente inestable. Obsequian al lector moderno con la tensión entre una aproximación racional y científica a la medicina y otra basada en el temor místico de la intervención directa de los dioses en el mundo físico.

Galeno y Arístides fueron dos hombres famosos cuyos procedimientos médicos, ya como médico estrella o paciente estrella, atraían a multitudes de curiosos. Los dos eran griegos del noroeste de Asia Menor que cooperaron con Roma mientras seguían practicando un estilo de vida griego. La voluminosa producción de ambos ejemplifica el modo en que emplearon su inmersión en el currículo clásico para ofrecernos vías de acceso sin paralelo a la manera en que los griegos que vivieron bajo el imperio romano pensaron acerca de su cuerpo. En ese rincón del mundo griego en Asia Menor, donde vivían embelesados con su pasado clásico, también nació Pausanias, que nos legó textos fundamentales sobre los yacimientos arqueológicos de Grecia en el siglo II d. C.

Nacido en Lidia, no lejos de Esmirna, la ciudad de Arístides, en su época el emperador Adriano fomentaba el interés en Grecia; en efecto, en 131-132 d. C. reorganizó un grupo de antiguas ciudades griegas con el nostálgico título de los *Panhellenion*. Así y todo, no es imposible poner demasiado el acento en la presencia del proyecto imperial romano en Pausanias, que viajó, investigó, tomó nota, entrevistó a nativos y acumuló recuerdos a lo largo de veinte años; de todo ese trabajo surgieron los diez volúmenes de su *Hellades periégesis*, la *Descripción de Grecia*, aún hoy base de las guías de los sitios griegos antiguos, que ha facilitado nuestra comprensión de los edificios y obras de arte de aquellos días. Es a Pausanias, por ejemplo, a quien debemos la descripción detallada de la única de las siete maravillas del mundo de la Grecia continental, la estatua de Zeus, en Olimpia, obra de Fidias. Cuenta Pausanias que el dios, hecho de oro y marfil, aparecía sentado en un trono, con el torso desnudo: en la cabeza, una guirnalda de ramas de olivo; en la mano derecha, una Niké, y en la izquierda el cetro, de metales diversos y rematado con un águila. Las sandalias y el manto también eran de oro, y este último tenía bordados de animales y flores de lis.

314

Pausanias inventó la literatura de viajes; pensaba que viajar era bueno por sí mismo y que el arte y la arquitectura solo podían apreciarse viéndolos directamente, una idea que lo distinguió de la mayor parte de sus contemporáneos, para quienes la evocación escrita de las obras de artes plásticas era admirable en sí misma. Pausanias colocó todos los objetos y edificios que visitó lo más lejos posible en relación con su propio contexto histórico. Investigó los epítetos antiguos de los dioses, se esforzó por localizar emplazamientos poco conocidos y llegó a emprender un arduo viaje por caminos de montaña solo porque había oído hablar de una estatua de Deméter en particular, si bien al llegar a su destino descubrió que llevaba siete años desaparecida. Esperó horas ilusionado con la posibilidad de oír, cerca de Kleitor (Kato Klitoria), al legendario pez que cantaba como un tordo, pero también esa excursión lo decepcionó. Fue también un epigrafista excelente que descifró y puso por escrito en griego inscripciones en dialectos locales poco conocidos que encontró en piedras viejas y gastadas. Su exactitud a la hora de localizar emplazamientos antiguos era admirable: Heinrich Schliemann, el arqueólogo que excavó Troya, se valió de los textos de Pausanias para descubrir la histórica Micenas. Sin embargo, hay un punto en que Pausanias se aparta de la literatura de viajes moderna, a saber, porque no esperaba que sus lectores se interesaran por sus experiencias. Por desgracia, no nos cuenta nunca con quién viajó, ni dónde durmió y comió, y más triste aún es que de vez en cuando introduzca alguna impresión, por ejemplo, la sugerente afirmación de que en Patras había muchas más mujeres que hombres y que le parecieron encantadoras.

Lo que Pausanias hizo para Grecia, lo hizo Estrabón para la geografía de todo el imperio romano. Nacido en 63 a. C. mucho más al este, en 63 a. C. (en Amasia, hoy Amasya en Turquía), ese año su ciudad pasó a formar parte del imperio romano tras la muerte de Mitrídates VI, el Grande, desafiante monarca póntico y uno de los más temibles enemigos de Roma. Estrabón apoyó el floreciente proyecto imperialista de Roma, pero nunca dudó de que los gigantes en cuyos hombros intelectuales se apoyaba eran productos de la cultura griega, no de la romana.

Asimismo, reflexionó a fondo sobre su disciplina, la geografía; sostuvo que medir la tierra e ignorar a la población humana que la habitaba se parecía a ver los árboles y no el bosque, e insistió en que los geógrafos, si bien partían de las mediciones del mundo en su totalidad, tenían que desempeñar un papel único, el de explicar nuestro «mundo habitado», el *ecúmene* (voz de la que deriva «ecuménico»). Los diecisiete volúmenes de la *Geografía* de Estrabón equivalen a una fundación *avant la lettre* de la disciplina: recorrió el mundo que conocían los griegos y los romanos, empezando en las Columnas de Hércules en el estrecho de Gibraltar y avanzando en el sentido de las agujas del reloj por el Mediterráneo y el Mar Negro. Estrabón explicó el carácter de la gente en el contexto del lugar donde habitaban, desde Irlanda hasta la India y desde Libia hasta el Cáucaso.

Con todo, llamar geógrafo a Estrabón puede inducir a error. Su comprensión del mundo físico y su estilo literario acusan la impronta de su formación filosófica clásica. También viajó mucho: a Egipto, Etiopía, por el Nilo hasta Kush, en el Sudán actual, a Italia y Grecia. Su larga vida le permitió ser testigo de la caída de la República, de las guerras civiles romanas, los años relativamente pacíficos de Augusto y la primera parte del reinado de Tiberio, emperador desde 14 a. C. hasta su muerte en 37 d. C. Es probable que Estrabón completara su obra durante el reinado de Tiberio. La *Geografía* es un libro de consulta con una aplicación práctica, escrito con la intención de ayudar a los estadistas a comprender a los pueblos que gobernaban y como tal fue una fuente valiosa para los bizantinos y los exploradores del Renacimiento. Colón lo leyó con avidez, y a Napoleón Bonaparte la descripción de Egipto lo inspiró lo bastante para lanzar su invasión en 1798. La visión del mundo que Estrabón expuso durante los primeros tiempos del imperio romano dio forma no solo a nuestros paisajes mentales: también marcó el rumbo de la geografía política.

El último de este grupo de hombres brillantes oriundos de ciudades cercanas a la costa del Mar Negro en Asia Menor fue el gran filósofo griego Epicteto, originariamente un esclavo de Hierápolis (Frigia). Epicteto culminó el programa ético del estoicismo, tal vez la contribución más útil de la Antigüedad clásica a la ética humana. Si bien no se han conservado los escritos de Zenón de Citio, el chipriota fundador de la escuela estoica en Atenas a finales del siglo IV, Epicteto nos pone en contacto directo con las doctrinas de la primera *stoa*. A principios de la década de 90 d. C., el intolerante Domiciano desterró de Roma a todos los filósofos; Epicteto huyó a Nicópolis, ciudad del Epiro, en el norte de Grecia, donde enseñó filosofía hasta su muerte. No se sabe exactamente si alguna vez lo hicieron oficialmente hombre libre. Uno de sus discípulos fue Arriano, que, leal a su maestro, nos dejó una transcripción bastante literal, en cuatro libros, de los discursos de Epicteto tal como los oyó personalmente hacia 108 d. C., junto con un compendio conocido como el *Enquiridión* (el «Pequeño Manual» con consejos estoicos), un texto que causó una impresión enorme en los romanos cultos, y así lo reconoció Marco Aurelio en sus *Meditaciones,* el otro gran libro estoico que ha llegado hasta nosotros, también escrito en griego.

Las experiencias de Epicteto en la periferia de la corte imperial lo llevaron a hacer frecuentes –y negativas– referencias a los valores romanos cuando analizaba a hombres prominentes cuyas codicia y ambición eran la antítesis de los principios estoicos. La figura del tirano, polo opuesto del sabio estoico, domina los textos de Epicteto, y el tirano en que pensaba era Domiciano, asesinado en 96 d. C. tras ordenar la persecución de varios hombres ilustres. El pensamiento de Epicteto tiene algo intensamente entrañable en lo tocante a su actitud ante la verdadera libertad. El primer libro de sus *Discursos* se inicia con una reflexión sobre la libertad, y hacia el final se dirige a hombres que han comprendido plenamente que los accesorios externos de la riqueza y el poder no tienen valor alguno y que, en consecuencia, pueden enfrentarse sin miedo incluso al tirano en su palacio. El concepto de libertad se menciona más de cien veces en los cuatro pequeños libros que forman la obra de Epicteto.

Por otra parte, sostenía que Dios (al que llama «Zeus» o, algunas veces, en plural, «los dioses») era benévolo y racional, que había creado al ser humano para que también fuera racional y capaz de acciones racionales si emplea con reflexión sus impresiones del mundo. Según Epicteto, nuestra mente es una minúscula parte de la de Zeus, y nuestro poder mental es parte del poder que gobierna el universo. Somos responsables de nuestras elecciones para actuar en beneficio propio, pero, dado que nuestros intereses son parte de un sistema mucho más grande, vemos que, por ejemplo, elegir nuestra propia muerte puede, a veces, ser la mejor decisión. A los estoicos se los conocía precisamente por su tendencia al suicidio digno. Para Epicteto, los objetos externos a nosotros no son ni incondicionalmente buenos ni malos. Lo primordial es el ser interior, y todo lo externo se ha de evaluar en relación con el yo, pues la felicidad solo puede conseguirse si los humanos no dependen de la riqueza ni de las propiedades ni de ningún otro fenómeno accesorio. Las emociones que nos hacen desdichados (el miedo, la envidia) son respuestas a la falsa idea de que las apariencias pueden hacernos felices. Igualmente falsa es la idea de que las acciones ajenas nos perjudican forzosamente. No obstante, eso no significa que no debamos esforzarnos por los demás, especialmente por la familia y amigos cercanos.

Que el pensamiento de Epicteto fuera tan atractivo en la Antigüedad se debe a sus consejos prácticos para cultivar la serenidad que la teoría estoica describía en abstracto. Además, sus ideas son compatibles con la participación en la vida pública y con un papel activo en cualquier comunidad, ya que pueden ayudar a los que no controlan directamente sus circunstancias externas (los esclavos, los pobres, los críticos perseguidos por el emperador) a encontrar la máxima satisfacción incluso en esa situación, si bien para mejorar es necesario un compromiso a largo plazo y reflexionar sobre las percepciones y las opciones personales. Lo más importante es desacelerar, ir más despacio, absorber la información cuidadosamente y tomarse tiempo para reflexionar antes de pasar a la acción. La claridad y la sensatez de esos consejos, que podemos considerar más próximos a la psicología que a la filosofía, explican por qué el *Enquiridión* suele ser el punto de partida para quienes en nuestros tiempos se interesan por mejorar sin recurrir a la religión. Siempre se ha considerado que el pensamiento de Epictecto sintoniza muy bien con el carácter norteamericano; tanto el cuáquero William Penn como Benjamin Franklin recomendaron su lectura. Su obra, publicada en decenas de traducciones, desempeñó un papel importante en el desarrollo del movimiento de autoayuda gracias a la influencia que ejerció en Dale Carnegie, y Bill Clinton afirma que relee a Epicteto todos los años.

Una alternativa más esotérica al estoicismo fue el epicureísmo, escuela de pensamiento basada en una concepción materialista del universo. Para los epicúreos, todos estamos hechos de átomos y entramos en la creación y nos vamos como parte de un ciclo universal de aglomeración y dispersión. El epicureísmo aspiraba a liberar a la gente del miedo, sobre todo del miedo a la muerte, y para ello se afanaban por demostrar que en la religión todo era superstición. El conocimiento del mundo y de nosotros mismos podía facilitar la liberación del deseo, de la angustia y el dolor y, de ese modo, darnos la verdadera calma, el placer moderado *(hedoné,* término del que deriva «hedonismo», si bien con un significado un punto alterado y degradado). El epicureísmo también estuvo de moda entre los intelectuales romanos, que recurrían a expertos de las provincias orientales del imperio (Asia Menor, Siria y partes del norte de África) para que los iniciaran en ese misterioso sistema filosófico griego. Uno de los centros privados no atenienses del epicureísmo fue la Villa de los Papiros, descubierta en 1752 en Herculano, cerca de Pompeya. Era la casa donde veraneaba Lucio Calpurnio Pisón Cesonino, suegro de Julio César, y en la que el famoso filósofo Filodemo de Gadara, la actual Umm Qais en Jordania, custodiaba la magnífica colección de textos epicúreos de su mecenas. La técnica moderna de la imagen multiespectral ha permitido descifrar y publicar los restos, quemados por la misma erupción volcánica que destruyó Pompeya en 79 d. C. Algunos son del propio Filodemo; otros son resúmenes de las ideas de su maestro, Zenón de Sidón –filósofo «griego» de Fenicia y el principal epicúreo de su época–, que impresionaron incluso a Cicerón cuando oyó al autor en Atenas. Zenón murió hacia 75 a. C. Entre los papiros de Herculano hay fragmentos de los ensayos de Zenón sobre temas como la ira y la crítica sincera y también valiosos fragmentos del tratado más importante de Epicuro, *Sobre la naturaleza.*

Aunque todos los hombres versados en cultura griega –los *pepaideumenoi*– sabían algo de las principales escuelas filosóficas, pocos combinaron los papeles de autor literario y filósofo con tanto aplomo como Plutarco (46-120 d. C.). Una medida de la difusión de la cultura griega en esos años es el hecho de que Plutarco sea el único autor tratado en este capítulo, aparte del historiador Polibio, que nació y residió en la Grecia continental. Siempre ha sido una de las voces antiguas más influyentes y la calidad de su prosa resplandece incluso en las traducciones a lenguas modernas. Plutarco había leído hasta el último vocablo del canon literario griego, del que derivó un rico vocabulario y un estilo claro, así como el gusto por las alusiones a sus brillantes predecesores.

Plutarco nació en Queronea, Beocia, a una jornada de camino al este de Delfos, donde tuvo lugar la histórica batalla en la que Filipo de Macedonia anunció el nuevo mundo feliz de los imperios helenísticos asegurándose el control de Atenas y la mayor parte del sur de Grecia, y parece justo que un hombre nacido en un lugar tan señalado desempeñara un papel incomparable en la creación de nuestra visión moderna de la historia antigua, a veces porque sus biografías se han adaptado en las obras de William Shakespeare o en películas famosas. Las *Vidas* de Plutarco abarcan las biografías de hombres como el legendario Teseo de Atenas y Rómulo de Roma y llegan hasta Galba y Otón, emperadores en 69 d. C., el llamado «año de los cuatro emperadores». Desde que empezaron a circular en el Renacimiento, las obras de Plutarco son populares como fuente para el estudio de la Antigüedad. La idea que nos hemos formado de Pericles, de Alejandro Magno, Cleopatra y César, de los Gracos y de Espartaco, de Coriolano y Catón, debe más a Plutarco que a cualquier otro autor.

Plutarco escribió sobre romanos ilustres del mismo modo en que lo hizo sobre destacados griegos de la historia, empleando el método de las «vidas paralelas», es decir, comparando la vida de dos personajes que habían tenido algo que a él le parecían carreras similares. Por ejemplo, comparó al orador griego Demóstenes con el abogado y filósofo romano Cicerón. También visitó Roma y enseñó en Alejandría, pero prefería su ciudad natal. Demostró cómo los intelectuales griegos podían adaptarse a la realidad del imperio romano y prosperar en ese clima de relativa estabilidad. Al mismo tiempo, disfrutaba con el patrimonio cultural griego: estudió filosofía y matemáticas en Atenas, fue sacerdote de Apolo en Delfos y miembro activo en el gobierno local de Queronea, donde llegó incluso a alcalde. Entregado también a una familia numerosa, viajó lo menos posible. No le resultó fácil aprender latín, pero se ocupó de mantener relaciones cordiales con Roma y aceptó los privilegios de la ciudadanía cuando se la consiguió Lucio Floro, un cónsul amigo. Gracias a sus amenas obras, se hizo famoso en todo el mundo romano. Algunos estudiosos han sostenido que el respeto que Plutarco profesaba a Roma y sus emperadores fue una reacción prudente al reinado de Domiciano, y que sus textos de historia griega pueden leerse como evocaciones nostálgicas de los helenos antaño libres, y que, al menos implícitamente, socavaban las bases del régimen romano. Sin embargo, esa lectura de Plutarco, hecha desde una óptica «de resistencia», no capta plenamente su primordial interés en la vida, que no era político: él quería ser un educador moral.

Hay una parte considerable de las obras de Plutarco que no pertenecen al género biográfico; son ensayos sobre temas morales, literarios e incluso personales. El texto más emotivo es la carta de consolación que remitió a su esposa cuando Tixomena, la primera hija del matrimonio tras cuatro varones, murió mientras él se encontraba ausente cuando tenía apenas dos años.

Plutarco, que sabía tanto del epicureísmo y el estoicismo como sobre las tradiciones platónicas y aristotélicas en las que se había formado, creía en la aplicación práctica de la ética clásica a los problemas humanos. Sus obras persiguen una finalidad filosófica, concretamente, la edificación moral de los lectores, pero nunca son aburridas ni condescendientes, en gran medida debido a la genial personalidad de Plutarco y a su vena humorística, que brilla incluso en sus obras más sentenciosas, como *Sobre la locuacidad,* sus consejos para tratar con individuos demasiado parlanchines.

Algunos de sus ensayos incluyen consejos que vale la pena consultar aún hoy; por ejemplo, cuando dice que ser pacientes si nos irritamos con los niños, la mujer y los amigos íntimos es de por sí bueno, pero que también es el modo más seguro de aprender a controlarnos cuando tratamos con personas difíciles fuera del círculo inmediato, vemos al Plutarco más práctico y ético en *Sobre el refrenamiento de la ira.* En *De cómo alabarse sin despertar envidia* da inteligentes recomendaciones sobre los contextos en que es aceptable elogiarse a uno mismo (por ejemplo, cuando nos tratan injustamente) y fórmulas que pueden suavizar la impresión de falta de modestia.

Entre los escritos de Plutarco, el que más eficazmente combina un mensaje serio con el valor añadido de entretenimientos es *Grilo,* donde examina la naturaleza humana escenificando un debate pseudoplatónico entre Ulises, Circe y *Gryllus* («el Gruñón»), transformado este en un cerdo que no quiere recuperar su forma humana. Grilo sostiene que no se equivoca al elegir esa existencia y lleva a cabo una defensa admirable del ser zoomórfico: los animales son más valientes porque pelean sin malicia; las hembras de los animales son más valientes que las mujeres; los animales son más moderados y no desean posesiones materiales; tampoco necesitan perfumes; no cometen adulterio a escondidas, no tienen relaciones sexuales salvo para procrear y, por tanto, evitan las perversiones sexuales; siguen dietas sencillas, tienen la cantidad justa de inteligencia para sus condiciones de vida naturales y, en consecuencia, se les ha de reconocer que son racionales. La vida del animal, tal como la define Grilo, se parece a la vida de un filósofo ascético. Aquí Plutarco invita al lector a pensar seriamente sobre la vida ética y social de los humanos recurriendo a la historia más encantadora y conocida de la *Odisea,* el episodio en que Circe transforma en cerdos a los hombres de Ulises.

*

Aunque en el siglo II a. C. la Grecia continental de Plutarco ya estaba bajo dominación romana, algunas ciudades grecohablantes siguieron siendo independientes durante más tiempo. En 133 a. C., Atalo III, el último rey atálida, que no tuvo descendencia, legó a Roma su reino, con centro en Pérgamo. Los seléucidas sobrevivieron en Siria hasta que Pompeyo los derrotó en 63 a. C. Egipto, gobernado por los Ptolomeos, aguantó hasta que Cleopatra VII cayó ante Augusto en la batalla de Accio (31 a. C.). Sin embargo, incluso después de esas anexiones, ciudades como Pérgamo, Antioquía y Alejandría, y muchas otras en Siria y Egipto, siguieron siendo griegas, y a veces haciendo gala de una actitud desafiante, durante siglos. Muchas tenían las instituciones principales que definieron el helenismo: una planificación urbanística con mercados centrales, consistorios y teatros, así como festivales periódicos institucionalizados con «juegos sagrados» en los que competían músicos ambulantes y atletas. Además, esas ciudades griegas seguían en pie, aunque no siempre prósperas, seis siglos después, cuando el imperio romano, al menos en su mitad occidental, se desintegró.

En consecuencia, en este capítulo nos desplazaremos hacia el sur y hacia el este para concluir con tres autores de influencia incalculable que escribieron en griego aun siendo oriundos de dos provincias romanas, Judea y Siria, y cuyas primeras lenguas eran dialectos del arameo. El más polémico fue, con mucho,

Tito Flavio Josefo (37-hacia 100 d. C.), judío nacido en Jerusalén y que muy probablemente hablaba arameo occidental. No obstante, nunca podría haber escrito sus influyentes *Antigüedades judías* sin haberse sumergido en el currículo griego. En *La guerra judía*, su primer libro, describió el alzamiento de los judíos contra los romanos en 66-73 d. C., en el que había estado al mando de soldados en Galilea. El libro incluye su tenso relato de los padecimientos de los últimos judíos vivos (él incluido) en las cuevas de Jotapata (67 d. C.), asediados por las tropas de Nerón a las órdenes del futuro emperador Vespasiano. Los judíos sitiados debatieron sobre si tenían derecho a suicidarse; Josefo, que al final fue el único superviviente, propuso que se fueran matando unos a otros por turno. Cuando el orden se echó a suertes, salió el último, y pudo negociar su destino con los romanos. Podría decirse que, hasta cierto punto, dio la espalda a su pueblo; seguidamente lo nombraron intérprete de Vespasiano, que, cuando llegó al trono dos años más tarde, liberó a su protegido judío, que no tardó en adoptar la ciudadanía romana.

Podemos vislumbrar el modo en que operaban las redes del helenismo intelectual bajo el imperio romano porque a Josefo lo alentó a escribir Epafrodito, un intelectual griego liberto, que también era el propietario del esclavo estoico Epicteto. La defensa autobiográfica de Josefo en su *Vida* es una lectura incómoda. Si bien nunca renunció claramente a su apego a la fe judía, se expresó siempre como un griego culto que apoyaba las políticas romanas. No es, por tanto, el principal portavoz de las muchas comunidades de la diáspora judía que habitó en las ciudades griegas del imperio romano; entre ellas, las más importantes fueron, aparte de las que formaron los hebreos de Alejandría y Jerusalén, las de Sardis y Antioquía.

La voz de Josefo es profundamente original en el sentido de que combinó la perspicacia literaria de la tradición griega con su particular visión del dios judío en la evolución de la historia humana, pero también fue un brillante evocador de lugares, tiempos y experiencias, de hecho «el más legible y atractivo» de los historiadores griegos que llegaron a Roma desde el este, incluido Polibio. Desde la Antigüedad, sus obras históricas ofrecieron tanto a los cristianos como a los judíos información esencial acerca de sus orígenes religiosos. En la Edad Media se lo consultaba por considerárselo una autoridad en materia de cronología, y porque proporcionó a los cruzados la narración principal del encuentro apócrifo de Alejandro con el Sumo Sacerdote de Jerusalén (véase, por ejemplo, *La Alejandríada,* epopeya del siglo XII obra de Gautier de Châtillon). Más recientemente, el escritor Lion Feuchtwanger se inspiró en sus escritos para la trilogía formada por *Josefo, Los judíos de Roma* y *El día llegará,* publicada por primera vez en alemán entre 1932 y 1942. Estas novelas históricas desempeñaron un papel crucial a la hora de alertar al mundo del auge del antisemitismo.

Como podemos ver, la prosa griega se empleó bajo el imperio romano en serias descripciones sobre todos los aspectos de la vida, pero también llegó a rivalizar con la poesía como medio de entretenimiento en estado puro. Cuando Diodoro Sículo comentó que los sufrimientos de Perseo, el último rey de Macedonia, «fueron tan grandes que parecen obras de ficción», tenía en mente un nuevo género, la novela, en el que destacaron los escritores residentes en las ciudades griegas orientales. El encarcelamiento cruel era, al menos en el subgénero de la novela romántica, uno de los riesgos que corrían los héroes y las heroínas de ficción de la media docena de novelas griegas que se han conservado. Sin embargo, los villanos que encarcelaban a los protagonistas griegos, al menos en la ficción, nunca eran romanos. Aunque escritos por griegos bajo dominación romana, los argumentos estaban ambientados nostálgicamente en el pasado libre de antaño y evitaban cualquier mención a los romanos. En los textos que han sobrevivido, parejas heterosexuales casadas –o solamente comprometidas– de clase alta se ven obligadas a separarse, pasan penalidades en lugares exóticos y, en el momento culminante, se reencuentran extasiados. La más larga e influyente de esas novelas es *Las Etiópicas o Téagenes y Cariclea,* escrita en el siglo III d. C. por Heliodoro de Emesa (la actual Homs, en Siria). Una princesa etíope llamada Cariclea nace con piel blanca; temiendo que la acusen de infidelidad, su madre, negra, la abandona. Cariclea llega a ser sacerdotisa de Artemisa en Delfos, pero se enamora de un aristócrata griego llamado Teágenes. Al cabo de incontables y durísimas experiencias, incluida la amenaza de un sacrificio humano, los amantes se encuentran en Etiopía y se casan. El espíritu de la novela es escapista, un relato plagado de emociones y levemente excitante. Impresa en 1534 y publicada en traducción francesa en 1547, la historia de Heliodoro desempeñó un papel fundamental en la fijación de los temas que en los siglos XVII y XVIII adoptó la novela en España, Francia e Inglaterra: aventuras, viajes, amor erótico.

También se escribieron novelas realistas antiguas en clave burlesca que cuentan otra historia sobre lo que significaba ser griego en el imperio romano. Ha sobrevivido un resumen del prototipo de la novela latina de Apuleyo *El asno de oro*, llamado sencillamente *El asno* en griego. En la versión latina, el héroe de Apuleyo, Lucio, metamorfoseado en asno, era griego, pero en la versión griega es romano, o está completamente romanizado, y es apaleado, hambreado y humillado por marginados griegos que vivían bajo el poder romano. Cuando a Lucio-el asno lo secuestran unos ladrones, su primera reacción es pedir ayuda al emperador: el desdichado intenta exclamar «¡Oh, César!», pero solo consigue rebuznar. La dependencia de la máquina imperial acaba socavada por esa malograda articulación en boca de un animal indigno. En ese sentido, la novela invierte la dominación de la vida real griega por Roma, y las fuerzas descontentas que encarnan los ladrones griegos insultan la dignidad del *Imperium Romanum*.

Esta subversiva novela griega nos ha llegado como obra del escritor que es mi preferido de entre todos los Segundos Sofistas, Luciano de Samosata (125-180 d. C.), en mi opinión, artista de una inspiración y un brío sin par. En Samosata convivían griegos y gentes de etnia siria, grupo este al que pertenecía Luciano; él mismo dice que su lengua materna era «bárbara». Se le atribuyen casi cien opúsculos y libelos, escritos todos en griego. Luciano admiraba a Menipo de Gadara (siglos IV-III a. C.), autor satírico de la escuela cínica. En tiempos de Luciano, Gadara estaba en la provincia romana de Siria. Los desopilantes tratados de Menipo atacaban y ridiculizaban a otras escuelas filosóficas, pero no han llegado hasta nosotros; de ahí que Luciano sea el mejor transmisor de la voz y el tono de toda la obra de Menipo. No obstante, entre la deslumbrante obra de Luciano destacan especialmente dos textos por la gran influencia que ejercieron. Uno es la *Muerte de Peregrino*, una sátira sobre la cristiandad sobre la que nos extenderemos en el capítulo 10; la otra, la *Historia verdadera* (o *Relatos verídicos*, aunque totalmente falsos) en la que cuenta un viaje a la Luna. Padre de todos los autores de ciencia ficción, Luciano lleva al lector de acompañante en un viaje interplanetario. Junto al autor, el lector inspecciona el mundo lunar y el mundo solar como universos paralelos y analógicos.

La elocuencia griega colonizó la mente romana, y la cultura ofrecía maneras expresivas de hablar acerca de la superpotencia que ahora gobernaba el mundo. El griego siguió siendo la lengua por excelencia de todas las escuelas filosóficas dominantes. También fue la lengua en que se escribieron las que continúan siendo nuestras mejores fuentes sobre medicina antigua y la experiencia subjetiva de la enfermedad de personas que vivieron en tiempos del imperio. El conocimiento más vívido de la mente de todos los habitantes del imperio romano lo debemos a los célebres escritores de la época que escribieron en griego. Su pensamiento ha tenido un impacto incalculable en la vida cultural e intelectual desde el Renacimiento hasta nuestros días. Si el helenismo llegó a ser tan poderoso fue precisamente porque «no era necesariamente incompatible con las tradiciones locales o autóctonas. Antes al contrario, les dio voz ofreciéndoles modos de expresión nuevos y más claros y fluidos».

San Pablo predicando en Atenas; grabado del siglo XIX basado
en una pintura al óleo de Rafael (hacia 1515). *(Colección particular de la autora.)*

10. LOS GRIEGOS PAGANOS Y LOS CRISTIANOS

En los dos últimos capítulos del Apocalipsis se describe la Nueva Jerusalén, la visión que el apóstol Juan tuvo en Patmos, isla del Egeo oriental, posiblemente tras dejar Éfeso hacia el final del siglo I d. C. «Un cielo nuevo y una tierra nueva» reemplazarían a los viejos, «porque el primer cielo y la primera tierra desaparecieron y el mar no existe ya». Simbólicamente, parece apropiado que el mar, morada de tantas encantadoras ninfas y tantos monstruos temibles, donde los griegos nadaban y navegaban en sus veloces bajeles, el elemento inseparable de la identidad intelectual y cultural de los griegos paganos, acabe borrado del mapa por la nueva utopía revolucionaria, el cristianismo. No fue el imperialismo romano lo que determinó el final de los griegos antiguos, con su causticidad, sus esculturas de dioses, su inteligencia inquisitiva e independiente, la filosofía y el gusto por los placeres del cuerpo (la última de las características que, en mi opinión, los definieron y que abandonaron de mala gana). Fue algo diferente, una nueva religión que ofrecía muchas ventajas a los que la seguían: normas sencillas y un estilo de vida austero; distanciamiento del mundo exterior, del cuerpo y los sentidos; un profundo compromiso emocional con sus correligionarios y su único dios; el perdón de los pecados y la vida eterna. El presente capítulo es el último acto de esta larga crónica sobre los griegos paganos (dos milenios); aquí observaremos algunas de sus reacciones, desde el siglo I hasta finales del siglo IV d. C., hasta la llegada de la nueva y extraña religión de los primeros cristianos, reacciones que van desde la tolerancia e incluso la admiración moderada de algunos intelectuales paganos hasta la defensa desafiante del estilo de vida griego por parte de Juliano, el último emperador pagano. El cristianismo registró un crecimiento exponencial. En 100 d. C. los cristianos eran menos de diez mil, pero un siglo más tarde la cifra se había multiplicado por once. A pesar de las persecuciones intermitentes, que tuvieron su punto culminante bajo el reinado de Diocleciano a comienzos del siglo IV, las comunidades cristianas florecieron desde Portugal hasta Colonia, del Danubio al Nilo y a lo largo de la mayor parte del norte de África. En 301, el armenio Tirídates III el Grande fue el soberano que oficializó el cristianismo. Apenas once años después, el emperador Constantino combatió triunfalmente ondeando el estandarte con la cruz y el cristograma (crismón o monograma de Cristo), consistente en las letras griegas X (chi) y P (rho); sus soldados también lo llevaban en los escudos. Los comentaristas cristianos afirmaban que esos símbolos eran una revelación que el emperador había tenido en visiones y sueños que le decían «In hoc signo vinces» («Con este signo vencerás») antes de la batalla del Puente Milvio (312). En 325, Constantino reunió a cientos de obispos en el Concilio de Nicea, en el noroeste de Turquía. La suerte estaba echada. El emperador adoptó el cristianismo y promovió la nueva religión en todo el imperio; si bien, desde el punto de vista legislativo, no fue sancionado como religión oficial del imperio hasta 391, bajo Teodosio I, después de Constantino la vieja fe, aunque todavía no estaba muerta, experimentó una decadencia imparable. La sentencia de muerte la firmó Teodosio cuando prohibió todas las formas de adivinación y cerró los oráculos, incluido el más ilustre (Delfos), centro de culto durante más de mil años. Aunque el helenismo siguió vivo en algunas zonas del este del imperio, cuando llegó el islam en el siglo VII, en Siria ya no quedaba nada de las características distintivas de la arquitectura civil: teatros, mercados y consistorios ornamentados con columnas acanaladas, estatuas sonrientes y pórticos pintados. Las ciudades helenizadas comenzaron a adquirir el aspecto familiar de zocos caóticos cruzados por callejas que aún hoy conservan los barrios tradicionales.

Las primeras pruebas con que contamos sobre la conversión de griegos y romanos al cristianismo datan de nuestra era, cuando Pablo de Tarso, cristiano de origen judío, escribió en griego la Primera Epístola a los Tesalonicenses, probablemente el primer documento cristiano que ha sobrevivido al paso de los siglos. Tras fundar una comunidad cristiana entre los gentiles de Tesalónica, Pablo les escribió desde Atenas o Corinto para alentarlos «tras haber abandonado los ídolos» a que sirvieran «a Dios vivo y verdadero, y esperar así a su Hijo Jesús, que ha de venir de los cielos, a quien resucitó de entre los muertos y que nos salva de la Cólera venidera».[1] En Tesalonicenses 5:23 leemos:

> Que Él, el Dios de la paz, os santifique plenamente, y que todo vuestro ser, el espíritu, el alma y el cuerpo, se conserve sin mancha hasta la Venida de nuestro Señor Jesucristo.

Aunque los cristianos conversos de Tesalónica aún no podían saberlo, la misión de Pablo anunció el final del fastuoso paganismo griego. Así y todo, la relación entre helenismo y cristianismo no puede comprenderse plenamente sin una breve mirada retrospectiva a los tres siglos anteriores al nacimiento de Jesús, en los días de Ptolomeo I, que había gobernado los dos centros de la religión judía, Alejandría en Egipto y Jerusalén en Palestina. Bajo la dinastía que él fundó, los griegos de Alejandría fueron tolerantes con los judíos y viceversa; en el siglo III a. C. empezó a traducirse al griego el Antiguo Testamento al griego (la Septuaginta o Biblia de los Setenta, así llamada porque solía reducirse a setenta el número de sus supuestos traduc-

---

1. Las citas bíblicas están tomadas de la Biblia de Jerusalén, Bilbao, Desclée de Brouwer, 1976. *(N. del T.)*

tores). Algunos pensadores judíos, entre los que figura Aristóbulo (hacia 150 d. C.), llegaron a sostener que Pitágoras y Platón habían tomado todas sus ideas de la ley mosaica, y algunos poetas judíos se tomaron incluso la libertad de convertir las historias bíblicas en deliciosos poemas compuestos en el metro de la tragedia griega.

En Jerusalén las cosas nunca habían ido mejor, pero fue solamente cuando la ciudad pasó a manos del rey seléucida Antíoco IV Epífanes, cuando en 175 a. C. estalló el antagonismo entre los judíos y los helenos de Jerusalén, donde el monarca entró aprovechando la tensión entre los propios judíos, patente en sus divergencias respecto de la helenización. Antíoco saqueó el templo, hizo esclavos a mujeres y niños y se dispuso a destruir la religión judía para imponer la griega. En el libro I de los Macabeos se describe la desesperación de los judíos cuando el invasor Antíoco introdujo ídolos paganos, ordenó que se sacrificaran cerdos y prohibió el sabbat. No satisfecho con todo ello, también ilegalizó la circuncisión de los recién nacidos, amenazada con la pena de muerte. La reacción del heroico ejército hebreo de resistencia, encabezado por la familia de los Macabeos, fue expulsar a los seléucidas e instaurar el autogobierno judío bajo la dinastía de los asmoneos, sucesores de los macabeos.

Cuando Jesús estaba vivo y predicando, los judíos de Palestina eran hostiles al pensamiento griego; en cambio, entre los griegos y los judíos de Alejandría reinaron mayormente la tolerancia e incluso la admiración mutuas. Tras la muerte de Jesús, los judíos de Jerusalén y de Alejandría que se habían convertido al cristianismo no consiguieron ponerse de acuerdo sobre si se suponía que debían a su vez convertir a otros gentiles, los griegos incluidos, o solamente a israelitas. Pero Pablo no tenía duda alguna: el emprendedor apóstol sabía lo que gustaba al público griego. Según los Hechos de los Apóstoles, citó versos de la poesía griega y hasta aludió a las *Euménides* de Esquilo cuando se dirigió a los atenienses en el Areópago, el lugar donde Orestes había buscado justicia (Hechos 17:28). Vale la pena detenerse en la experiencia de Pablo en Atenas, sea o no histórica, pues retrata las distintas reacciones de los griegos a la misión apostólica judeocristiana, al menos tal como la vio un autor cristiano inteligente (Hechos, 17:16-21):

Mientras Pablo les esperaba en Atenas, estaba interiormente indignado al ver la ciudad llena de ídolos. Discutía en la sinagoga con los judíos y con los que adoraban a Dios; y diariamente en el ágora con los que por allí se encontraban. Trababan también conversación con él algunos filósofos epicúreos y estoicos. Unos decían: «¿Qué querrá decir este charlatán?» Y otros: «Parece ser un predicador de divinidades extranjeras.» Porque anunciaba a Jesús y la resurrección. Le tomaron y le llevaron al Areópago; y le dijeron: «¿Podemos saber cuál es esa nueva doctrina que tú expones? Pues te oímos decir cosas extrañas y querríamos saber qué es lo que significan.» Todos los atenienses y los forasteros que allí residían en ninguna otra cosa pasaban el tiempo sino en decir u oír la última novedad.

Esos atenienses respondieron a la promesa de resurrección dividiéndose en tres grupos. El primero se limitó a burlarse de Pablo; el segundo dijo que quería oír más, pero los que formaban el tercero se convirtieron «y creyeron, entre ellos Dionisio Areopagita, una mujer llamada Damaris y algunos otros con ellos».

El Nuevo Testamento dice poco sobre el tema de la antigua religión hedonística que Dionisio y Damaris decidieron abandonar: solo menciona a Zeus, Hermes y Artemisa, diosa esta que, especialmente en el Egeo oriental y Turquía, era el símbolo más potente del paganismo. Hay autores paganos, como Artemidoro de Daldis (llamado también de Éfeso, por haber nacido en esta ciudad, aunque luego él mismo prefirió proclamarse oriundo de Daldis, en Lidia), que dan fe de la autoridad continuada del culto de Artemisa en Éfeso aún en el siglo II d. C., durante la época de los Antoninos. Uno de los cientos de sueños que puso por escrito en su *Interpretación de los sueños* (libro en cinco volúmenes en el que se inspiró Sigmund Freud) lo tuvo una prostituta de Éfeso que quería entrar en el templo de Artemisa. Las inscripciones confirman la importancia de la diosa en la región; una de ellas, encontrada en la isla de Patmos, demuestra lo seriamente que seguía tomando a la diosa, en el siglo III d. C., una sacerdotisa llamada Vera: «Fue la propia Artemisa, la cazadora virgen, quien eligió sacerdotisa a Vera, la noble hija de Glaucias, para que, como aguatera en el altar de la diosa de Patmos, ofreciera en sacrificio fetos de cabras que ya habían sido sacrificadas.» Patmos, definida en Hechos 19:28 como la isla más sagrada de Artemisa, estaba bajo dominación efesia, pero también era la sede de las principales actividades y tradiciones de los primeros cristianos. En la orgullosa descripción de Glaucias sobre la elección de su hija como sacerdotisa encargada de llevar el agua lustral y el sanguinario sacrificio de cabras embarazadas y de sus fetos, podemos oír el desafío de la antigua religión pagana contra los abusos de la nueva fe cristiana.

No cabe duda de que, cuando Pablo llegó a Éfeso, ciudad sagrada de Artemisa, se encontró con una fuerte oposición. Lo encarcelaron al menos una vez, y temió por su vida (2 Corintios 1:8-10). La evocación más vívida de un culto pagano en el Nuevo Testamento la encontramos en Hechos 19, donde se narra el amotinamiento de los plateros a raíz de la propagación del cristianismo durante la visita de Pablo. Un platero llamado Demetrio, «que labraba en plata templetes de Artemisa y proporcionaba no pocas ganancias a los artífices» de la ciudad, organizó una asamblea y afirmó ante los asistentes que Pablo era perjudicial para su negocio, pues «persuade y aparta a mucha gente diciendo que no son dioses los que se fabrican con las manos»; según Demetrio, se trataba de una amenaza tanto a la reputación del templo de Artemisa como de toda la provincia asiática. El público, enfurecido, empezó a gritar: «¡Grande es la Artemisa de los efesios!» y «la ciudad se llenó de confusión». A dos compañeros de Pablo los llevaron a rastras al teatro; cuando se llamó a un tal Alejandro, abogado judío, para que zanjara el conflicto, la multitud se exaltó aún más, gritando al unísono (Hechos 19:34-40):

Pero al conocer que era judío, todos a una voz se pusieron a gritar durante casi dos horas: «¡Grande es la Artemisa de los efesios!» Cuando el magistrado logró calmar a la gente, dijo: «Efesios, ¿quién hay que no sepa que la ciudad de los efesios es la guardiana del templo de la gran Artemisa y de su estatua caída del cielo? Siendo, pues, esto indiscutible, conviene que os calméis y no hagáis nada inconsideradamente. Habéis traído acá a estos hombres que no son sacrílegos ni blasfeman contra nuestra diosa. Si Demetrio y los artífices que le acompañan tienen quejas contra alguno, audiencias y procónsules; que presenten sus reclamaciones. Y si tenéis algún otro asunto, se resolverá en la asamblea legal. Porque, además, corremos peligro de ser acusados de sedición por lo de hoy, no existiendo motivo alguno que nos permita justificar este tumulto. Dicho esto disolvió la asamblea.

No iba a resultar sencillo convencer a los habitantes de la provincia de Asia para que dijeran adiós a su seductora, pero feroz, diosa, los motivara o no principalmente una convicción religiosa o una posible amenaza a sus ingresos. En 268 d. C., dos siglos después de la visita de Pablo, un incendio destruyó el templo, pero los pirómanos no fueron cristianos, sino un ejército de godos, bárbaros de Alemania. Más tarde el templo se restauró manteniéndose aproximadamente las dimensiones originales. La continua lucha entre el culto pagano de Artemisa y el cristianismo se pone de manifiesto en la inscripción de un cristiano llamado Démeas en 354 d. C. Con el signo de la cruz, Démeas subrayó que había quitado «la falsa imagen del *daimon* Artemisa» que se alzaba delante de las puertas, pero hicieron falta cien años más para que el culto efesio desapareciera para siempre en 450 d. C.

No obstante, la colección de textos conocidos como el Nuevo Testamento había comenzado a tomar forma más o menos en los días en que Pablo visitó Éfeso (siglo I d. C.). Hacia 61 d. C., un judío converso escribió una historia de la vida, el ministerio y la muerte de Jesús de Nazaret, concretamente, el texto que se conoce como Evangelio de Marcos. Aunque el autor de este documento extraordinario pudo tener acceso a una compilación de las máximas de Jesús en una lengua semítica, escribía en el griego coloquial que se hablaba en el este del imperio romano. Hacia finales del siglo I, todos los textos que forman el Nuevo Testamento, incluidas las epístolas de Pablo, ya estaban escritos y empezaban a recopilarse. Los cuatro evangelios ya se mencionan juntos en 170 d. C.; con la introducción del códex pudieron reunirse muchos más textos que los de los rollos anteriores. La Biblia, un libro único y voluminoso que incluye el Antiguo y el Nuevo Testamento, se convirtió en una realidad física a mediados del siglo IV. Por asombroso que parezca, se han conservado dos ejemplares, uno en el Vaticano, y la mayor parte del otro, el *Codex Sinaiticus*, en la British Library.

Los Evangelios y los Hechos sustentaron la propagación del cristianismo en el siglo II, cuando dejó de tener su centro en Jerusalén y se adoptó en todo el mundo romano, incluidas Grecia y las provincias orientales del imperio, gracias a los empeños de los obispos. Durante los cuatro siglos transcurridos entre el nacimiento de Jesús y los edictos de Teodosio, la relación entre el cristianismo y el helenismo fue variada y experimentó una evolución constante, y así lo ponen de manifiesto dos destacadas mujeres paganas. En el extremo pacífico del espectro, la educación y la cultura griegas compartidas permitieron a cristianos, judíos y árabes no solo convivir, sino tener debates civilizados cara a cara. Zenobia, la reina árabe helenizada (Palmira, siglo III), invitó a intelectuales prestigiosos para que dieran realce a la vida cultural de su lujosa ciudad, construida en un exuberante oasis en el corazón del desierto sirio. Entre los invitados, cabe destacar a un orador griego llamado Calínico y Pablo de Samosata, el obispo cristiano de Antioquía –destacado teólogo– junto con un tal Longino, que puede incluso ser el autor del brillante ensayo sobre crítica literaria *De lo sublime*, un serio intento de explicar los modos en que las bellas letras pueden conseguir que el corazón del oyente emocionado lata más rápido. La obra está escrita en griego, pero su análisis del Génesis sugiere que el autor era judío: el helenismo hacía posible ese internacionalismo intelectual. Sin embargo, en el otro extremo del espectro está la muerte violenta de Hipatia, dramatizada en *Ágora* (2009), película dirigida por Alejandro Amenábar y protagonizada por Rachel Weisz. Hipatia fue una griega egipcia extraordinariamente culta, filósofa y maestra, que vivió en los siglos IV-V d. C., hija de Teón, matemático euclidiano, junto a quien trabajó en la biblioteca de Alejandría. Murió asesinada cuando la administración romana permitió que unos cristianos exaltados destruyeran la biblioteca, una de las instituciones consideradas ejemplo de una tradición pagana abominable.

*

Las referencias paganas al cristianismo durante los primeros dos siglos de existencia de la nueva fe son asombrosamente escasas. Epicteto, el filósofo estoico mencionado en el capítulo anterior, sí señaló que los cristianos, a los que llamó galileos, no temían a la muerte. Como buen estoico que era, debió de parecerle una actitud encomiable. Galeno también mencionó a los cristianos a finales del siglo II d. C. En su mayor parte, sus opiniones son positivas, lo que significa que pudo tener contacto con individuos cristianos bondadosos o con toda una comunidad. En su resumen de *La República* de Platón, elogió a los cristianos con palabras muy parecidas a las de Epicteto; para el célebre médico, la conducta cristiana, sobre todo en lo tocante a su actitud ante la muerte, el autocontrol sexual y el cultivo de la virtud no los hacía precisamente «inferiores» a los filósofos. En cambio, le molestaba la disposición de los cristianos a aceptar a ciegas información sobre la fe en lugar de exigir pruebas contundentes. Para cualquier pensador crítico griego, se trataba

337

de un serio defecto intelectual; al dejar que la fe se apoyara en «parábolas y milagros», los cristianos hacían ver que no eran más capaces que la masa a la hora de seguir un razonamiento basado en demostraciones. Galeno incluso hace una referencia al Evangelio de Mateo (3:9), donde el apóstol dice que Juan Bautista afirmaba que Dios podía violentar las leyes de la naturaleza: «Porque os digo que puede Dios de estas piedras dar hijos a Abraham.» Según Galeno, la creencia de los cristianos en tales maravillas, científicamente imposibles, probaba que intelectualmente dejaban mucho que desear.

Si bien los cristianos aparecen mencionados en los escritos de varios emperadores romanos, como Trajano, Adriano y Marco Aurelio, hay pocas fuentes que nos permitan ver la manera en que los grecohablantes que disfrutaban de su consagrado estilo de vida, y abuchearon a Pablo en Atenas, reaccionaron al cristianismo en el siglo II. En el texto más ingenioso de la época, el satírico sirio Luciano apunta contra la nueva religión y sus obsesivos seguidores, aunque por una vía más bien indirecta: en la *Muerte de Peregrino* cuenta parte de la vida de un filósofo cínico llamado Peregrino Proteo, oriundo de Pario, en Asia Menor, que se habría convertido temporalmente al cristianismo en su juventud. Más tarde, después de abrazar el cinismo, Peregrino se interesó por ideas indias. Estaba impresionado con la historia del casi legendario filósofo indio Kalanos, que había formado parte de la corte de Alejandro Magno y se había inmolado en Susa en 323 a. C. Luciano nos cuenta que Peregrino imitó a Kalanos inmolándose en la clausura de los Juegos Olímpicos de 165 d. C.

El autor se vale de ese hecho para contar las experiencias de Peregrino con los cristianos, una de las fuentes de inspiración de *La vida de Brian,* de Monty Python (1979). Luciano nos presenta a Peregrino como un charlatán dado al autobombo, y sus cristianos son puritanos, estúpidos y ridículos. (Por ese motivo, las iglesias oficiales prohibieron más de una vez el texto de Luciano.) Al principio, Peregrino se adhirió a la pía comunidad cristiana después de estrangular a su padre y cometer dos faltas sexuales, adulterio y corrupción de un menor. Tras huir a Palestina, conoció a algunos sacerdotes y escribas cristianos tan crédulos que los convenció de que era profeta: «Interpretaba y explicaba una parte de los libros sagrados, muchos los escribió él mismo. En resumen, lo tenían como a un ser divino, lo utilizaban como legislador y le daban el título de jefe. Después, por cierto, de aquel a quien el hombre sigue adorando, que fue crucificado en Palestina por haber introducido esta nueva religión en la vida de los hombres.»

Al ver que era un impostor, las autoridades locales lo arrestaron, pero sus leales cristianos siguieron creyendo en él; acampados frente a la prisión, le llevaban comida, leían en voz alta sus escritos sagrados, lo comparaban con Sócrates encarcelado e invitaban a seguidores de toda Asia, un viaje que sufragaban entre todos. El narrador del texto de Luciano, un hombre del que el autor había oído hablar en Olimpia, nos ofrece un resumen sobre el modo en que los paganos bromeaban sobre los serios cristianos que vivían en su entorno en el siglo II d. C.: «Ocurre que los infelices están convencidos de que serán totalmente inmortales, y que vivirán eternamente, por lo que desprecian la muerte e incluso muchos de ellos se entregan a ella voluntariamente. Además, su primer legislador les convenció de que todos eran hermanos y así tan pronto como incurren en este delito reniegan de los dioses griegos y en cambio adoran a aquel sofista crucificado y viven de acuerdo con sus preceptos. Por ello desprecian igual todos los bienes que consideran de la comunidad, aunque admiten estos principios sin una total certidumbre, pues si se los presenta un mago cualquiera, un hechicero o un individuo que sepa aprovecharse de las circunstancias, se hace rico en muy poco tiempo y deja con la boca abierta a esos hombres tan simples.»[1] En estas frases cristaliza, salpicada con el ingenio propio de Luciano, la desdeñosa visión que los griegos paganos tenían de los cristianos del siglo II: unos ascetas

1. Citas tomada de Luciano, *Obras,* vol. III, Madrid, Gredos, 1990; traducción de Juan Zaragoza Botella. *(N. del T.)*

poco inteligentes que aceptaban de manera voluntaria las privaciones, e incluso la cárcel, que creían ridículamente que eran inmortales, que eran todos hermanos, que las posesiones materiales no eran importantes y que debían compartirse, diríamos hoy, en plan comunista. Resulta particularmente interesante que la opinión común sobre los cristianos fuese que realmente adoraban a Jesús, que, para la mayor parte de los paganos, era un sofista más; en otro diálogo, Luciano mete en el mismo saco a los cristianos con dos grupos que no le caían nada bien, los epicúreos y los ateos.

No obstante, los cristianos representaban una amenaza real para los valores tradicionales de la civilización helénica, precisamente porque no creían en los dioses clásicos y se negaban a tomar parte en el ritual más importante, a saber, los sacrificios públicos con todo el entretenimiento y las fiestas que lo acompañaban. Además de la caricatura satírica, se encontraron otros modos de suavizar el desafío que representaban, por ejemplo la refutación de sus doctrinas en el venerable tratado o el diálogo sistemático y metódico. Celso, un filósofo griego (de Alejandría, quizá) contemporáneo de Luciano, escribió, por ejemplo, *El discurso verdadero contra los cristianos,* del que lamentablemente se han conservado solo unas largas citas insertadas en otro tratado concebido para refutarlo punto por punto, a saber, la obra del cristiano Orígenes, escrito unas décadas más tarde. Con todo, las grandes líneas del razonamiento de Celso son bastante claras: el cristianismo es sinónimo de secretos y reuniones ilegales; es un culto bárbaro que echa mano de la brujería y exige una fe irracional; deriva de la religión de los judíos, que ha de condenarse porque insiste en que son distintos de otros pueblos. Además, el cristianismo es una religión que practican principalmente las clases bajas e ignorantes (aunque Celso sí reconoció que entre los cristianos también había individuos inteligentes y cultos). Curiosamente, el autor después se inventa a un portavoz judío que expone el caso de la fe mosaica contra el cristianismo, lo cual plantea la cuestión de si los lectores a los que se dirigía eran también judíos helenizados. La voz judía ficticia de Celso plantea varias objeciones, a saber: Jesús no podía ser el Mesías esperado porque no era de naturaleza divina (según Celso, su padre había sido un soldado romano) y porque Dios no lo reconocía; la pobreza lo obligó a trabajar en Egipto, donde él y Juan Bautista idearon la nueva religión como un chanchullo y practicaron juegos malabares para sacarse milagros de la manga. No era el Mesías porque lo traicionaron sus propios seguidores; no pudo salvarse de la crucifixión y no resucitó de entre los muertos. Si lo hubiera hecho, se habría presentado ante los jueces y no ante una acólita medio loca.

Cuando retoma su propia voz pagana y filosófica, Celso sostiene que el cristianismo es contrario a la razón, cosa que puede comprobarse en el uso de imágenes tremendistas de los castigos futuros, una forma de intimidar a la gente y obligarla a convertirse. En concreto, Celso protesta contra la atracción que el cristianismo ejerce en los pecadores confesos y la afirmación de que la nueva fe podía absolverlos. Como el buen filósofo griego que era, tenía claro que el único remedio para un pecador recalcitrante era cambiar por completo su actitud vital. En lo tocante a Dios, ¿por qué el Ser supremo querría convertirse en un hombre de carne y hueso y mezclarse con los mortales, que eran inferiores? Para socavar toda la base de la nueva religión mesiánica, Celso lanza a continuación un virulento ataque a las creencias judías. Hoy su texto se lee como una diatriba desagradable e intolerante, pero revela que conocía a la perfección el Antiguo Testamento.

Por otra parte, deja su retórica más mordaz para la doctrina de la resurrección del cuerpo:

Otra de sus extravagancias consiste en creer que después de Dios haber encendido el fuego, como un cocinero, todos los vivos serán quemados y que solo ellos permanecerán: solo ellos quiere decir no solamente los que vivan entonces, el día del juicio final, sino también todos los de su raza muertos hace mucho tiempo, que se verán surgir de la tierra con la

341

misma carne que otrora tuvieron. Tienen una esperanza digna de gusanos. ¿Qué alma humana, pues, iba a desear entrar en un cuerpo putrefacto?[1]

No obstante, a pesar de toda esa mordacidad contra las creencias de sus antepasados cristianos y judíos, la intención de Celso no era, al parecer, establecer una división tan tajante, pues manifestó la esperanza de que los paganos y al menos los cristianos cultos pudieran llegar a un acuerdo en virtud del cual los cristianos conservaran su fe cooperando en los asuntos de Estado y ocupando cargos en el gobierno, lo que incluiría, en caso necesario, apoyar la religión oficial. Celso intentó escribir una segunda parte en la que pensaba exponer propuestas prácticas para alcanzar ese modelo tolerante y modélico en materia de cooperación, pero, por desgracia, parece que nunca escribió ese manual de convivencia multicultural.

Como la mayor parte de los cristianos intelectuales del siglo III, Orígenes, su adversario, condimentó su nueva y radical religión con grandes dosis de filosofía platónica. A los platónicos paganos contemporáneos que dieron forma a su teología cristiana los llamaron neoplatónicos en el siglo XIX, y su importancia en el Renacimiento italiano hace de ellos uno de los grupos de griegos antiguos más influyentes. Aunque no reaccionaron directamente al advenimiento del cristianismo, los neoplatónicos desempeñaron un papel fundamental en la reformulación de uno de los elementos más importantes de la tradición pagana –las obras de Platón– para adaptarlos a la sensibilidad en evolución del imperio romano tardío, una época en que el cristianismo parecía verdaderamente seductor. Los pensadores de las tradiciones intelectuales islámicas y judías se han valido no pocas veces de sus interpretaciones del pensamiento platónico.

En este contexto, la figura clave fue Plotino, un griego egipcio del siglo III que había estudiado en Alejandría con el

---

1. Cita tomada de Celso, *Discurso verdadero contra los cristianos*, Madrid, Alianza, 1989; traducción de S. Bodelón García. *(N. del T.)*

mismo profesor de filosofía de Celso y que también se interesaba por la filosofía india y persa. Plotino se trasladó a Roma, donde trabajó y escribió sus cincuenta y cuatro tratados, las *Enéadas,* llamados así porque Porfirio, su discípulo y biógrafo, los dividió en seis grupos de nueve *(ennea* en griego). Plotino estudió a conciencia la metafísica platónica; en su interpretación, el universo abarca tres elementos esenciales (una trinidad, concepto que influyó decisivamente en la doctrina cristiana): lo Uno (la naturaleza unitaria, única y trascendente de Dios); el *Nous,* razón contemplativa o inteligencia que abarca el reino de las formas de Platón, y el Alma, que tiene dos partes, una de ellas superior a la otra. La superior está estrechamente vinculada al intelecto, contempla a la parte inferior cuando se materializa y pasa por la vida, vulnerable a los deseos físicos, el placer y el dolor, la pena y el vicio... Es la parte que olvida el territorio puro del que ha emanado. El mito de Er, en el último libro de *La República* de Platón, fue un elemento central de la narrativa neoplatónica: la única manera en que un alma humana puede volver a su reino puro e inmaterial es cultivando la virtud y practicando la filosofía. No es difícil de entender cómo ese dualismo mente-cuerpo, y la idea del regreso a la vida inmortal en un reino inmaterial y en unidad con Dios, atrajeron a los intelectuales griegos y a otros grupos esotéricos que influyeron en ellos –solapándose ambos a veces– y a los que comúnmente se denomina gnósticos.

Porfirio, fenicio helenizado, fue un neoplatónico eminente por derecho propio. Sus escritos platónicos inspiraron a Agustín de Hipona (San Agustín), que creía en la realidad incorpórea del reino del espíritu, postura que lo reconcilia con el cristianismo ortodoxo. Por medio de Agustín, Porfirio contribuyó grandemente a la fundación de la teología occidental tal como se viene practicando hasta nuestros días. Sin embargo, le asombraría oír esta afirmación, ya que, habiendo sido cristiano, abandonó la nueva fe y llegó a ser uno de sus críticos más brillantes. Aproximadamente en los días de las persecuciones de Diocleciano, escribió el tratado *Contra los cristianos,* donde ex-

343

puso lo que él percibía como una confusión: un texto tan demoledor que más tarde, a partir de Constantino, lo prohibieron los emperadores cristianos y se perdió casi por completo. Los neoplatónicos no se limitaron a trabajar con los textos de Platón. Una de sus fuentes preferidas era la *Odisea.* Ya antes de Platón, los pitagóricos, entre cuyas doctrinas figuraba la reencarnación, desarrollaron una interpretación alegórica de la epopeya homérica (epistemología y metafísica incluidas) así como de la ética sobria que postulaba la tradición cínica-estoica. Sin embargo, Plotino sugirió que el deseo de Ulises de dirigirse a su amada patria y alejarse de Circe y de Calipso, a pesar de los encantos de estos personajes, era el propio Homero diciendo, «con un significado oculto», que el hombre tiene que volver a su patria espiritual apartándose del bello mundo sensorial. Así pues, Ítaca es metáfora de unión con lo divino. Luego Porfirio escribió la alegoría más deslumbrante de la *Odisea,* titulada *El antro de las ninfas,* que empieza citando la descripción del antro de Ítaca (canto XIII de la *Odisea),* donde Atenea le dice a Ulises que esconda sus cosas «en el fondo del antro divino». Según Porfirio, ese lugar es una alegoría del universo físico, bello, encantador pero también tenebroso. El olivo representa la sabiduría divina que da forma al universo aun estando separada de él. Cuando Atenea aconseja a Ulises que deje allí sus cosas, Homero está diciendo que tenemos que dejar a un lado nuestras posesiones externas para pensar sobre el modo en que podemos extirpar del alma todos los deseos sensuales y las pasiones destructivas.

Los neoplatónicos convirtieron en útiles alegorías los principales mitos paganos, haciéndolos así agradables para los abstemios cristianos, que renunciaban de buen grado a los placeres sensuales pero no querían dejar de leer los encantadores libros antiguos. La fusión de la producción intelectual cristiana con la pagana también se hace patente en el impacto de muchos argumentos mitológicos en los primeros relatos cristianos sobre los viajes y las tribulaciones de los apóstoles. La *Odisea* subyace a los *Hechos apócrifos de Andrés,* un emocionante relato acerca de uno de los discípulos más enigmáticos, traducido a numerosas lenguas y muy leído en los primeros tiempos del cristianismo en África, Egipto, Palestina, Siria, Armenia, Asia Menor, Grecia, Italia, la Galia y España. En este texto se cuentan historias de navegación –con naufragios, piratas y caníbales–, así como un encuentro con almas muertas, parecidos a los de Ulises en el inframundo. Maximila, la fiel esposa de Andrés, espera en casa como Penélope, resistiéndose a las insinuaciones de un ávido pretendiente. El héroe epónimo es un pescador con una resistencia física extraordinaria (lo crucifican y tarda cuatro días en morir). La historia de Ulises, el héroe viajero, formaba parte de la educación más elemental de todos los habitantes del mundo antiguo, tanto griegos como romanos. Dado que todo el mundo la conocía tan bien, se tendió a modelar todas las demás historias sobre héroes viajeros en términos similares a la epopeya homérica; en ese sentido, Andrés es un Ulises cristianizado.

El mito subyacente al relato de Tecla de Iconio en los *Hechos de Pablo y Tecla,* apócrifo neotestamentario cristiano, es el de Ifigenia y Orestes, los hermanos que en su huida se llevaron de Táurida la imagen de Artemisa. En Iconio, la ciudad del centro de Anatolia donde la futura mártir había nacido en el seno de una familia de clase alta, San Pablo convirtió a Tecla al cristianismo y a la castidad perpetua. La historia de Tecla cuenta, entre otras cosas, cómo supo resistirse a un hombre que la cortejaba y el episodio en que, condenada a morir en la hoguera, la salvó una tormenta enviada por Dios. Tecla viajó con Pablo a Antioquía y resistió con éxito los intentos de un aristócrata llamado Alejandro, que quería raptarla. La condenaron a ser devorada por animales salvajes, y una vez más la salvó la intervención divina (como a Artemisa, se la solía presentar rodeada de animales). No es de extrañar, pues, que los primeros cristianos, como Tertuliano, que se oponían a que las mujeres predicaran y administrasen el bautismo, afirmaran que la historia de Tecla era fraudulenta. Tampoco ha de extrañarnos la importancia de Tecla como antecesora de todas las mujeres que hoy forman parte de las iglesias cristianas.

Hay un apéndice a su historia que cuenta lo que le ocurrió a Tecla hacia el final de su vida, y también cómo murió: la virgen de Iconio viajó a Seleucia Pieria «en una nube brillante», y convirtió a muchos al cristianismo; después se recluyó y ejerció de sacerdotisa en una cueva cercana, un lugar del que se decía que tenía tanto poder que incluso acercarse a él producía curas milagrosas. Los médicos paganos de la ciudad, que suponían que Tecla era una sacerdotisa de Artemisa, conspiraron contra ella por haberles arruinado el negocio con sus curaciones. Dado que los dioses le quitarían sus poderes si perdía la virginidad, aunque fuera a los noventa años, los médicos organizaron una violación colectiva, pero Dios abrió para ella una caverna en la roca, salvando así su virginidad mientras moría de una muerte digna de canonización. En este relato, la valerosa y viajada virgen, asociada con la sanación, cuya memoria se preserva en la milagrosa caverna, es, para los paganos del oeste de Asia Menor, el epicentro del culto de Artemisa, sacerdotisa de la diosa local. Es en una cueva situada en lo alto de las ruinas de Éfeso donde arqueólogos austriacos descubrieron una asombrosa pintura cristiana de Tecla y Pablo; de hecho, se los ha presentado con frecuencia como una pareja, no unida sexualmente, sino compartiendo el viaje en que anuncian la llegada de un nuevo dios.

Debemos ser cautelosos a la hora de suponer que los mitos paganos sobre el sexo eran inaceptables para los primeros cristianos. Podían leerlos igual que leían la *Odisea,* ya que no podían hacerse a la idea de tener que renunciar a la educación clásica. Una solución para suavizar esas historias consistía en interpretarlas como alegorías con moralejas que demostraban los beneficios de la ética cristiana. A finales del siglo V o a principios del VI, Procopio de Gaza, cristiano y experto conocedor del Antiguo Testamento, describió una serie de nuevas pinturas que acababan de instalarse en un edificio público. Procopio ofreció una interpretación cristiana de las escenas, procedentes todas de la mitología clásica, poniendo al descubierto la moraleja subyacente al relato antiguo: las historias de Fedra, que quiso seducir a su hijastro, o la de Ariadna, que traicionó a su padre para yacer con Teseo, revelaban el peligro de la pasión erótica. Era particularmente común adaptar los mitos y relatos paganos griegos al cristianismo recurriendo a la figura de Dioniso, proceso ejemplificado en los magníficos mosaicos encontrados en Pafos (Chipre) y en un extensísimo poema épico griego, las *Dionisíacas,* obra en cuarenta y ocho cantos del muy popular Nono de Panópolis, nacido en la Tebaida egipcia (finales del siglo V-principios del siglo VI d. C.). El poema cuenta cómo Dioniso obtuvo varias victorias en la India antes de regresar al Próximo Oriente en un desfile triunfal, e incluye las historias fundacionales de la mitología pagana de muchas ciudades griegas de la región. En tiempos de Nono, los cultos paganos ya eran totalmente ilegales; de ahí que algunos estudiosos vieran las *Dionisíacas* como una seria defensa de la antigua religión en el momento en que estaba prácticamente a punto de desaparecer. Sin embargo, Nono también conocía el Evangelio según San Juan y, de hecho, escribió una paráfrasis en verso, lo cual puede significar que se convirtió al cristianismo tras finalizar la epopeya. Con todo, hay una tercera interpretación según la cual el poema es una obra ligera y de corte más bien secular escrita como mero entretenimiento, por lo cual podría haberla escrito un cristiano culto del mismo modo en que un cristiano de hoy podría, al menos teóricamente, escribir una novela popular acerca de Jasón y los argonautas sin traicionar su propia fe. A fin de cuentas, los textos paganos se seguían leyendo y reescribiendo en el imperio bizantino.

Juliano combatió en la retaguardia contra la cristianización del imperio, pero había sido criado como cristiano antes de abrazar la religión antigua (motivo por el que se lo llama el Apóstata). Este emperador revocó las políticas de la dinastía de Constantino, de la que formaba parte, y de hecho fue el último Constantino que ocupó el trono de emperador. Apoyaba su política en la convicción de que Constantino y Constancio II (dos emperadores cristianos sucesivos, su tío y su primo, respectivamente) se habían equivocado cuando decidieron que el cristianismo era la religión verdadera. El paganismo de Juliano era esotérico, monoteísta y filosófico, con tendencias neoplatónicas. No rechazaba el cristianismo porque fuera adicto a los placeres corporales o sensoriales del paganismo; antes al contrario, despreciaba abiertamente la riqueza material y llevaba una vida ascética; lo que nos dice que tenía más en común con los serios cristianos que con la mayoría de los paganos, sobre todo aquellos que vivían en el extremo decadente del espectro. No obstante, creía que el cristianismo planteaba una seria amenaza política, pues, en su opinión, tenía el potencial de alienar a los dioses mismos de cuyo favor dependía la prosperidad del imperio. Para Juliano, no se podía confiar el gobierno a los cristianos porque no tomaban parte en los ritos tradicionales de la religión estatal. Juliano era un hombre sensato. Su instinto lo llevaba a tolerar a los cristianos, mientras revigorizaba su religión pagana. Pero al final se lanzó a la ofensiva, dándose cuenta de que uno de los puntos fuertes del cristianismo era que no requería que sus seguidores cultos abandonara la hermosa cultura intelectual a la que estaban apasionadamente apegados. En consecuencia, intentó impedir que los cristianos enseñaran el programa de estudios paganos, sosteniendo que si repudiaban el helenismo desde el punto de vista de los dioses paganos, no podían, por ser una incoherencia, adherirse a él culturalmente. Esas ideas enfurecieron a muchos cristianos helenizados, sobre todo al deslenguado Gregorio de Nacianzo, Capadocia, que más tarde fue brevemente arzobispo de Constantinopla, autor de invectivas injuriosas contra el emperador apóstata que muestran la desesperación con la que algunos cristianos se aferraban a los libros paganos: «Juliano ha alterado perversamente el significado mismo de "griego" para que no signifique una religión ni una lengua; por tanto, nos ha privado de nuestra habla [*logoi*], como un ladrón que roba una propiedad ajena.»

Los cristianos tenían que distinguir las partes del patrimonio cultural griego que de verdad querían (la tradición retórica y literaria y el acento puesto en las escuelas filosóficas en la virtud y la reflexión) de las partes que rechazaban (el culto, los mitos más escandalosos, las imágenes de los dioses paganos –especialmente las estatuas–, los entretenimientos y la celebración de la bebida y el sexo). El obispo Basilio de Cesarea, oriundo también de Capadocia, comprendió el problema, y quiso inculcar a su sobrino la importancia de los clásicos griegos. En *A los jóvenes*, Basilio recomienda una lectura selectiva en la que se tapen los oídos cada vez que el texto hable de politeísmo, como hacen los marineros de Ulises en presencia de las Sirenas. Y, si aparecen aventuras eróticas de los dioses..., pues esas obscenidades no eran para los cristianos, sino para los actores.

Ese menosprecio de los actores nos pone delante del elemento de la cultura pagana del placer que a los cristianos les parecía más reprobable: el teatro. En el siglo IV d. C., el centro de la interpretación teatral era la magnífica Antioquía de Siria, en el margen oriental del Orontes. Fundada por Seleuco I hacia 301 a. C., la ciudad funcionó como paso simbólico entre las culturas de Occidente y Oriente; en la época del Nuevo Testamento se convirtió en el principal centro cristiano de Oriente y siguió siendo importante en la época bizantina. Desde el momento en que Julio César confirmó la libertad de la ciudad en 47 a. C., Antioquía se consideraba a sí misma el equivalente griego oriental de Roma e insistía orgullosamente en que la habían fundado griegos de Argos, Creta, Chipre y Macedonia. Según Libanio, nacido allí, sus conciudadanos imaginaban que sus ancestros «rendían los habituales honores a los dioses, vivían felices entre los bárbaros y habían creado una ciudad que era una auténtica Hellas, manteniendo puro su estilo de vida en medio de la mucha corrupción que los rodeaba». A los griegos de Antioquía también les gustaban las representaciones en vivo, y hasta tal punto que tenían dos teatros. Los excepcionales mosaicos de Antioquía, que asombraron al mundo cuando se descubrieron en la década de 1930, ofrecen una colorida impresión de la animada cultura visual y teatral de la que disfrutaban sus habitantes. Fue contra los decadentes espectáculos de Antioquía que el cristiano Juan Crisóstomo dirigió su puritano discurso *Contra los juegos y los espectáculos del teatro y del circo* (siglo IV d. C.); en cambio, el pagano Libanio escribió una *Apología de los danzarines,* digna defensa de los artistas profesionales de la ciudad. Libanio, nacido en Antioquía hacia 314 d. C., estudió a los griegos clásicos en Atenas antes de regresar a su ciudad, donde lo nombraron director de la mejor escuela local. En su calidad de sofista oficial, entre sus obligaciones figuraba la de escribir al emperador romano en nombre de Antioquía. En 340 visitó la nueva capital de Constantino, en el Bósforo, donde trabajó de preceptor hasta que lo expulsaron tras una revuelta entre facciones cristianas por la elección de un obispo. En adelante, ejerció diversos cargos en otras ciudades, hasta que en 349 regresó de mala gana cuando lo llamaron para nombrarlo sofista de Constantinopla; por lo visto, los gobernantes cristianos seguían necesitando los conocimientos retóricos de los paganos. Así y todo, en 354 ya había vuelto a Antioquía, donde residió hasta su muerte, hacia 393.

Libanio, el último gran orador y pensador pagano, fue un hombre bueno y agradable; es difícil sentir antipatía por alguien tan dedicado a la esclava con la que vivió o que se angustiaba tanto por la condición legal del hijo que tuvo con ella. Su obra transmite amor por la vieja y decadente ciudad en la que residía, con su cultura empresarial y la adicción a los espectáculos y las actividades recreativas. Libanio no veía contradicción alguna entre la idoneidad de Antioquía como lugar en el que un hombre culto podía dedicarse a intereses serios y su innegable fama de ciudad amante de las fiestas en la que todo el mundo podía divertirse.

Gracias a tres discursos de Libanio, escritos bajo tres emperadores distintos, podemos seguir los enfrentamientos entre cristianos y paganos cuando ya se oían los estertores de muerte de la vieja religión (mediados y finales del siglo IV). En 344 d. C. le encargaron el panegírico póstumo de Constantino, que debía incluir también un elogio de sus hijos, sobre todo de Constancio. El sofista reprodujo la semblanza oficial de Constantino como emperador dinámico y recto. Libanio llegó incluso a emplear conceptos monoteístas, refiriéndose a Dios como «creador» del mundo, y a afirmar que el propio Constantino fue enviado a la tierra por Dios, al que más tarde le fue devuelto. Con todo, las lagunas que se detectan en el texto son reveladoras: el autor nunca dice que Constantino promovió la nueva fe, y mucho menos que la abrazó.

Diecinueve años más tarde, en 363, Libanio, ahora sofista oficial de Antioquía, escribió una oración fúnebre por su amigo Juliano el Apóstata. El emperador había muerto en una campaña militar en Persia contra el imperio sasánida; se cuenta que en sus últimas palabras reconoció que lo había derrotado en combate el fundador del cristianismo: «Has vencido, Galileo.» Nunca sabremos si Juliano podría haber retrasado el triunfo del cristianismo unas décadas más si no hubiera caído en una escaramuza. Aunque la muerte de Juliano afectó hondamente a Libanio, que había aprobado el apoyo del emperador al paganismo, también era consciente de que elogiar al Apóstata ante los habitantes de Antioquía representaba un serio desafío. Juliano no se había hecho precisamente popular durante los nueve meses que pasó en la ciudad a partir de mediados del verano de 362. Se había instalado en Antioquía con la intención de reunir un ejército con el que hacer frente a ciertos problemas de índole militar en la frontera oriental del imperio, atraído también, sin duda alguna, por la proximidad del oráculo pagano de Apolo en Dafne; pero la colisión entre los antioquenos –liberales y amantes del lujo– y el adusto emperador reformista, de familia helenizada pero oriunda del lejano Danubio, era inevitable. Para los habitantes de la ciudad Siria era un hombre torpe y desaseado y un aguafiestas.

Juliano había ofendido a paganos y cristianos por igual; entre otras cosas, por haber interferido en asuntos internos intentando impedir que mercaderes y terratenientes ricos mantuvieran el precio de los alimentos artificialmente altos. También indignó a la comunidad cristiana cuando ordenó que los restos de un obispo se exhumaran del lugar donde estaban enterrados, cerca del templo de Apolo. Su desdén por el protocolo imperial escandalizaba a todos, igual que sus instintos igualitarios, que lo llevaban a conversar con gente de todos los estratos sociales. Ningún habitante de Antioquía podía entender a un emperador tan cerebral que no disfrutaba de los juegos ni de los espectáculos teatrales. Los hombres de Antioquía, refinados y siempre bien afeitados, manifestaban su resentimiento por las injerencias de Juliano recitando en el ágora poemas cómicos que se ensañaban con el rasgo que, en su opinión, mejor simbolizaba la zafiedad y el ascetismo del emperador: la barba. Enumeraban todo lo que podría hacer con esos pelos (por ejemplo, sogas). Juliano reaccionó escribiendo un discurso en defensa propia, el *Misopogon*, «el que odia al hombre de la barba», en el que hizo gala de su dominio de la tradición literaria griega. Una vez acabado, mandó que lo colgaran en un lugar público para que lo leyera toda la ciudad.

Juliano respondió a la sátira con más sátira. A veces, su autocrítica paródica, en la que se reprueba a sí mismo su aspecto y sus hábitos, es amena y jocosa, pero como lo ofendía la recepción que había tenido en Antioquía, la emoción subyacente es la rabia. Libanio, su viejo amigo, tuvo que tomar todo eso en cuenta cuando escribió el discurso fúnebre de Juliano. Con todo, en esa defensa del difunto brilla la sentida respuesta del sofista ante la pérdida del último adalid de la religión antigua: «¿Qué falta tuvisteis que encontrar en sus intenciones? ¿Cuál de sus acciones no aprobasteis? ¿Acaso no levantó vuestros altares caídos, no erigió nuevos en vuestro honor? ¿No adoró magníficamente bien a dioses, héroes, el éter, los cielos, la tierra, el mar, los manantiales, los ríos? ¿No combatió a los que luchaban contra vosotros?» El discurso de Libanio alcanza su punto culminante en esta emotiva pregunta: ¿no devolvió la salud al mundo casi en el último suspiro?

La muerte prematura de Juliano el Apóstata, el «restaurador» del agonizante mundo pagano y sus imponentes rituales, llevó al trono imperial a Valentiniano, uno de sus generales, que se ocupó de dividir el imperio en dos partes, dejando las provincias orientales para su hermano Valente. Más tarde, sus hijos lo sucedieron en su mitad del imperio. Los Valentinianos eran una familia de cristianos comprometidos con la nueva fe, y el conflicto teológico entre ellos giraba en torno a disputas doctrinales de índole interna. Valentiniano I detestaba algunos aspectos de la fe pagana y castigaba a quienes practicaban la magia, la adivinación y algunas clases de sacrificios, pero el cristianismo no se impuso definitivamente como religión oficial hasta Teodosio I, emperador en 379, que unió las dos mitades del imperio. En una serie de edictos promulgados entre 380 y 391, Teodosio proscribió los sacrificios y las plegarias paganas, la conversión del cristianismo al paganismo (lo que da a entender que se seguía apostatando), la adivinación mediante las entrañas y el culto de ídolos paganos y en templos paganos. El 16 de junio de 391 declaró ilegal la mera entrada en templos paganos. En los discursos que Libanio escribió en esos días se oye la angustia de los paganos, sobre todo en *En defensa de los templos,* en el que ruega al emperador que permita llevar ofrendas de incienso e impida que los cristianos fanáticos destrocen los altares paganos.

*

La voz que mejor define la visión del mundo griega y pagana del siglo IV es la de Palladas, poeta acerbo oriundo de Alejandría y autor de tensos epigramas en los que combinó los peores y los mejores elementos de la sensibilidad pagana de los hombres que habían enseñado en griego durante dos mil años. Son textos misóginos, inteligentes, mordaces y graciosos. Por ejemplo, cuando Palladas se lamenta de la situación en la que él mismo se encuentra, escribe: «Nosotros los helenos [es decir, "paganos"] somos hombres reducidos a cenizas que nos aferramos a nuestras esperanzas enterradas en los muertos; ahora todo está patas arriba.» En el mismo poema, se queja de verse en la pobreza y cerca de la muerte a sus setenta y dos años. Había sido maestro de escuela, lo que equivale a decir que había vivido de las glorias de la literatura griega, pero ahora, sin trabajo, se ve obligado a vender sus ejemplares de Píndaro y Calímaco e incluso su gramática griega.

Palladas se lamentaba también por las estatuas paganas derribadas o fundidas, e incluso les atribuía conciencia humana, sugiriendo con humor que habían sido capaces de convertirse al cristianismo. Uno de sus epigramas más asombrosos compendia el dilema del pagano en ese momento decisivo de la historia. ¿Está viviendo en un sueño o es verdad que la muerte visita el propio estilo de vida antiguo, con sus hermosas estatuas y su poesía canónica? «Seguramente estamos muertos y solo nos parece estar vivos, nosotros los helenos, caídos ahora en desgracia, fingiendo que un sueño es, en realidad, una manera de vivir. ¿O estamos vivos y lo que ha muerto es nuestro estilo de vida? Palladas también escribió un cáustico epigrama sobre la doctrina de la resurrección del cuerpo, y en otro atacó a los monjes egipcios. No obstante, por mucho que le disgustara el cristianismo, Palladas creía que la filosofía griega también había fracasado.

No era sencillo controlar el vasto imperio romano, dividido ya de modo permanente cuando Teodosio I murió en 395 d. C. Ni siquiera los edictos de este emperador pudieron acabar con el paganismo en varias regiones orientales. En una fecha tan tardía como el siglo VI, los griegos seguían adorando a Artemisa, siempre sedienta de sangre, en la costa meridional de Turquía, y con el pomposo título Artemisa de la Libertad; en las tierras altas de Trales seguían activos más de mil quinientos altares paganos, visitados por muchos miles de fieles durante los festivales anuales. Las escuelas filosóficas no se cerraron definitivamente hasta 529, bajo el reinado de Justiniano. Sin embargo, esto no significa que los «griegos antiguos» estuvieran corriendo la última vuelta; por otra parte, es importante no olvidar que fueron los cristianos los que transmitirían una parte considerable de lo que sabemos de ellos.

La primera crítica del cristianismo desde la perspectiva filosófica griega (el *Discurso verdadero contra los cristianos,* de Celso) nos ha llegado en forma de citas, concretamente las que seleccionó Orígenes, su rival. Fue en las bibliotecas del imperio cristiano bizantino donde se preservaron los textos paganos, o donde quedaron relegados al olvido y se desintegraron. Incluso el último oráculo de Apolo en Delfos fue transmitido por los primeros historiadores cristianos. Cuando Juliano quiso dar nueva vida a los antiguos centros de culto, envió a Delfos a su médico de cabecera para que ofreciera su apoyo como emperador, pero el dios del arco, de la lira y de la filosofía sabía que el paganismo estaba llegando a su fin. Su respuesta al incipiente silenciamiento de la sacerdotisa que oficiaba en el epicentro (en el «ombligo») del mundo grecohablante tuvo, sin duda, una aplicación más amplia: simboliza el amordazamiento definitivo de todos los griegos paganos, gente razonadora, fuente de inspiración, amante de la belleza, hedonista, a la que espero haber hecho justicia en este libro:

Decid al rey que la sala de las esculturas se ha derrumbado.
Apolo no tiene ya una cámara, ni hojas proféticas de laurel.
Ya no habla fuente alguna. El agua que tanto tenía que
decir se ha secado por completo.

NOTA SOBRE LAS FUENTES

Para mis investigaciones sobre la Grecia antigua me he valido del trabajo de muchos estudiosos, y parte de esas obras está incluida en las sugerencias de otras lecturas. Casi todas las traducciones de autores griegos antiguos son mías, si bien en algunos casos he utilizado traducciones ajenas.

En la página 140, la descripción del animado banquete de Akragas se debe a Ateneo de Náucratis, y la traducción de su *Deipnosofistas* 2.37 la firma Charles Burton Gulick en *Athenaeus,* vol. 1, Loeb Classical Library, Cambridge, MA, Harvard University Press, 1927. [En español véase: *El banquete de los eruditos,* 6 vols., Madrid, Gredos, 1998-2014, traducción de Lucía Rodríguez-Noriega Guillén.]

En la página 167, la definición de paradoja filosófica es de Charles A. Kahn, «The Thesis of Parmenides», *Review of Metaphysics,* 22, 1969, p. 720. En la página 175, la descripción del mundo mediterráneo antiguo como un «mosaico de culturas singulares y sumamente individuales» es de Amélie Kuhrt en «"Greeks" and "Greece" in Mesopotamian and Persian Perspectives», *The Twenty-First J. L. Myres Memorial Lecture,* Oxford, Leopard's Head Press, 2002, pp. 9-10. En la página 193, la sugerencia de que el Consejo Ateniense «constituyera una muestra representativa de la ciudadanía» procede de P. J. Rhodes, *The Athenians Boule,* Oxford, Oxford University Press, 1985, p. 4. Paul Cartledge define la Esparta de mediados del siglo IV a. C.

como «reducida al nivel de un mero camorrista del Peloponeso», y lo cito en la página 224, en su *Agesilaos and the Crisis of Sparta*, Londres, Duckworth, 1986, p. 3. La descripción del sentido hoplita de finalidad (página 236) es de Victor Hanson en *The Western Way of War*, Nueva York, Knopf, 1989, p. 220. Larry Tritle considera la posibilidad de que los espartanos a veces padecieran el TEPT en «Xenophon, Clearchus and PTSD», en Christopher Tuplin, ed., *Xenophon and His World*, Stuttgart, Franz Steiner Verlag, 2004. El elogio de la zoología de Aristóteles, citado en la página 262, es de Richard Owen, *The Hunterian Lectures in Comparative Anatomy*, mayo y junio de 1837, editadas por Phillip Reid Sloan, Chicago, University of Chicago Press, 1992, p. 91. En la página 309 incluyo la traducción de un pasaje de Galeno, procedente de su tratado *De optimo medico cognoscendo*. El fragmento se conserva únicamente en versión árabe, reproducida aquí en la traducción inglesa de Albert Z. Iskandar, Berlín, Akademie Verlag, 1988, pp. 103-105. En la página 325, el elogio de Tessa Rajak de la legibilidad y el atractivo de Josefo es una cita de *Josephus*, 2.ª ed., Londres, Bristol Classical Press, 2002, p. 9. Por último, el comentario de G. W. Bowersock sobre el helenismo (página 327) está tomado de su obra *Hellenism in Late Antiquity*, Ann Arbor, University of Michigan Press, 1996, p. 7.

OTRAS LECTURAS

PREFACIO

Bernal, Martin. *Black Athena: The Afroasiatic Roots of Classical Civilization*, vol. 1. Londres, Rutgers University Press, 1987. [Trad. esp.: *Atenea negra: las raíces afroasiáticas de la civilización clásica*. Barcelona, Crítica, 1993.]

Hall, Edith, Richard Alston y Justine McConnell, eds. *Ancient Slavery and Abolition*. Nueva York, Oxford University Press, 2011.

Haubold, Johannes. *Greece and Mesopotamia: Dialogues in Literature*. Cambridge, Cambridge University Press, 2013.

Knox, Bernard. *The Oldest Dead White European Males: and Other Reflections on the Classics*. Nueva York y Londres, W. W. Norton, 1993.

Lefkowitz, Mary, y G. MacLean Rogers, eds. *Black Athena Revisited*. Chapel Hill y Londres, University of North Carolina Press, 1996.

Lewis, D. M. *Sparta and Persia*. Cincinnati Classical Studies. Leiden, Países Bajos, E. J. Brill, 1977.

West, Martin. *The East Face of Helicon: West Asiatic Elements in Greek Poetry and Myth*. Oxford, Clarendon Press, 1997.

INTRODUCCIÓN. DIEZ CARACTERÍSTICAS DE LOS GRIEGOS DE LA ANTIGÜEDAD

Enos, Richard Leo. *Greek Rhetoric Before Aristotle*, edición revisada. Anderson, SC, Parlor Press, 2011.

Fantham, Elaine, Helene Peet Foley, Natalie Boymel Kampen, Sarah B. Pomeroy y H. Alan Shapiro, eds. *Women in the Classical World: Image and Text*. Nueva York, Oxford University Press, 1994.

Hair, P. E. E. «The "Periplus of Hanno" in the History and Historiography of Black Africa», *History in Africa,* 14 (1987), pp. 43-66.

Halliwell, Stephen. *Greek Laughter: A Study in Cultural Psychology from Homer to Early Christianity.* Cambridge y Nueva York, Cambridge University Press, 2008.

Holloway, R. Ross. «The Tomb of the Diver», *American Journal of Archaeology,* 110, n.º 3 (julio de 2006), pp. 365-388.

Konstan, David. *The Emotions of the Ancient Greeks.* Toronto y Buffalo, NY, University of Toronto Press, 2006.

Lloyd, G. E. R. *Polarity and Analogy: Two Types of Argumentation in Early Greek Thought.* Cambridge, Cambridge University Press, 1966. [Trad. esp.: *Polaridad y analogía.* Barcelona, Taurus, 1987; traducción de Luis Vega.]

Mitchell, Alexandre G. *Greek Vase Painting and the Origins of Visual Humour.* Cambridge, Cambridge University Press, 2009.

Moity, Muriel, Murielle Rudel y Alain-Xavier Wurst. *Master Seafarers: The Phoenicians and the Greeks.* Londres, Periplus Publishing, 2003.

Morrison, John S., y R. T. Williams. *Greek Oared Ships.* Cambridge, Cambridge University Press, 1968.

Patterson, Orlando. *Freedom in the Making of Western Culture.* Londres y Nueva York, Basic Books, 1991. [Trad. esp.: *La libertad: la libertad en la construcción de la cultura occidental.* Santiago de Chile, Andrés Bello, 1993.]

Rüpke, Jörg, ed. *The Individual in the Religions of the Ancient Mediterranean.* Nueva York, Oxford University Press, 2013.

Starr, Chester G. *Individual and Community: The Rise of the Polis, 800-500 B.C.* Nueva York, Oxford University Press, 1986.

Wallinga, H. T. *Ships and Sea-Power before the Great Persian War.* Leiden, Países Bajos, y Nueva York, E. J. Brill, 1993.

1. LOS MARINOS DE MICENAS

Burns, Bryan E. *Mycenaean Greece, Mediterranean Commerce, and the Formation of Identity.* Cambridge y Nueva York, Cambridge University Press, 2010.

Deger-Jalkotzy, Sigrid, e Irene S. Lemos, eds. *Ancient Greece: From the Mycenaean Palaces to the Age of Homer.* Edimburgo, Edinburgh University Press, 2006.

Desborough, V. R., R. V. Nicholls y Mervyn Popham. «A Eubeoan Centaur», *The Annual of the British School at Atenas,* 65 (1970), pp. 21-30.

Duhoux, Yves, y Anna Morpurgo Davies, eds. *A Companion to Linear B: Myce-*

naean Greek Texts and Their World, 2 vols. Lovaina la Nueva, Bibliothè-
que des Cahiers de l'Institut de Linguistique de Louvain, 2008-2011.

Evely, D., ed. *Lefkandi IV: The Bronze Age, Supplementary Volume* 39. Londres, British School at Atenas, 2006.

Higgins, Reynold. *Minoan and Mycenaean Art,* edición revisada. Londres,
Thames and Hudson, 2005.

Marinatos, Spyridon. *Excavations at Thera,* 2.ª ed. Atenas, Greek Archaeological Service, 1999.

Mee, Christopher, y Antony Spawforth. *Greece: An Archaeological Guide.* Nueva York, Oxford University Press, 2001. [Trad. esp.: *Grecia Continental.*
Madrid, Acento, 2001; traducción de José Manuel Rodríguez García.]

Morris, Sarah P. «A Tale of Two Cities: The Miniature Frescoes from Thera
and the Origins of Greek Poetry», *American Journal of Archaeology,* 93
(1989), pp. 511-535.

Nakassis, D. *Individuals and Society in Mycenaean Pylos.* Leiden, E. J. Brill,
2013.

Tartaron, Thomas. *Maritime Networks in the Mycenaean World.* Cambridge
y Nueva York, Cambridge University Press, 2013.

Ventris, Michael, y John Chadwick. *Documents in Mycenaean Greek.* Cambridge, Cambridge University Press, 1959.

2. LA CREACIÓN DE GRECIA

Blegen, Carl W. *Troy and the Trojans,* edición revisada. Londres, Folio Society, 2005.

Burkert, Walter. *Greek Religion, Archaic and Classical.* Cambridge, MA,
Harvard University Press, 1985. [Trad. esp.: *Religión griega: arcaica y
clásica.* Madrid, Abada, 2007; traducción de Helena Bernabé Blanco.]

Clay, J. S. *Hesiod's Cosmos.* Cambridge, Cambridge University Press, 2003.

Cline, Eric, y Jill Rubalcaba. *Digging for Troy: From Homer to Hisarlik.* Wa-
tertown, MA, Charlesbridge Publishing, 2011.

Graziosi, Barbara, y Johannes Haubold. *Homer: The Resonance of Epic.* Londres, Duckworth, 2005.

Hall, Edith. *The Return of Ulysses: A Cultural History of Homer's Odyssey.*
Londres y Baltimore, MD, Johns Hopkins University Press, 2010.

Hall, Jonathan M. *Hellenicity: Between Ethnicity and Culture.* Chicago, IL, y
Londres, University of Chicago Press, 1999.

Hooker, J. T. *Reading the Past: Ancient Writing from Cuneiform to the Alpha-
bet.* Londres, British Museum Press, 1996.

Isager, Signe, y Jens Erik Skydsgaard. *Ancient Greek Agriculture.* Londres y
Nueva York, Routledge, 1992.

Lane Fox, Robin. *Travelling Heroes: Greeks and Their Myths in the Epic Age of Homer*. Londres, Allen Lane, 2009. [Trad. esp.: *Héroes viajeros: los griegos y sus mitos*. Barcelona, Crítica, 2009; traducción de Joan Rabasseda y Teófilo de Lozoya.]

Montanari, Franco, Antonios Rengakos y Christos Tsagalis, eds. *Brill's Companion to Hesiod*. Leiden, Países Bajos, E. J. Brill, 2009.

Morgan, Catherine. *Athletes and Oracles: The Transformation of Olympia and Delphi in the Eighth Century B.C.* Cambridge, Cambridge University Press, 1990.

Morris, Ian. *Archaeology as Cultural History*. Malden, MA, y Oxford, Wiley-Blackwell, 2000. [Trad. esp.: *Historia y cultura: la revolución de la arqueología*. Barcelona, Edhasa, 2007.]

Osborne, Robin. *Greece in the Making, 1200-479 B.C.*, 2.ª ed. Londres, Routledge, 2009. [Trad. esp.: *La formación de Grecia, 1200-479 a. C.* Barcelona, Crítica, 1998; traducción de Teófilo de Lozoya.]

Powell, Barry. *Classical Myth*, con traducciones de Herbert M. Howe, 7.ª ed. Boston, MA, Pearson Longman, 2012.

Rosenmeyer, T. G. «Hesiod and Historiography», *Hermes*, 85 (1957), pp. 257-285.

Schein, Seth. *The Mortal Hero: An Introduction to Homer's Iliad*. Berkeley, University of California Press, 1984.

Segal, C. P. *Singers, Heroes, and Gods in the Odyssey*. Ithaca, NY, y Londres, Cornell University Press, 1994.

Snodgrass, A. M. *Archaic Greece: The Age of Experiment*. Berkeley, University of California Press, 1980.

Spivey, Nigel. *The Ancient Olympics*. Nueva York, Oxford University Press, 2004.

Wallace, Jennifer. *Digging the Dirt: The Archaeological Imagination*. Londres, Duckworth, 2004.

3. RANAS Y DELFINES ALREDEDOR DEL ESTANQUE

Andrewes, Antony. *The Greek Tyrants*. Londres, Harper & Row, 1974.

Aubet, Maria-Eugenia. *The Phoenicians and the West*. Cambridge, Cambridge University Press, 1993. [En español véanse: *Tiro y las colonias fenicias de Occidente*. Barcelona, Bellaterra, 2009, y *La colonización fenicia de Occidente: estado de la investigación*. Ibiza, Museu Arqueològic d'Eivissa i Formentera, 1987.]

Braund, David, ed. *Scythians and Greeks*. Exeter, University of Exeter Press, 2005.

Budelmann, Felix, ed. *The Cambridge Companion to Greek Lyric*. Cambridge y Nueva York, Cambridge University Press, 2009.

Csapo, Eric. «The Dolphins of Dionysus», en: Eric Csapo y Margaret Miller, eds., *Poetry, Theory, Praxis: The Social Life of Myth, Word and Image in Ancient Greece*, pp. 69-98. Oxford, Oxbow Books, 2003.

Dougherty, Carol. *The Poetics of Colonization: From City to Text in Archaic Greece*. Nueva York, Oxford University Press, 1993.

Graf, Fritz. *Apollo*. Londres, Routledge, 2009.

Hall, Edith. *Adventures with Iphigenia in Tauris: Euripides' Black Sea Tragedy*. Nueva York, Oxford University Press, 2013.

Hartog, François. *Memories of Odysseus: Frontier Tales from Ancient Greece*. Traducción inglesa de Janet Lloyd, Edimburgo, Edinburgh University Press, 2001. [Trad. esp.: *Memoria de Ulises. Relatos sobre la frontera en la Grecia antigua*, FCE de España, 2007; traducción de Horacio Pons.]

Kurke, Leslie. *The Traffic in Praise: Pindar and the Poetics of Social Economy*. Ithaca, NY, Cornell University Press, 1991.

Larson, Jennifer. *Ancient Greek Cults*. Nueva York, Routledge, 2007.

Malkin, Irad. *The Returns of Odysseus: Colonization and Ethnicity*. Berkeley, University of California Press, 1998.

Morris, Ian. «The Eighth-Century Revolution», en: Kurt A. Raaflaub y Hans van Wees, eds. *A Companion to Archaic Greece*, pp. 64-80. Malden, MA, y Oxford, Wiley-Blackwell, 2009.

Murray, Oswyn, ed. *Sympotica: A Symposium on the Symposion*. Nueva York, Oxford University Press, 1990.

—. *Early Greece*, 2.ª ed. Cambridge, MA, Harvard University Press, 1993. [Trad. esp.: *Grecia arcaica*. Barcelona, Taurus, 1988; traducción de Ana Goldar.]

Stanislawski, Dan. «Dionysus Westward: Early Religion and the Economic Geography of Wine», *Geographical Review*, 65 (1975), pp. 427-444.

Stebbins, Eunice Burr. *The Dolphin in the Literature and Art of Greece and Rome*. Menasha, WI, George Banta Publishing Company, 1929.

Woodhead, A. G. *The Greeks in the West*. Londres, Praeger, 1962.

4. LOS JONIOS, ESOS CURIOSOS

Curd, Patricia, y Daniel W. Graham, eds. *The Oxford Handbook of Presocratic Philosophy*. Nueva York, Oxford University Press, 2008.

Freely, John. *The Flame of Miletus: The Birth of Science in Ancient Greece*. Londres y Nueva York, I. B. Tauris, 2012.

Gould, John. *Herodotus*. Londres, Bristol Classical Press, 2000.

Guthrie, W. K. C. *A History of Greek Philosophy*, vol. 1: *Earlier Presocratics and Pythagoreans*. Cambridge, Cambridge University Press, 1962. [Trad.

esp.: *Historia de la filosofía griega*, vol. I: *Los primeros presocráticos y los pitagóricos*. Madrid, Gredos, 1984; traducción de Alberto Medina.]

Hall, Edith. *Inventing the Barbarian*. Nueva York, Oxford University Press, 1989.

Hankinson, R. J. *Cause and Explanation in Ancient Greece*. Nueva York, Oxford University Press, 1998.

Heath, Thomas L. *A History of Greek Mathematics*, vol. 1. Nueva York, Dover Publications, 1981.

—. *Greek Astronomy*. Nueva York, Dover Publications, 1991.

Kahn, C. H. *Anaximander and the Origins of Greek Cosmology*. Nueva York, Columbia University Press, 1960.

King, Helen. *Hippocrates' Woman: Reading the Female Body in Ancient Greece*. Londres. Routledge, 1998.

Long, A. A., ed. *The Cambridge Companion to Early Greek Philosophy*. Cambridge, Cambridge University Press, 1999.

Longrigg, J. *Greek Rational Medicine*. Londres, Routledge, 1993.

Seaford, Richard. *Money and the Early Greek Mind*. Cambridge y Nueva York, Cambridge University Press, 2004.

Thomas, Rosalind. *Literacy and Orality in Ancient Greece*. Cambridge, Cambridge University Press, 1992.

—. *Herodotus in Context: Ethnography, Science, and the Art of Persuasion*. Cambridge, Cambridge University Press, 2000.

5. ATENAS, SOCIEDAD ABIERTA

Beard, Mary. *The Parthenon*, edición revisada. Londres, Harvard University Press, 2010.

Boegehold, Alan L. *The Lawcourts at Atenas*. Princeton, NJ, The American School of Classical Studies at Atenas, 1995.

Bridges, Emma, Edith Hall y P. J. Rhodes, eds. *Cultural Responses to the Persian Wars*. Nueva York, Oxford University Press, 2007.

Hall, Edith. *Aeschylus' Persians*. Editado, con introducción, traducción y comentarios. Warminster, RU, Aris & Phillips, 1996.

—. *Greek Tragedy: Suffering Under the Sun*. Nueva York, Oxford University Press, 2010.

—. *The Theatrical Cast of Atenas*. Nueva York, Oxford University Press, 2006.

—. «Comedy and Athenian Festival Culture», en: Martin Revermann, ed., *The Cambridge Companion to Greek Comedy*. Cambridge, Cambridge University Press, 2014.

Hornblower, Simon. *Thucydides*. Nueva York, Oxford University Press, 2000.

Jordan, B. *The Athenian Navy in the Classical Period.* Berkeley y Londres, University of California Press, 1972.

Lissarrague, F. *Greek Vases: The Athenians and Their Images.* Nueva York, Riverside Book Company, 2001.

Neils, Jenifer. *Goddess and Polis: The Panathenaic Festival in Ancient Atenas.* Princeton, NJ, y Hanover, NH, Princeton University Press, 1992.

Ober, Josiah. *The Athenian Revolution: Essays on Ancient Greek Democracy and Political Theory.* Princeton, NJ, Princeton University Press, 1996.

Osborne, Robin. *Athens and Athenian Democracy.* Cambridge, Cambridge University Press, 2010.

Parker, Robert. *Polytheism and Society at Atenas.* Nueva York, Oxford University Press, 2005.

Podlecki, Anthony J. *Perikles and His Circle.* Londres, Routledge, 1998.

Pradeau, Jean-François. *Plato and the City: A New Introduction to Plato's Political Thought.* Exeter, University of Exeter Press, 2002.

Pritchard, David M. *Sport, Democracy and War in Classical Atenas.* Cambridge, Cambridge University Press, 2013.

Robson, James. *Aristophanes: An Introduction.* Londres, Duckworth, 2009.

Rowe, Christopher. *Plato,* 2.ª ed. Londres, Duckworth, 2003.

Stone, I. F. *The Trial of Socrates.* Boston, Little, Brown & Company, 1988. [Trad. esp.: *El juicio de Sócrates.* Barcelona, Random House, 1988; traducción de Teresa Fernández de Castro.]

6. LOS INESCRUTABLES ESPARTANOS

Cartledge, Paul. *Sparta and Lakonia: A Regional History, 1300-362 BC,* 2.ª ed. Londres, Routledge, 2002.

—. *Thermopylae: The Battle That Changed the World.* Londres, Pan, 2007. [Trad. esp.: *Termópilas. La batalla que cambió el mundo.* Barcelona, Ariel, 2011; traducción de Juan Soler.]

David, Ephraim. *Old Age in Sparta.* Ámsterdam, A. M. Hakkert, 1991.

Ferrari, Gloria. *Alcman and the Cosmos of Sparta.* Chicago, IL, University of Chicago Press, 2008.

Hodkinson, Stephen. *Property and Wealth in Classical Sparta,* 2.ª ed. Londres, Classical Press of Wales, 2009.

Kagan, Donald, y Gregory Viggiano, eds. *Men of Bronze: Hoplite Warfare in Ancient Greece.* Princeton, NJ, Princeton University Press, 2013.

Kennell, Nigel. *The Gymnasium of Virtue: Education and Culture in Ancient Sparta.* Chapel Hill, University of North Carolina Press, 1995.

Parker, Robert. «Spartan Religion», en: Anton Powell, ed., *Classical Sparta,* pp. 142-172. Norman, University of Oklahoma Press, 1989.

Pettersson, Michael. *Cults of Apollo at Sparta*. Estocolmo, Abm Komers, 1992.
Pomeroy, Sarah B. *Spartan Women*. Nueva York, Oxford University Press, 2002.
Powell, Anton. *Athens and Sparta: Constructing Greek Political and Social History from 478 BC*, 2.ª ed. Londres, Routledge, 2001.
Powell, Anton, y S. Hodkinson, eds. *Sparta: Beyond the Mirage*. Swansea, Classical Press of Wales, 2002.
Rawson, Elizabeth. *The Spartan Tradition in European Thought*. Nueva York, Oxford University Press, 1969.
Talbert, Richard J. A. *Plutarch on Sparta,* edición revisada. Londres, Penguin Classics, 2005.

7. LOS COMPETITIVOS MACEDONIOS

Barnes, Jonathan. *Aristotle: A Very Short Introduction*. Nueva York, Oxford University Press, 2000. [En español véase: *Aristóteles*. Madrid, Cátedra, 1987.]
Billows, Richard A. *Antigonos the One-Eyed and the Creation of the Hellenistic State*. Berkeley, University of California Press, 1990.
Campbell, Duncan B. *Ancient Siege Warfare: Persians, Greeks, Carthaginians and Romans, 546-146 BC*. Oxford, Osprey Publishing, 2005.
Carney, Elizabeth. *Women and Monarchy in Macedonia*. Norman, University of Oklahoma Press, 2000.
—. *Olympias, Mother of Alexander the Great*. Nueva York, Routledge, 2006.
Cartledge, Paul. *Alexander the Great: The Hunt for a New Past*. Londres, Macmillan, 2004. [Trad. esp.: *Alejandro Magno: la búsqueda de un pasado desconocido*. Barcelona, Ariel, 2008; traducción de David León Gómez.]
Ginouvès, René, ed. *Macedonia: From Philip II to the Roman Conquest*. Princeton, NJ, Princeton University Press, 1994.
Hammond, N. G. L. *Philip of Macedon*. Londres, Duckworth, 1994.
Heckel, W., y L. Tritle, eds. *Alexander the Great: A New History*. Oxford, Wiley-Blackwell, 2009.
Holt, Frank L. *Alexander the Great and Bactria: The Formation of a Greek Frontier in Central Asia*, 3.ª ed. Leiden, Países Bajos, E. J. Brill, 1993.
Janko, Richard. «The Derveni Papyrus: An Interim Text», *Zeitschrift für Papyrologie und Epigraphik*, 141 (2002), pp. 1-62.
Lane Fox, Robin. *Alexander the Great*. Londres, Penguin, 2004. [Trad. esp.: *Alejandro Magno, conquistador del mundo*. Barcelona, El Acantilado, 2007; traducción de Teresa Solana.]

Mayor, Adrienne. *The Poison King: The Life and Legend of Mithridates, Rome's Deadliest Enemy.* Princeton, NJ, Princeton University Press, 2010.

McGing, B. C. *The Foreign Policy of Mithridates VI Eupator, King of Pontus.* Leiden, Países Bajos, E. J. Brill, 1986.

Waterfield, Robin. *Dividing the Spoils: The War for Alexander the Great's Empire.* Nueva York, Oxford University Press, 2012. [Trad. esp.: *La guerra por el imperio de Alejandro Magno.* Madrid, Gredos, 2012.]

8. REYES-DIOSES Y BIBLIOTECAS

Blum, R. Kallimachus. *The Alexandrian Library and the Origins of Bibliography.* Madison, University of Wisconsin Press, 1991.

Canfora, L. *The Vanished Library.* Londres, Radius, 1989. [Trad. esp.: *La biblioteca desaparecida.* Gijón, Trea, 1998.]

El-Abbadi, M. *The Life and Fate of the Ancient Library of Alexandria.* París, Unesco, 1990. [Trad. esp.: *La antigua biblioteca de Alejandría: vida y destino.* Madrid, Asociación de Amigos de la Biblioteca de Alejandría, 1994.]

Ellis, Walter M. *Ptolemy of Egypt.* Londres y Nueva York, Routledge, 1994.

Evans, J. A. S. *Daily Life in the Hellenistic Age: from Alexander to Cleopatra.* Norman, University of Oklahoma Press, 2012.

Fraser, P. M. *Ptolemaic Alexandria.* Oxford, Clarendon Press, 1972.

Hansen, E. V. *The Attalids of Pergamum,* 2.ª ed. Ithaca, NY, Cornell University Press, 1971.

Hutchinson, Gregory. *Hellenistic Poetry.* Nueva York, Oxford University Press, 1988.

Irby-Massie, Georgia L., y Paul T. Keyser. *Greek Science of the Hellenistic Era: A Sourcebook.* Londres y Nueva York, Routledge, 2002.

Ireland, Stanley. *Menander, the Bad-Tempered Man (Dyskolos).* Editado con traducción, introducción y comentario. Warminster, RU, Aris & Phillips, 1995.

Jones, Alexander. *Astronomical Papyri from Oxyrhynchus,* 2 vols. Filadelfia, American Philosophical Society, 1999.

Lloyd, G. E. R. *Greek Science,* edición revisada. Introducción a cargo de Lewis Wolpert. Londres, Folio Society, 2012.

Ma, John. *Statues and Cities: Honorific Portraits and Civic Identity in the Hellenistic World.* Nueva York, Oxford University Press, 2013.

Parsons, P. J. *City of the Sharp-Nosed Fish: Greek Lives in Roman Egypt.* Londres, Weidenfeld and Nicolson, 2007.

Rice, E. E. *The Grand Procession of Ptolemy Philadelphus.* Nueva York, Oxford University Press, 1983.

Toomer, G. J., ed. *Ptolemy's Almagest*. Princeton, NJ, Princeton University Press, 1998.

9. INTELIGENCIA GRIEGA Y PODER ROMANO

Anderson, Graham. *Studies in Lucian's Comic Fiction*. Leiden, Países Bajos, E. J. Brill, 1996.

Clarke, Katherine. *Between Geography and History: Hellenistic Constructions of the Roman World*. Nueva York, Oxford University Press, 1999.

Easterling, P. E., y Edith Hall, eds. *Greek and Roman Actors: Aspects of an Ancient Profession*. Cambridge, Cambridge University Press, 2002.

Gigante, Marcello. *Philodemus in Italy: The Books from Herculaneum*. Traducción inglesa de Dirk Obbink. Ann Arbor, University of Michigan Press, 1995.

Goldhill, Simon, ed. *Being Greek Under Rome*. Cambridge, Cambridge University Press, 2001.

Hall, Edith. «The Ass with Double Vision: Politicising an Ancient Greek Novel», en: D. Margolies y J. Maroula, *Heart of a Heartless World: Essays in Honour of Margot Heinemann*, pp. 47-59. Londres, Pluto Press, 1995.

—. «Playing Ball with Zeus: Reading Ancient Slavery Through Dreams», en: R. Alston, E. Hall y L. Proffitt, eds., *Reading Ancient Slavery*, pp. 204-232. Londres, Bristol Classical Press, 2010.

Harrison, Tom, y Bruce Gibson, eds. *Polybius and His World*. Nueva York, Oxford University Press, 2013.

Holzberg, N. *The Ancient Novel: An Introduction*. Londres, Routledge, 1995.

Israelowich, Ido. *Society, Medicine and Religion in the Sacred Tales of Aelius Aristides*. Leiden, Países Bajos, y Boston, E. J. Brill, 2012.

Kuhrt, S. A., y S. Sherwin-White, eds. *Hellenism in the East*. Londres, Duckworth, 1987.

Long, A. A. *Epictetus: A Stoic and Socratic Guide to Life*. Nueva York, Oxford University Press, 2002.

Mattern, S. *The Prince of Medicine: Galen in the Roman Empire*. Nueva York, Oxford University Press, 2013.

Petsalis-Diomidis, A. *Truly Beyond Wonders: Aelius Aristides and the Cult of Asklepios*. Nueva York, Oxford University Press, 2010.

Pretzler, Maria. *Pausanias: Travel Writing in Ancient Greece*. Londres, Bristol Classical Press, 2007.

Rajak, Tessa. *Josephus: The Historian and His Society*, 2.ª ed. Londres, Bristol Classical Press, 2002.

Whitmarsh, T. *Greek Literature and the Roman Empire*. Nueva York, Oxford University Press, 2001.

Benko, S. «Pagan Criticism of Christianity During the First Two Centuries A.D.», en: *In Aufstieg und Niedergang der römischen Welt*, ed. de Hildegard Temporini *et al.*, pp. 1055-1118. Berlín, Walter de Gruyter & Co., 1980.

Browning, Robert. *The Emperor Julian*. Berkeley, University of California Press, 1976.

Cameron, Averil, y Stuart G. Hall, eds. *Eusebius' Life of Constantine*. Introducción, traducción y comentario. Nueva York, Oxford University Press, 1999.

Chadwick, Henry. *Origen, Contra Celsum*. Londres, Cambridge University Press, 1965.

Cooper, Kate. *The Virgin and the Bride: Idealized Womanhood in Late Antiquity*. Cambridge, MA, Harvard University Press, 1999.

Cribiore, Raffaela. *The School of Libanius in Late Antique Antioch*. Princeton, NJ, Princeton University Press, 2007.

Gleason, Maud. «Festive Satire: Julian's Misopogon and the New Year at Antioch», *Journal of Roman Studies*, 76 (1986), pp. 106-119.

Hall, Edith y Rosie Wyles, eds. *New Directions in Ancient Pantomime*. Nueva York, Oxford University Press, 2008.

Hall, Stuart G. *Doctrine and Practice in the Early Church*, 2.ª ed. Londres, Society for Promoting Christian Knowledge, 2006.

Lane Fox, Robin. *Pagans and Christians*, 2.ª ed. Harmondsworth y Londres, Penguin, 1988.

Lee, A. D. *Pagans and Christians in Late Antiquity: A Sourcebook*. Londres, Routledge, 2000.

Lynch, Joseph H. *Early Christianity*. Nueva York, Oxford University Press, 2008.

Walzer, R. *Galen on Jews and Christians*. Londres, Oxford University Press, 1949.

Webb, Ruth. *Demons and Dancers: Performance in Late Antiquity*. Cambridge, MA, Harvard University Press, 2009.

ÍNDICE ANALÍTICO

(Los números de página en cursiva remiten a ilustraciones.)

371

389

391

393

ÍNDICE